Sammlung Außerdeutscher Strafgesetzbücher
in deutscher Übersetzung

Herausgegeben von
Professor Dr. Hans-Heinrich Jescheck,
Direktor des Instituts für ausländisches und internationales Strafrecht
an der Universität Freiburg i. Br.
und Professor Dr. Gerhard Kielwein, Saarbrücken

LXXIX.

Das Portugiesische Strafgesetzbuch
(Código penal português)

Berlin 1962

Walter de Gruyter & Co.

vormals G. J. Göschen'sche Verlagshandlung · J. Guttentag, Verlagsbuchhandlung · Georg Reimer · Karl J. Trübner · Veit & Comp.

Das Portugiesische Strafgesetzbuch

vom 16. September 1886

Übersetzt und mit Anmerkungen versehen von

Dierk Basedau

Referendar

Einleitung von

Dr. José Beleza dos Santos

Professor für Strafrecht an der Universität Coimbra

Berlin 1962

Walter de Gruyter & Co.

vormals G. J. Göschen'sche Verlagshandlung · J. Guttentag, Verlagsbuchhandlung · Georg Reimer · Karl J. Trübner · Veit & Comp.

Der Código Penal und die Nebengesetzgebung wurden nach dem Stande vom November 1960 ins Deutsche übertragen

Gedruckt mit Unterstützung der Gesellschaft für Rechtsvergleichung

Archiv-Nr. 24 63 62 1

Satz und Druck: Thormann & Goetsch · Berlin-Neukölln

INHALTSVERZEICHNIS

QUELLENANGABEN

1. Eduardo Henriques da Silva Correia,
   António Furtado dos Santos:
   Código Penal Português — actualizado segundo a Reforma de 1954.
   1954, o. O. Mit den Ergänzungen durch die Erste Nachlieferung vom Januar 1960, o. O., sowie handschriftlichen Nachträgen des Herausgebers vom November 1960.

2. Vítor António Duarte Faveiro:
   Código Penal Português anotado.
   3. Auflage, 1954, Coimbra.

3. Eduardo Henriques da Silva Correia,
   António Furtado dos Santos:
   Código de Processo Penal — actualizado e legislação complementar.
   2. Auflage, 1959, o. O.

4. Constituição Política da República Portuguesa:
   11. amtliche Ausgabe, 1957, Lissabon, Imprensa Nacional.

5. Pedro Orlando:
   Novíssimo Dicionário Jurídico Brasileiro.
   1959, São Paulo, Editora Lep. SA.

6. Cândido de Figueiredo:
   Dicionário da Língua Portuguesa
   14. Auflage, 1949, Lissabon.

ABKÜRZUNGSVERZEICHNIS

L = Lei	= Gesetz
D. L. = Decreto-Lei	= Gesetzesverordnung: Gesetzgebungsmaßnahme der Exekutive, deren Ratifizierung durch die Nationalversammlung als erteilt gilt, wenn nicht binnen bestimmter Frist nach deren alljährlichem Wiederzusammentritt die Erörterung im Parlament beantragt wird (Art. 109 § 3 der Verf. v. 1933)
D = Decreto	= Rechtsverordnung
STJ = Supremo Tribunal de Justiça	= Oberster Gerichtshof der ordentlichen Gerichtsbarkeit
Supremo Tribunal Administrativo	= Oberstes Verwaltungsgericht
Procuradoria Geral da República	= Staatsanwaltschaft beim STJ
Relação	= die Gerichte des Berufungszuges der ordentlichen Gerichtsbarkeit
Assento	= Rechtssatz des STJ, welcher eine verbindliche Auslegungsregel darstellt
Acordão	= Richterspruch = Urteil eines Kollegialgerichtes (Art. 472 des CPP)
Parecer	= Gutachten (der Staatsanwaltschaft beim STJ)
Constituição Política	= die Verfassung vom 11. 4. 1933
CP = Código Penal	= das vorliegende Strafgesetzbuch
CPP = Código de Processo Penal	= Strafprozeßordnung
CC = Código Civil	= Bürgerliches Gesetzbuch
CPC = Código de Processo Civil	= Zivilprozeßordnung
Código Comercial	= Handelsgesetzbuch
Código das Falências	= Konkursordnung
Código da Propriedade Industrial	= Gesetzbuch über den gewerblichen Rechtsschutz
Código da Estrada	= Gesetzbuch über das Straßenverkehrsrecht
Estatuto Judiciàrio	= Gerichtsverfassungsgesetz
Estatuto Disciplinar dos Funcionários Civis do Estado	= Disziplinargesetz der Staatsbeamten

Reforma Prisional =	Gefängnisreform (= das in der Anm. 156 vor Art. 54 beschriebene D. L. 26.643 v. 28. 5. 1936)
Diário do Governo =	Amtliches Gesetz- und Verordnungsblatt der Regierung; erscheint in drei Serien, von denen die Serie I Gesetze und Verordnungen enthält
Col. Of. = Colecção Oficial do STJ =	Amtliche Sammlung der Entscheidungen des STJ
Boletim (Oficial) do STJ =	Amtliche Bekanntmachungen des STJ
Boletim do Ministério da Justiça =	Amtliche Bekanntmachungen des Justizministeriums
Bol. of. da Rel. do Porto = Boletim Oficial da Relação do Porto =	Amtliche Bekanntmachungen der Relação von Porto
Boletim da Faculdade de Direito de Coimbra =	Amtliche Bekannmachungen der Juristischen Fakultät von Coimbra
Rev. de Leg. e Jur. = Revista de Legislação e de Jurisprudência =	Zeitschrift für Gesetzgebung und Rechtsprechung
Jornal do Foro =	Zeitung für das Gerichtswesen
Revista da Ordem dos Advogados =	Zeitschrift der Anwaltskammer

Ausdrücklich widerrufene oder überholte Bestimmungen des Gesetzes sind kursiv wiedergegeben. Die der Übersetzung zugrunde liegenden Gesetzestexte enthalten diese Kennzeichnung im allgemeinen nicht.

EINLEITUNG

Dr. José Beleza dos Santos
Professor an der Faculdade de Direito der Universität Coimbra*)

Inhaltsübersicht

1. Das geltende portugiesische Strafgesetzbuch ist eine am 16. 9. 1886 verkündete neue amtliche Bekanntmachung des Strafgesetzbuches von 1852. Die Bekanntmachung gründete sich formell auf die entsprechende Ermächtigung durch das Gesetz vom 14. 6. 1884. In sachlicher Hinsicht brachte sie die Aufnahme der wesentlichen Änderungen, die die sogenannte Strafrechtsreform von 1884 in das Strafgesetzbuch von 1852 eingeführt hatte, in den amtlichen Text.

---

*) Übersetzung von Referendar Dierk Basedau.

Das geltende Strafgesetzbuch ist daher letztlich eine, wenn auch in manchen Punkten grundlegende und weitgehende Neugestaltung des alten Gesetzbuches von 1852. Das gegenwärtige Strafgesetzbuch, das hier als das von 1886 bezeichnet werden soll, erfuhr seinerseits entscheidende Veränderungen in verschiedenen Bereichen des materiellen Strafrechtes, vor allem aber im Gebiete des Strafvollzuges und der Behandlung nach dem Vollzug. Zum Ausgangspunkt dieser Untersuchung wird daher das Strafgesetzbuch von 1852 genommen. In großen Zügen soll zunächst ein Bild des vor diesem Gesetze geltenden Rechtes gezeichnet, und danach sollen die Neuerungen, die das Gesetz brachte, sowie schließlich die Änderungen, die es erfuhr, dargelegt werden.

Das Strafgesetzbuch von 1852 ist das erste, das in diesem Rechtsbereich bei uns erlassen wurde. Zwar war bereits seit langer Zeit ein dringendes Bedürfnis danach lebhaft spürbar gewesen; auch waren, wie noch zu zeigen sein wird, verschiedentlich Entwürfe ausgearbeitet worden. Jedoch gelang es erst im Jahre 1852, das Land von der aus vielen Gründen mangelhaften Gesetzgebung der sog. „Ordenações“ und ihrer Ergänzungen und Veränderungen durch die sog. „Leis Extravagantes“, d. h. gesetzlichen Regelungen in Einzelbereichen, zu befreien.

2. Die letzten „Ordenações“, die sog. Philippinischen aus dem Beginn des 16. Jahrhunderts, waren wie ihre beiden Vorgängerinnen, die Alfonsinischen und die Manuelinischen, Sammlungen gesetzlicher Vorschriften, die in mehreren Büchern zusammengefaßt waren und bestimmte Rechtsbereiche in einer allerdings sowohl formal als auch sachlich höchst unvollkommenen Weise regelten. Im Hinblick auf das Strafrecht seien als wesentliche Mängel erwähnt:

In den „Ordenações“ wurden lediglich einzelne Verbrechen aufgezählt und geregelt; es fehlten aber allgemeine, auf alle strafbaren Handlungen anwendbare Bestimmungen. Daher rührte ein doppelter Mangel: Da einerseits auch für grundlegende Gebiete solche Vorschriften nicht formuliert waren, konnten allgemeine Bestimmungen nur zögernd und unter ständigen Zweifeln und Schwierigkeiten aus den Regelungen der einzelnen Straftaten abgeleitet werden. Da andererseits auch die besonderen Bestimmungen nicht systematisch gruppiert und die einzelnen Straftaten nicht nach verwandten Gruppen geordnet waren, förderte dieser Mangel an Systematik überdies die Entstehung von Widersprüchen in der Strafrechtslehre.

Darüber hinaus aber enthielten die Rechtsregeln der „Ordenações“ schwere sachliche Mängel. In einer derart bedeutsamen Materie gab es keinen rechtlich anerkannten Schutz des einzelnen gegen richterliche oder monarchische Willkür. Vielmehr war diese entweder ausdrücklich gestattet oder sie ergab sich mittelbar aus der Dehnbarkeit der vielfach verschwommenen und unbestimmten gesetzlichen Vorschriften. In einigen Fällen überließen die „Ordenações“ und die

„Leis Extravagantes“ dem Ermessen des Richters Dauer[1]) und Auswahl[2]) der Strafe oder deren Verschärfung[3]). Schlimmer noch war die maßlose Härte der Strafen, ihre Grausamkeit und das Fehlen jeglicher Beziehung zu der Schwere der Tat. Die Todesstrafe wurde überreichlich angedroht, teilweise überdies verschärft und häufig genug auf Taten, deren kriminelles Gewicht man heute als gering empfindet. So wurde der Diebstahl eines Gegenstandes im Werte von mehr als einer Silbermark mit der Kapitalstrafe geahndet. Die gleiche Strafe erlitt, wer in einer Kirche oder einem Kloster einen Diebstahl an einem Gegenstand von noch geringerem Werte verübte. Wer Wachs fälschte, wurde, sofern der Schaden den Betrag von einer Silbermark erreichte, mit dem Tode bestraft. Ebenso der Goldschmied, der in seine Erzeugnisse Mischungen oder Gold von geringerem Wert verarbeitete, sofern der Ertrag der Fälschung eine Silbermark erreichte. (Ordenações, 5. Buch, Titel 60, Titel 57, Titel 56 § 4.) In einigen Fällen war die Todesstrafe verschärft, teils durch die Art der Vollstreckung, so zum Beispiel durch Verbrennen bei lebendigem Leibe, teils durch andere Folterungen, wie dies beim Hochverrat oder der Majestätsbeleidigung der Fall war, bei denen die schwere Todesstrafe verhängt wurde (Ordenações, 1. Buch, Titel 74). Auf bestimmte Verbrechen stand die Strafe des Handverlustes (Ordenações, 5. Buch, Titel 35 § 6), sehr häufig war die Prügelstrafe und die Deportation vorgesehen.

Insbesondere im 18. Jahrhundert äußerte sich in Portugal eine Reaktion auf die maßlose Grausamkeit der Strafen, auf die Willkür in ihrer Anwendung, ihre Ungleichheit und das Fehlen einer Beziehung zu der Schwere des begangenen Verbrechens. Die humanitären Gedanken Beccarias, seiner Vorgänger und seiner Nachfolger fanden nunmehr Eingang in die Gedankenwelt Portugals. Hierauf weist Melo Freire in der „Einleitung“ („Introdução“) zu seinem „Código Penal“ hin. Dieser große portugiesische Rechtswissenschaftler übt herbe Kritik am Strafrecht der „Ordenações“, wie es zu jener Zeit, also zu Ende des 18. Jahrhunderts, galt. In seinen Schriften über die „Ordenações“ tadelt Melo Freire diese Gesetzgebung heftig; er gründet dies in erster Linie auf systematische Gesichtspunkte: „Zunächst bestehen weder Unterscheidungsmerkmale noch Abgrenzungen nach Ordnung und Klasse für die einzelnen Taten. Allgemeine Lehren und Regeln über Verbrechen, Täter und Strafen ... sind vollständig vergessen worden. Aber das ist noch das Geringste, schlimmer ist, daß die Gesetzge-

[1]) Das Gesetz vom 6. 10. 1784 schreibt für gewisse Fälle der Schändung Deportation nach dem Ermessen des Richters vor.

[2]) Ordenações, 5. Buch, Titel 26 (Verbrechen der Häresie und der Simonie, Pereira e Sousa, Classe dos Crimes, S. 45, 257). Ord., 1. Buch, Titel 65 (Beleidigungen des Fürsten oder der Regierung und Übelreden über sie). Ord., 5. Buch, Titel 70 u. 138 (Pereira e Sousa, a. a. O., S. 45).

[3]) Bei einem unter Verrat oder Heimtücke begangenen Mord schreiben die Ordenações die Verschärfung der Todesstrafe vor; Ord., 5. Buch, Titel 35, § 4.

bung in ihrem Grunde inkonsequent, ungerecht und grausam ist[4]." Zum Beweise dessen werden dann verschiedene Stellen der „Ordenações" zitiert, so wird auf den gefährlich weiten Ermessensspielraum des Richters bei der Bestrafung bestimmter Verbrechen hingewiesen, wie bei der Häresie, die mit den im Recht festgelegten Strafen geahndet werden solle, wobei aber nicht geklärt werde, in welchem Recht die Strafen festgelegt seien. Dazu führt Melo Freire aus: „Und da vom Gericht nur das Recht des Königreiches angewandt werden kann, welches die Strafe jedoch nicht definiert, überläßt das Gesetz folglich die Bestimmung der Strafe entweder dem richterlichen Einfühlungsvermögen oder aber den Vorschriften des römisch-kanonischen Rechtes. Das aber kann in dieser Beziehung wegen seiner Unbestimmtheit und seiner gänzlich verschiedenen Grundlagen keinen geeigneten Erkenntnismaßstab bilden." Diese Bestimmung der „Ordenações" sei aus diesen Gründen mangelhaft. Wenn sie an einer so entscheidenden Stelle schweige, eine eigene Rechtsfolge zu bestimmen unterlasse, stattdessen auf ein anderes Recht verweise, so sei das seiner Meinung nach „der entscheidende Grund für die Greuel, die in diesem Bereich viele Jahrhunderte lang begangen wurden"[5]).

Melo Freire zeigt sodann die Widersinnigkeit einzelner Strafbestimmungen auf, die ihren Grund in Glaubensvorstellungen oder besser in abergläubischen Wahnideen fänden und die vollständig aufgegeben werden müßten. So seien die „Ordenações" von der Vorstellung ausgegangen, daß es in der Tat Zauberer und Wahrsager gebe, die mit dem Tode bestraft würden. „Der Gedanke ist abwegig", kommentiert Melo Freire, „die Strafe barbarisch". Von gleicher Art sei „die Vorschrift des 4. Titels der Ordenação, nach welcher Hunde und anderes Getier nur mit Erlaubnis des Königs oder eines Prälaten gesegnet werden dürfen".

Ebenso wie Melo Freire die grausamen Strafen verurteilte, lehnte er auch die Folter als Mittel der Wahrheitsfindung ab[6]).

3. Die Kritik am Recht der „Ordenações" und der „Leis Extravagantes" und insbesondere an dem in ihnen enthaltenen Strafrecht zeigten deutlich, daß eine weitgehende und grundlegende Reform jener Gesetzgebung dringend notwendig war. Die Neuordnung oder besser ihre Vorbereitung wurde angeordnet durch das Dekret vom 31. März 1778, in welchem befohlen wurde, ein neues Strafgesetzbuch solle verfaßt oder jedenfalls das alte umgearbeitet werden. Fünf Jahre verstrichen, ohne daß die zu diesem Zweck ernannten Personen tätig wurden. Daraufhin wurde Pascoal José de Melo Freire mit dieser Aufgabe betraut, der zunächst ein Gesetzbuch des öffentlichen Rechts und nach dessen Beendigung in einer Arbeitszeit von fünf Jahren den Entwurf eines Strafgesetzbuches verfaßte.

---

4) „Introdução" zu seinem „Código Penal", S. XVIII und XIX.
5) s. die in der vorhergehenden Anm. zitierten Stellen.
6) a. a. O. S. XXIX.

In systematischer Hinsicht behandelt dieser Entwurf in einem allgemeinen Teil die Verbrechen im allgemeinen, die Straffähigkeit und die Strafen. Danach beschäftigt sich eine Reihe von Titeln mit den Verbrechen im besonderen, deren Gruppierung der Vergleichbarkeit des Unrechtsgehaltes entsprach. Schließlich folgen weitere Titel über Verfahren und Beweismittel. Inhaltlich orientierte sich der Entwurf des Melo Freire nicht am Recht der „Ordenações", von dem er bemerkte, daß es in seinem 5. Buch — welches im wesentlichen das Strafrecht regelte — wenige Vorschriften enthielte, deren man sich hätte bedienen können, und auch nicht an einem ausländischen Recht, das noch weniger verwertbare Vorschriften besessen habe. Zu seiner Arbeit zu Rate gezogen habe er vielmehr „in erster Linie die Erkenntnis der Strafe in ihrer natürlichen und bürgerlichen Funktion, des Zweckes gesellschaftlicher Ordnungen, die Belange der öffentlichen Sicherheit, sein Wissen um Staat, Wesen, Veranlagung und besonderen Charakter des portugiesischen Volkes, und vor allem das Gesetz der Menschlichkeit, wie es sich im Gewande der Gerechtigkeit und der öffentlichen Sicherheit darstellt"[7]). Unbestreitbar haben die rechtsphilosophischen Lehren des 18. Jahrhunderts — die ja ausdrücklich von Melo Freire erwähnt werden — den Entwurf beeinflußt. Durch sie wurde humanen Gedanken im Strafrecht größerer Raum gegeben, indem die Strafen weniger grausam und die Freiheitsrechte bedeutsamer wurden. Über die Strafen heißt es: „... in keinem Falle lasse ich grausame Strafen zu ..., wie z. B. das Verbrennen bei lebendigem Leibe, das Begraben, das Pfählen, Steinigen und andere, die ich vor Entsetzen nicht nennen mag. Das gleiche halte ich von der Verstümmelung der Hände, Füße, Augen, Zunge usw. Die Grausamkeit einer Hinrichtung durch ausgesuchte und ausgedehnte Folterungen beleidigt die menschliche Würde und den Glauben und hat keinen Nutzen für die Gesellschaft, denn zu ihrem Schutze genügt es, daß der Verbrecher getötet werde." Aus dem gleichen Grunde nahm Melo Freire in seinem Entwurf die Folter nicht mehr als Mittel zur Wahrheitsfindung auf.

Der Einfluß des strafrechtlichen Humanitarismus des 18. Jahrhunderts auf Melo Freire findet seinen deutlichen Ausdruck in den Leitgedanken, die er zu der Präventivwirkung des Strafrechts darlegt. Lobende Hervorhebung erfahren jene wissenschaftlichen Vereinigungen, die Preise aussetzten für Vorschläge zu einem Gesetz, das in der „am wenigsten strengen und zugleich wirksamsten Weise verhindert, daß jemand zum Übeltäter wird, oder ihn jedenfalls im Zaume hält". Bei seinen lobenden Ausführungen über diese maßvolle Einstellung in Auswahl und Vollstreckung der Strafen schreibt er die folgenden bemerkenswerten Worte, die ein Strafrecht anzukündigen scheinen, das der strafrechtlichen Theorie und Praxis weit vorauseilt: „... die politische Moral lehrt, daß der Verbrecher letzten Endes immer noch

---

[7]) a. a. O. S. XXXI.

Mitbürger ist und daß es eigentliches Interesse der Gesellschaft ist, ihn als ein krankes oder ein unwissendes Glied zu behandeln, welches, je nach Art der Krankheit, der Heilung, Belehrung oder Ausmerzung bedarf"[8]).

Inhaltlich allerdings entspricht der Entwurf des Melo Freire nicht immer dem von ihm entworfenen Leitbild. So wird auch jetzt noch recht häufig die Todesstrafe angetroffen, in einigen Fällen darüber hinaus noch durch eine auffallende Grausamkeit verschärft, wie zum Beispiel bei dem Verbrechen der Majestätsbeleidigung (14. Titel, § 12)[9]). Ebenso verbleibt es noch bei den ermessensmäßig auszuwählenden Strafen für bestimmte Verbrechen. So beim Verbrechen der Personen, die schlecht vom Souverän sprechen (Titel 14).

Durch das Dekret vom 3. 2. 1789 wurde die Prüfung des Entwurfes des Melo Freire angeordnet. Die Prüfung fand jedoch nicht statt, und der Entwurf wurde trotz des Fortschrittes, den er in bestimmten Punkten im Hinblick auf das zu jener Zeit geltende Strafrecht auch unter Berücksichtigung seiner zum Teil erheblichen Unvollkommenheiten brachte, nicht zum Gesetz.

4. Lange Zeit hindurch wurde trotz verschiedener Versuche ein neues Strafgesetzbuch nicht verkündet. Inzwischen hatten mehrere Länder ihr Strafrecht reformiert. Die Reformen waren getragen von den philosophischen Gedanken des 18. Jahrhunderts im allgemeinen und von humanitären Erkenntnissen Beccarias und seiner Nachfolger im besonderen. So geschah es in Frankreich, Österreich, Bayern und Preußen. Insbesondere das Preußische Gesetzbuch erlangte in unserem Lande große wissenschaftliche Bedeutung, wenn es auch nicht unmittelbare Quelle unserer Gesetzgebung wurde. Es wurde von Silva Ferrão übersetzt und war Gegenstand lobender Kritik dieses und anderer Wissenschaftler[10]).

Die neuen dogmatischen Strömungen bewirkten zwar nicht sogleich die Veröffentlichung eines neuen Gesetzbuches. Sie schlugen sich jedoch in der Nebengesetzgebung nieder. So wurde durch das Gesetz vom 5. 3. 1790 festgestellt, daß die Folter außer Gebrauch gekommen war, und im Dekret vom 12. 12. 1801 wurde angeordnet, daß die Verhängung der Todesstrafe auf besonders scheußliche Verbrechen zu beschränken sei.

Die Einführung des liberalen Systems im Jahre 1821 ließ die Not-

---

[8]) a. a. O. S. XVII.

[9]) Wer dies Verbrechen beging, wurde mit lauten Rufen durch die Straßen gepeitscht, sodann erhängt, sein Leib gevierteilt und die vier Teile auf den Plätzen der Stadt bis zur Verwesung aufgestellt, Herz und Leber verbrannt und die Asche ins Meer gestreut. Sein Vermögen wurde zugunsten des Fiskus eingezogen, auch wenn er Nachkommen hatte.

[10]) „Código Penal para os Estados da Prússia com as leis complementares de 14/4/1851, 22/5/1852, 9/3/1853" mit einem historisch und kritisch würdigenden Vortrag von Silva Ferrão; Lissabon, 1855.

wendigkeit eines neuen Gesetzbuches noch dringender spürbar werden. Die einander ablösenden Verfassungen von 1821 und 1826[11]) formulierten als neue Prinzipien die Gleichheit vor dem Gesetz, die Verhältnismäßigkeit von Strafe und Vergehen, die Tätergebundenheit der Strafe, die Abschaffung der grausamen Strafen usw. Zur Erarbeitung eines neuen Strafgesetzbuches wurden zunächst im Jahre 1823, darauf im Jahre 1835 Kommissionen eingesetzt. Gesetze mit jeweils dem gleichen Datum versprachen Belohnungen für die Ausarbeitung eines neuen Strafgesetzbuches. Inzwischen hatte José Manuel da Veiga einen Entwurf vorgelegt, dessen Prüfung durch eine dazu ernannte Kommission am 19. 12. 1836 angeordnet wurde. Nachdem deren Gutachten zustimmend ausgefallen war, erging das Dekret vom 4. 1. 1837, in welchem angeordnet wurde, daß der Entwurf alsbald nach seiner vollständigen Bekanntmachung als Gesetz anzuwenden sei. Die amtliche Bekanntmachung erfolgte jedoch nicht. Der Entwurf wurde auch nicht in die „Lei do Bill“ vom 27. 4. 1837 aufgenommen und erlangte daher, obwohl geprüft und gebilligt, keine Gesetzeskraft.

5. Am 10. Dezember 1845 schließlich wurde wiederum eine Kommission nominiert, die einen Entwurf zu einem Strafgesetzbuch ausarbeiten sollte. Die Arbeiten zum Entwurf waren am 30. September 1852 abgeschlossen. Das Dekret vom 10. Dezember 1852 machte den Entwurf zum Gesetz.

Faktisch ist dies Strafgesetzbuch noch heute in Kraft, allerdings mit weitgehenden und grundlegenden Änderungen, auf die noch einzugehen sein wird.

Das Gesetzbuch von 1852 orientierte sich recht wenig, um nicht zu sagen, überhaupt nicht an der strafrechtlichen Tradition Portugals und ebensowenig an der Kultur, den Sitten und Gewohnheiten und der allgemeinen Denkweise des Landes. Die Texte, die seine Vorbilder waren und auf deren an vielen Stellen wörtliche Wiedergabe es sich beschränkte, waren die Strafgesetzbücher und Strafgesetze anderer Länder und die Lehrbücher ausländischer Schriftsteller. „Seine Quellen“ — schreibt der Kommentator Levi Maria Jordão — „waren die Gesetzbücher von Frankreich, Spanien, Brasilien, Österreich und Neapel sowie die belgische Gesetzgebung über den Zweikampf“[12]). An anderer Stelle heißt es[13]), „es gibt kaum einen Artikel, der sich nicht in einem dieser Gesetzbücher findet und aus ihnen mehr oder weniger glücklich übertragen worden ist. Abgesehen davon dienten

[11]) 1821 legte Jeremias Bentham den verfassungsgebenden Côrtes einen Entwurf für ein Strafgesetzbuch vor. Die Carta Constitucional von 1826 versprach ein Strafgesetzbuch, das „auf die festen Grundlagen der Gleichheit und der Gerechtigkeit gegründet“ ist.

[12]) „Comentário ao Código Penal Português“, Bd. 1, S. XVIII.

[13]) a. a. O. Bd. 1, S. XX.

Wegen der Übereilung, mit der das Strafgesetzbuch von 1852 verfaßt wurde, und wegen der Schwierigkeiten, mit denen die Kommission zu kämpfen hatte, vgl. Silva Ferrão, „Theoria do Direito Penal“, 1. Bd., S. LXI.

den Verfassern des Strafgesetzbuches in einigen Gebieten die ‚Théorie du Code Pénal' von Chauveau und Faustin Hélie und das ‚Traité de Droit Pénal' von Rossi als dogmatisches Leitbild." Hierzu ein Beispiel: In verschiedenen Bestimmungen des Gesetzbuches von 1852 spürt man deutlich den grundlegenden Einfluß des französischen Code Pénal. An anderen Stellen aber weicht der portugiesische Text in bestimmter Weise von dem Vorbild ab. Die Erklärung für diese Abweichung vom Text des französischen Code Pénal ist dann immer oder fast immer in dem Werk von Rossi oder noch häufiger bei Chauveau/Hélie in deren kritischen Erörterungen zum französischen Code Pénal zu finden. Aus dieser Pluralität und Heterogenität der gesetzlichen Bestimmungen des Kodex von 1852 und der dogmatischen Strömungen, die ihn beeinflußt haben, folgte ein Mangel an Einheit, an innerem Zusammenhang und an äußerer Abstimmung des Gesamtbildes seiner Bestimmungen und der aus ihnen sich ergebenden dogmatischen Struktur. „Unsere Strafgesetzgebung", sagt Levi Maria Jordão, „leidet an diesem entscheidenden Fehler. Wer mit Aufmerksamkeit seine Bestimmungen liest, wird alsbald den Mangel an Einheit feststellen. Dies mußte unvermeidliches Ergebnis dessen sein, daß als Grundlage Gesetzbücher dienten, die ihrerseits auf ganz verschiedenen Prinzipien gegründet sind."

Weitere Fehler — methodischer und prinzipieller Art — mindern den Wert des Gesetzes. Dazu genügt die Bemerkung, daß zwar nach der Titelüberschrift den „Übertretungen der Polizeivorschriften" ein eigener Titel, der 7., gewidmet ist, daß dort aber gleichwohl nicht die Gesamtheit der Normen, die jene Gesetzesverletzungen regeln, im allgemeinen formuliert ist, noch im besonderen die einzelnen Arten der Übertretungen behandelt werden, und daß jene überhaupt ohne eine sachliche Trennung von den Verbrechen geregelt sind. Ein anderer Mangel liegt darin, daß Tatbestände in Zusammenhänge gestellt werden, die in keiner Beziehung zu dem verletzten Rechtsgut stehen. So ist das Verbrechen der Verletzung des öffentlichen Anstandsgefühls (Art. 420) in das Kapitel über die Verletzungen der Ehre eingegliedert, während sein systematisch richtiger Standort in der Gruppe der Verbrechen gegen die Sittlichkeit wäre, unmittelbar im Anschluß an die öffentliche Verletzung des Schamgefühls (Art. 390).

6. Diese und andere Mängel führten in Presse, Parlament, Universität und Gerichtssaal zu scharfen Kritiken am Kodex von 1852. Es folgten Maßnahmen, die der Vorbereitung eines neuen Gesetzbuches dienen sollten. Von dem neuen Gesetzbuch wurden größere Einheitlichkeit und genauere Verwirklichung der leitenden Grundsätze sowie größere Sorgfalt in Anordnung und Aufbau der einzelnen Bestimmungen gefordert. Dazu wurde schon durch das Dekret vom 6. 6. 1853 eine Kommission ernannt, welche das Gesetzbuch von 1852 durchsehen sollte. Eine zweite Kommission nominierte das Dekret vom 30. 12. 1857. Letztere erarbeitete einen Entwurf und legte ihn

im Jahre 1861 zum erstenmal vor. Die durchgesehene Fassung war im Jahre 1864 abgeschlossen. Beide Fassungen des Entwurfes wurden eingeleitet durch ausführliche Begründungen des Vorsitzenden der Kommission, Levi Maria Jordão, der darin die in den Entwürfen niedergelegten dogmatischen Ansichten darlegte und ihre Richtigkeit nachzuweisen bestrebt war. Levi Maria Jordão, der eigentliche Verfasser der beiden neuen Entwürfe, hatte sich eingehend mit dem Sachgebiete, in dem er gesetzgeberisch tätig werden sollte, befaßt. Darüber hinaus hatte er die Meinung einiger der angesehensten Strafrechtler seiner Zeit zu seinem Entwurf eingeholt, darunter: Birkmeyer, Calmetz, Carrara, Bonneville de Marsangy, Ortolan, Mittermaier, Bosellini, Röder u. a. Diese anerkannten Autoritäten hatten den Entwurf mit hohem Lob versehen[14]). So schrieb Bonneville de Marsangy an Levi Maria Jordão: „Ich halte Ihren Entwurf für unter philosophischen Gesichtspunkten folgerichtig entwickelt und für sachlich erschöpfend. Es ist eine schöne Arbeit für das Strafrecht. Unter den mir bekannten Strafgesetzbüchern entspricht er am meisten den neuesten Erkenntnissen unserer Wissenschaft[15]).“ Mittermaier — und so auch die übrigen befragten Strafrechtler — äußerte sich ähnlich mit Worten großer Anerkennung: „Es ist meine feste Überzeugung, daß der Entwurf ein Werk des Fortschrittes ist, das den bedeutenden Männern, die ihn verfaßt haben, zur Ehre gereicht. Er bildet die Grundlage für eine vortreffliche Gesetzgebung und entspricht den Belangen der Gerechtigkeit, der Gesellschaft und der Menschlichkeit[16]).“

Dogmatisch war der Entwurf von 1861 in seiner durchgesehenen Fassung von 1864 grundlegend ausgerichtet an der Besserungslehre, die Röder in Deutschland entwickelt und verfochten hatte. Levi Maria Jordão folgte ihr mit geringfügigen Abweichungen. „Der Staat muß nach dieser Ansicht den von dem einzelnen gestörten Rechtszustand wiederherstellen. Infolgedessen muß, da aus solcher Störung regelmäßig ein Schaden entsteht, eine zuverlässige rechtliche Ordnung gewährleistet sein. Dies geschieht bürgerlich-rechtlich durch die Wiedergutmachung des Schadens. Abgesehen davon aber verursacht das Verbrechen auch in der Gesellschaft eine Störung des Ordnungsgefüges und beim Rechtsverletzer selbst eine Störung der inneren Harmonie. Diese Folgen der Tat müssen ausgeglichen werden durch das Mittel der Strafen. Diese haben wesentlich die sittliche Besserung des Verbrechers im Auge. Auf Grund der Art und Weise der Anwendung des Besserungsmittels jedoch üben sie gleichzeitig verstandesmäßig eine

---

[14]) s. die im Entwurf von 1864 angeführten Urkunden.

[15]) a. a. O. Urkunde Nr. 1, S. 187.

[16]) Mittermaier hat seine Ansicht über den Entwurf eingehend in einem Aufsatz dargelegt, der in der Zeitschrift „Der Gerichtssaal“, Jg. 1860, S. 209—224, abgedruckt ist.

Abschreckung aus, die, ohne die persönliche Würde des Menschen zu verletzen, gleichwohl andere vom Verbrechen abhält[17])."

Zusammengefaßt: Unmittelbarer Zweck der Strafen muß die sittliche Besserung des Täters sein. Daneben muß sie eine verstandesmäßig begründete Abschreckung erzeugen, welche, obwohl sie das Prinzip der Generalprävention zu verwirklichen sucht, weder die menschliche Würde des Verurteilten außer acht läßt noch seiner sittlichen Besserung schadet.

Ausgehend von diesem entscheidenden Zweck der Strafe, der sittlichen Besserung des Täters also, übernahm der Entwurf nicht nur das belgische Strafvollzugssystem der Einzelhaft, sondern auch andere Einrichtungen wesentlichster Bedeutung. Dabei handelt es sich um folgendes: Wenn eine hinreichende Besserung des Gefangenen bereits erreicht worden ist, bedarf es einer Fortsetzung der Strafvollstreckung nicht mehr, daher die Gewährung der vorbereitenden Freiheit. Andrerseits: Wenn der Gefangene sich am Ende der Strafverbüßung nicht gebessert zeigt, kann die Einschließung verlängert werden. Aus diesem Grunde wurde das Institut der Ergänzungshaft geschaffen. Außer diesen beiden Maßnahmen schuf man in den Entwürfen auch Besserungsanstalten und Landwirtschaftskolonien für Minderjährige, die Gesellschaften für Gefangenenfürsorge („Sociedades de patrocínio") und die Zufluchtsanstalten („Colónias de refúgio"). Da man als wesentlichen Strafzweck die Besserung der Verurteilten ansah, wäre es widersinnig gewesen, die Todesstrafe beizubehalten. Daher wurde sie, nachdem der Entwurf von 1861 sie noch vorgesehen hatte, in der durchgesehenen Fassung von 1864 gestrichen.

7. Die Entwürfe von 1861 und 1864 stellten unter bestimmten Gesichtspunkten einen großen Fortschritt dar für das Strafrecht jener Zeit. Die sittliche Besserung des Täters als Strafzweck — ein Vorschlag, dem erhebliche Bedeutung beigemessen wurde — schlug sich nunmehr in einer Reihe von Bestimmungen nieder, welche auf die soziale Wiedereingliederung des Verurteilten abzielten. Ein Gesichtspunkt, der zwar nicht einzige Zweckbestimmung der Strafen sein kann, indessen eine hohe Bedeutung besitzt, wenn eine solche Wiedereingliederung notwendig ist und sich als möglich erweist. Obwohl nicht alle in den Entwürfen von 1861 und 1864 vorgesehenen Mittel heute noch für die geeignetsten zu halten wären, so trug doch jene Grundeinstellung erheblich dazu bei, einen richtigen Weg einzuschlagen und die heute in der Theorie und Praxis des Strafwesens herrschenden Auffassungen über die sittliche Besserung des Täters vorzubereiten. Heute vertritt man beispielsweise nicht mehr, wie im Entwurf von 1861—1864, die Ansicht, daß die Gefangenen vollständig und dauernd voneinander zu trennen seien, jedoch die in ihm niedergelegten Prinzipien waren, wie bereits gesagt, ein Schritt in der Rich-

---

[17]) Levi Maria Jordão, a. a. O. S. 26/27.

tung, die soziale Wiedereingliederung des Täters auf die bestmögliche Weise zu erreichen.

Der Entwurf von 1861/64 hätte unleugbar ein verdienstvolles und fortschrittliches Werk für jene Zeit bedeutet, wenn er zum Gesetz geworden wäre. Er wurde an eine Parlamentskommission verwiesen und blieb dort stecken.

Indessen fühlte man, daß es notwendig sei, wenigstens den Mängeln des Gesetzbuches von 1852 abzuhelfen, die die heftigsten Angriffe hervorgerufen hatten. Dazu gehörte die Todesstrafe. Dazu gehörten auch Maßnahmen, mittels welcher die Umerziehung des Täters versucht werden konnte. Das Gesetz von 1852 hatte für eine Reihe von Fällen die Todesstrafe beibehalten. Die mit dem Entwurf für das Gesetzbuch befaßte Kommission schrieb hierzu in ihrem Gutachten: „Die Kommission ist der Ansicht, daß die Zeit noch nicht gekommen ist, die Todesstrafe aus unseren Strafgesetzen ganz zu entfernen. Wir haben sie jedoch nur in den wenigen Fällen zugelassen, in denen mit vernünftigen Gründen nicht angezweifelt werden kann, daß sie gerecht und unabdingbar notwendig ist[18]).“ Eine starke Meinung für die Abschaffung der Todesstrafe setzte sich jedoch durch. Das Gesetz vom 1. 7. 1867 (die sog. „Reforma Penal“)*) ersetzte sie durch lebenslanges Zellengefängnis. Hiermit glaubte man zugleich einen Mittelweg gefunden zu haben, um die Abschreckungswirkung des Strafensystems nicht zu vermindern. Durch das gleiche Gesetz wurde ebenfalls die öffentliche Zwangsarbeit als Strafe aufgegeben, „weil sie weder sittlich bessert noch abschreckt“. Zugleich schuf dies Gesetz ein neues Strafensystem. Es war insoweit am Entwurf von 1861/64 orientiert, der vollständige und absolute Absonderung der Gefangenen zu Tage und zu Nacht vorgeschrieben hatte. Der Häftling hatte Kontakt lediglich mit den Gefängnisbeamten, mit Angehörigen und Freunden sowie mit Mitgliedern von Vereinigungen oder sonstigen Personen, die zu seiner sittlichen Besserung beitragen konnten.

8. Trotz des Wertes dieser Bestimmungen brachte die Reform von 1867 nicht jene umfassenden Änderungen für das Gesetzbuch von 1852, die jedenfalls bis zum Erlaß eines neuen Gesetzbuches nicht nur nützlich, sondern auch dringend notwendig gewesen wären. In dieser Absicht wurden in den folgenden Jahren drei Entwürfe ausgearbeitet: einer im Jahre 1870 (José Luciano de Castro), ein weiterer im Jahre 1871 (Sá Vargas) und ein letzter schließlich im Jahre 1881 (Júlio de Vilhena). Keiner dieser Entwürfe wurde Gesetz. Im März 1884 wurde der Deputiertenkammer ein weiterer Entwurf vorgelegt; er wurde gebilligt und stellt die sog. „Nova Reforma Penal“**) vom 14. Juni 1884 dar. Im Art. 5 dieses Gesetzes wurde die Regierung ermächtigt, das Strafgesetzbuch mit den Änderungen durch die Nova Reforma Penal

---

[18]) s. Silva Ferrão, Teoria do Direito Penal, 1. Bd., S. LXX.

*) = Strafrechtsreform, Anm. des Übers.

**) = Neue Strafrechtsreform, Anm. des Übers.

neu bekanntzumachen. Diese Bekanntmachung wurde am 16. September 1886 verkündet und bildet das gegenwärtige Strafgesetzbuch von 1886.

Die Nova Reforma Penal brachte erhebliche Änderungen in das Strafgesetzbuch[19]). Einige davon sind sehr bedeutsam. Sie versuchte die Härte der Strafen des Kodex von 1852, welche sie für übermäßig hielt, zu mildern. Hierzu ist der Begründung, mit welcher die Regierung ihren Gesetzesvorschlag dem Parlament zusandte, folgendes zu entnehmen: „Wie gegen das Verbrechen selbst empört sich die Öffentlichkeit gegen übertriebene Strafbestimmungen; denn sie wendet sich in gleicher Weise gegen alle Ungerechtigkeiten, ob sie Folge der Verletzung oder der Beachtung eines Gesetzes sind." Sodann heißt es in der Begründung: „Unser Strafgesetzbuch ist streng und bisweilen sogar drakonisch, gleichwohl wurde es in einem Lande erlassen, dessen Sitten sanft, dessen Veranlagung milde und dessen Charakter hilfsbereit und mitleidsvoll ist. Unser Strafgesetzbuch legt darüber hinaus die verschiedenen Strafen auf die verschiedenen Verbrechen mit offensichtlicher Unverhältnismäßigkeit und wurde gleichwohl für ein Volk gemacht, in dem das Gefühl der Gleichheit so heftig ausgeprägt ist, daß nicht selten die Nachricht von einer großen Unbilligkeit sein Empfinden genauso tief berührt wie die Nachricht von einem großen Unglück." Hieraus ergibt sich eindeutig, daß der Gesetzgeber von 1884 sich unter anderem zum Ziel gesetzt hatte, die Härte der Strafen des Kodex von 1852 zu mildern, weil er sie für übermäßig hielt, und sie zudem in ein besseres Verhältnis zu der Schwere des jeweiligen Verbrechens zu rücken. Unter diesen gedanklichen Ausgangspunkten blieb es bei der Abschaffung der Todesstrafe. Hierzu war zu bemerken, daß diese Strafe, solange sie noch gesetzlich vorgesehen war, nur selten verhängt und seit langem nicht mehr vollstreckt wurde[20]). Die Strafe der öffentlichen Zwangsarbeiten, die ja im Kodex von 1852 ebenfalls vorgesehen war, wurde in größerem Rahmen nur deswegen verhängt, weil sie niemals vollstreckt wurde. Der Gesetzgeber von 1884 wollte in seinem Strafensystem die verschiedenen Strafzwecke: Abschreckung und Besserung in einem wohlausgewogenen und gerechten Gleichgewicht verschmelzen. Im letzten Grunde laufen jedoch diese Strafzwecke in seiner Vorstellung zusammen, der Strafe den Charakter einer Wiedergutmachung des in der sittlichen Ordnung der Gesellschaft angerichteten Schadens zu geben, welcher immer ausgeglichen werden kann und immer nur vorübergehend ist. Daher darf eine Strafe weder lebenslänglich noch unwiderruflich sein. Aus diesem Grunde hob der Gesetzgeber von 1884

---

[19]) s. die Begründung der Nova Reforma Penal in der Revista de Legislação e de Jurisprudência, 18. Jg., S. 257/258.

[20]) Die Todesstrafe wurde gesetzlich 1867 abgeschafft. Seit 1846 war sie nicht mehr vollstreckt worden. (Levi Maria Jordão, Relatório de Código Penal, 1864, Urkunde Nr. 4, S. 225.)

die lebenslänglichen Strafen auf, die das Gesetz vom 1. Juli 1867 noch belassen hatte. Zum lebenslänglichen Zellengefängnis, das der Gesetzgeber als Ersatz für die Todesstrafe vorgeschrieben hatte, erläuterte die amtliche Begründung zum Gesetz von 1884, diese Strafe habe abgeschafft werden müssen, da sie als Sühne ungerecht und als Abschreckungsmittel maßlos sei. Zudem stehe sie im Widerspruch zu den Gesetzen der sittlichen Natur des Menschen, nach welchen eine Vermutung dafür bestehe, daß schlechte Neigungen geändert und auch der verkommenste Charakter gebessert werden könne[21]).

Abgesehen von dieser wichtigen Neuordnung des Strafensystems wurden durch die Reform von 1884 viele Vorschriften eingeführt, die bestimmt waren, das bisherige Recht zu erläutern, zu präzisieren, umzuformen und zu ergänzen, so z. B. in Fragen der Teilnahme (Täterschaft, Beihilfe, Hehlerei), der strafrechtlichen Verantwortlichkeit usw.

Naturgemäß konnten bei einer Teilreform die Inkohärenz der Prinzipien und die Widersprüchlichkeiten des Gesetzestextes nicht voll beseitigt werden. Daneben aber war auch die neue Bekanntmachung des Strafgesetzbuches, zu der die Regierung ermächtigt worden war, um die Bestimmungen der Nova Reforma Penal in den amtlichen Wortlaut des Strafgesetzbuches zu übernehmen, sehr unvollkommen. Bestimmungen des Gesetzbuches von 1852, die durch die Nova Reforma Penal nicht widerrufen worden waren und daher nach wie vor volle Gültigkeit besaßen, wurden nicht mehr aufgenommen, so z. B. die Artikel 79 und 82. Andererseits enthielt die neue Bekanntmachung Vorschriften, die durch die Nova Reforma Penal widerrufen worden waren, so die des Art. 197. Unabhängig davon aber dauerten auch die systematischen Mängel, die der Kodex von 1852 enthalten hatte, fort. Hierauf wurde schon an anderer Stelle hingewiesen. Hinzu kommt insoweit auch das Verbrechen der Trunkenheit in der Öffentlichkeit des Art. 185 § 3.

9. Nach der Nova Reforma Penal wurden weitere Gesetze erlassen, die in der Absicht, die Individualisierung der Strafe und die soziale Wiedereingliederung des Täters zu fördern, das bestehende Recht änderten und verbesserten. In dieser Hinsicht ist auf die bedingte Strafaussetzung und die bedingte Entlassung hinzuweisen, die heute im Art. 120 des Código Penal i. d. F. durch das Decreto-Lei No. 39.688 geregelt sind.

Daneben wurde das Gefängniswesen grundlegend umgeformt, zugleich wurde ein System von Sicherungsmaßnahmen für gefährliche Täter im allgemeinen geschaffen. Dadurch wurden Möglichkeiten geboten, die Unterbringung des Täters, solange der Zustand der Gefährlichkeit andauerte, um aufeinanderfolgende Zeiträume zu verlängern. Derartige Sicherungsmaßnahmen werden verhängt gegen schwer besserbare Täter (Gewohnheitstäter, Neigungstäter und un-

[21]) s. die amtliche Begr. a. a. O. S. 323.

disziplinierte Täter), gegen Geisteskranke, gegen Alkohol- und andere Rauschgiftsüchtige, gegen Landstreicher und ihnen Gleichgestellte usw.

10. Diese überaus wichtige Reform des Gefängniswesens durch das Decreto 26.643 vom 28. 5. 1936 enthält neben dem System der Sicherungsmaßnahmen, die dem Schutze der Gesellschaft gegen solche Täter dienen, bei denen Strafen nicht verhängt werden können oder nicht ausreichend sind, viele weitere wichtige Bestimmungen. So über die Vollstreckung der Freiheitsstrafen und der mit Freiheitsentzug verbundenen Sicherungsmaßnahmen. Hervorzuheben sind dabei die Bestimmungen über das progressive Strafvollstreckungssystem. Damit ist ein Strafvollzug gemeint, der nicht mechanisch auf Fortschritt oder Rückfall des Täters abstellt, sondern durch die sittliche Besserung oder den sittlichen Verfall des Gefangenen bestimmt ist. Ein Teil der Vorschriften des Decreto No. 26.643 wurde durch das Decreto No. 39.688 vom 5. Juni 1954, welches seinerseits Änderungen in das geltende Strafrecht einführte, in teilweise abgeänderter Form in den amtlichen Wortlaut des Strafgesetzbuches aufgenommen.

Der Zweck der Strafen ist durch das Decreto 26.643 folgendermaßen definiert worden: Die Vollstreckung der Freiheitsstrafen erfolgt in der Weise, daß die abschreckende Wirkung erhalten bleibt, obwohl zugleich die soziale Wiedereingliederung des Täters anzustreben ist. (Art. 29)

11. Weitere Änderungen erfolgten durch das Jugendstrafrecht. Dabei handelt es sich um eine Anzahl von Gesetzen, welche für Minderjährige unter 16 Jahren gelten. In besonderen Fällen werden diesen Minderjährige unter 18 Jahren gleichgestellt (Decreto 26.643 Art. 78). Im Jugendstrafrecht ist das dominierende Prinzip die Erziehung oder die Umerziehung der kriminell oder sittlich gefährdeten Jugendlichen. Für sie gibt es besondere Gerichte und eine besondere Gesetzgebung. Soweit bei ihnen eine Unterbringung erforderlich ist, können sie geschlossenen Anstalten zugewiesen werden.

12. Es ist erörtert worden, daß die Mängel des Strafgesetzbuches von 1852 die Verschiedenartigkeit seiner Quellen, die Vielfalt und die Ungeordnetheit seiner leitenden Prinzipien waren. Die Reformen von 1867 und 1884 waren an anderen dogmatischen Strömungen orientiert. Sie behoben daher das Übel nicht, sondern verschärften es. Die weiteren Reformen verschlimmerten die Mängel des Strafgesetzbuches nur noch mehr. Ein neues Strafgesetzbuch, welches in der Systematik einheitlicher, in den Grundprinzipien besser aufeinander abgestimmt und im Strafsystem elastischer ist, erscheint daher nötiger denen je.

Die Ausarbeitung eines Vorentwurfes liegt derzeit in den Händen eines unserer bedeutendsten und anerkanntesten Universitätslehrer, des Professors Eduardo Correia.

1. Buch

ALLGEMEINE BESTIMMUNGEN

1. Titel

Verbrechen[1]) im allgemeinen und Verbrecher[2])

1. Kapitel

EINLEITENDE BESTIMMUNGEN

Art. 1 Ein Verbrechen oder ein Vergehen[3]) ist die willentlich[4]) begangene, durch das Strafgesetz für strafbar erklärte Tat[5]).

---

[1]) „crime" = Verbrechen. Die Abstufung zwischen Verbrechen und Vergehen ist dem portugiesischen Strafrecht nicht bekannt. „delito" = Vergehen bedeutet daher an sich nicht eine minder schwere Form des Rechtsverstoßes, sondern ist ein Synonym zu „crime". Ein drittes Synonym ist „infracção" = Gesetzesverletzung (vgl. Art. 6 und die dortige Anm. 15). Einen echten Gegensatz zu diesem Begriff bildet lediglich „contravenção" = Übertretung, die, wie Art. 3 ausweist, einen anderen Unrechtsgehalt besitzt.

[2]) „criminoso" = der Verbrecher. Der Begriff wird als allgemeine Täterbezeichnung verwendet. Er bedeutet nicht eine besonders schwere Form des Tätertyps (vgl. Anm. 1). Gleichbedeutende Begriffe sind: „delinquente" (= Täter), „infractor" (= Gesetzesbrecher), „malfeitor" (= Übeltäter). Schärfer umrissene Bedeutung haben hingegen die den Tatbeitrag charakterisierenden Bezeichnungen der Art. 19 ff. (s. die dort. Anm. 36 bis 38 und Anm. 22 bei Art. 10).

[3]) „crime ou delito" (vgl. Anm. 1).

[4]) „voluntário" = freiwillig; im CP im allgemeinen = vorsätzlich (Faveiro Anm. vor A und B 2 bei Art. 2). Die Verwendung des Begriffes bei der Definition der Fahrlässigkeit im Art. 2 und bei der der Übertretung im Art. 3, die nach Art. 4 auch fahrlässig begangen werden kann, steht jedoch hierzu im Widerspruch. Faveiro (Anm. B 2 zu Art. 2) weist weiter darauf hin, daß im direkten Gegensatz zu der Begriffswahl des Art. 2 der Art. 368 die Fahrlässigkeitstat „involuntário" nenne (vgl. die dortige Anmerkung 661).

Faveiro (a. a. O. unter Bezugnahme auf Silva Ferrão, Teoria do Código Penal I, S. 9) gibt an, der Gesetzgeber von 1852 habe mit dem Begriff „voluntário" seiner Grundvorstellung Ausdruck verleihen wollen, daß ein schlicht objektiver Verstoß gegen eine Strafvorschrift, im Falle einer Fahrlässigkeitstat also die schlicht objektive Unterlassung einer Pflicht nicht strafbar sei, es sei denn, das Gesetz habe im Falle der Fahrlässigkeit eine bestimmte Sorgfaltspflicht gegenüber Personen oder Sachen als besondere Verpflichtung aufgestellt. Zur Kritik an diesen gesetzgeberischen Motiven führt er aus, diese Formel sei für die Auslegung des

Art. 2 Die Bestrafung[6]) der Fahrlässigkeit[7]) in den im Gesetz besonders vorgesehenen Fällen gründet sich auf eine willentliche[4]) Unterlassung einer Pflicht.

Art. 3 Übertretung[8]) ist die willentlich[9]) begangene strafbare Tat,

---

Begriffes „voluntariedade" gerade dann nicht mehr geeignet, wenn gegen eine solche bestimmte gesetzlich normierte Sorgfaltspflicht verstoßen werde. Daher hätten bereits die Kommentatoren des Código von 1852 diesen Begriff als schlecht redigiert kritisiert.

[5]) „facto" = die Tat oder die Tatsache. Wird im CP im allgemeinen dann verwandt, wenn das deutsche StGB „Handlung" verwendet. Daneben aber auch als „Tatsache". Für „Handlung" wird im CP eine besondere Bezeichnung, nämlich „acto", benützt.

[6]) Durch Assento des Supremo Tribunal de Justiça vom 20.3.1936 (Diário do Governo I vom 7. 4. 1936) wurde mit bindender Wirkung festgestellt, daß Fahrlässigkeit auch dann strafbar sei, wenn das Gesetz es nicht besonders angeordnet habe; durch die neue Fassung des Art. 110 CP von 1954 verlor dieser Auslegungssatz jedoch seine Gültigkeit.

[7]) „negligência" = Nachlässigkeit, ist der vom portugiesischen Strafgesetzbuch im allgemeinen zur Bezeichnung der Fahrlässigkeit gebrauchte Begriff. Daneben wird auch „culpa" verwendet (Art. 44, Ziffer 7). Beide Begriffe sind gleichwertig (Art. 43, Einziger §). Adverbial tritt neben „culposo" auch „involuntário" (= unwillentlich, unabsichtlich) auf (vgl. Art. 368 ff.). Voraussetzung der Fahrlässigkeit ist über den Wortlaut des Art. 2 hinaus auch die Möglichkeit, anders zu handeln (Faveiro Anm. B 4 zu Art. 2. Über die einzelnen Formen der Fahrlässigkeit und deren Inhalt vgl. Anm. 662 bei Art. 368).

[8]) „contravenção" (vgl. Anm. 1).

[9]) „voluntário"; vgl. dazu im allgemeinen Anm. 4 bei Art. 2. Nach Faveiro (Anm. 2 zu Art. 3) ist der Begriff in Art. 3 nur im Zusammenhang mit den Worten „unabhängig von jeder bösen Absicht" (s. dazu auch Anm. 10) zu verstehen. Der Gesetzgeber habe sich an der Lehre Chauveaus — Théorie du Code Pénal, I, S. 30 (vgl. Einl. S. 7 f.) — orientiert, wonach die Strafbarkeit der Verbrechen sich auf die moralische Verwerflichkeit oder auf die verbrecherische Absicht des Täters gründe. Diese beiden Momente seien aber für eine andere Kategorie von Straftaten unerheblich. Diese Taten seien lediglich „objektive Vorstöße gegen Vorschriften oder Verbote der Gesetze, deren Strafbarkeit allein auf der Tatsache, daß gegen sie verstoßen wird, unabhängig von der Absicht des Täters, beruht. Dabei handelt es sich um die Übertretungen."

Hiermit ist indessen die Bedeutung des Begriffes „voluntário" im Rahmen des Art. 3 nicht geklärt. Vielmehr steht die Verwendung an dieser Stelle, wenn man die Motive, die den Gesetzgeber bei der Wahl des gleichen Begriffes im Art. 1 und 2 (vgl. Anm. 4) leiteten, berücksichtigt, in einem deutlichen Gegensatz zu der von Faveiro angeführten Theorie Chauveaus. Ein Hinweis darauf, wie unter diesen Umständen der Begriff nach den Absichten des Gesetzgebers von 1852 zu verstehen sei, findet sich bei Faveiro nicht. Es wird jedoch dargelegt (a. a. O. Anm. 3 zu Art. 3), daß eine Auslegung des Art. 3 im Sinne der Lehre Chauveaus seit der Nova Reforma Penal von 1884 (vgl. Einl. S. 7 f.) nicht mehr möglich sei, da seither im

die, unabhängig von jeder bösen Absicht[10]), allein in der Verletzung[11]), oder in fehlender Beachtung[12]) der vorbeugenden Bestimmungen der Gesetze und Verordnungen besteht.

Art. 4 Bei Übertretungen ist Fahrlässigkeit immer strafbar.

Art. 5 Keine Tat, bestehe sie in einem Tun oder in einem Unterlassen[13]), darf als verbrecherisch angesehen werden, ohne daß ein vorher ergangenes Gesetz sie so bezeichnet hat.[14])

Art. 6 Das Strafgesetz besitzt rückwirkende Kraft nur in den folgenden Ausnahmefällen:

1. Die nach dem zur Zeit ihrer Begehung geltenden Recht strafbare Gesetzesverletzung[15]) hört auf, es zu sein, wenn ein neues Gesetz sie aus der Zahl der Gesetzesverletzungen ausscheidet. Liegt bereits eine rechtskräftige Verurteilung vor, so verliert die Strafe ihre Wirkungen, auch wenn die Vollstreckung bereits begonnen hat.[16])
2. Weicht das Strafmaß, das in dem zur Zeit der Begehung der Gesetzesverletzung geltenden Recht angedroht ist, von dem späterer

---

Art. 44 Ziffer 7 das Fehlen der Fahrlässigkeit („culpa") ausdrücklich als „Rechtfertigungsgrund" genannt werde. Eine objektive Tatbestandsverwirklichung genüge demnach nicht mehr. Der Ausdruck „unabhängig von jeder bösen Absicht" könne daher heute so auszulegen sein, daß das Gesetz die Strafbarkeit einer Übertretung nicht von einer ethisch-sittlichen Vorwerfbarkeit abhängig mache.

[10]) „intenção maléfica"; im allgemeinen ist „intenção" gleichbedeutend mit „dolo" (Vorsatz). Eine dem deutschen Strafrecht entsprechende Differenzierung des inneren Tatbestandes in die Merkmale „Vorsatz" und „Absicht" ist dem portugiesischen Strafrecht fremd. Zur Bezeichnung des Vorsatzes werden regelmäßig verwendet: „intenção" (auch mit Zusätzen wie „maléfica", „criminosa"), „dolo" und „voluntariedade" (Art. 351 ff.; s. jedoch die andere Bedeutung in diesem Artikel und Art. 1 und 2 — Anm. 4) (Faveiro, Anm. zu Art. 2, vor A). Darüber hinaus aber finden sich noch eine ganze Reihe von weiteren gleichbedeutenden Bezeichnungen: „propósito", „intúito", „desígnio", auch „fraude" (vgl. dazu Art. 421).

Zur Bedeutung im Art. 3 vgl. Anm. 9 bei Art. 3.

[11]) „violação".

[12]) „falta de observância".

[13]) „acção ou omissão".

[14]) Vgl. den Art. 8 Ziffer 9 der Constituição Política, der ein Grundrecht der portugiesischen Bürger bildet, nach dem er nur auf Grund eines vorher ergangenen Gesetzes, das die Handlung oder Unterlassung für strafbar erklärt, strafrechtlich zur Verantwortung gezogen werden darf.

[15]) „infracção" vgl. Anm. 1 vor Art. 1.

[16]) „Die erste Ausnahmebestimmung des Art. 6 des Strafgesetzbuches kann nicht auf Gesetzesverletzungen, die in der Notstandsgesetzgebung vorgesehen sind, angewendet werden."

Assento vom 18. 7. 1947, Diário do Governo 1947 I, Nr. 188 vom 15. 8. 1947.

Gesetze ab, so ist immer die mildere Strafe gegenüber dem noch nicht rechtskräftig verurteilten Gesetzesbrecher[17]) anzuwenden.

3. Gesetzliche Bestimmungen über die Wirkung der Strafe haben in jeder für den Verbrecher günstigen Beziehung rückwirkende Kraft, selbst dann, wenn er zur Zeit der Verkündung derselben Bestimmungen rechtskräftig verurteilt war. Die Rechte Dritter bleiben unberührt.

Art. 7 Die im Art. 311 des Código Civil festgelegte Volljährigkeit erzeugt alle ihre Wirkungen für das Strafgesetz, wenn die Minderjährigkeit die Grundlage für den Tatbestand eines Verbrechens ist, und immer dann, wenn dasselbe Gesetz sich im allgemeinen auf die Volljährigkeit oder die Minderjährigkeit bezieht.

2. Kapitel

STRAFBARKEIT EINES VERHALTENS[18])

Art. 8 Strafbar ist nicht nur das vollendete[19]) Verbrechen, sondern auch das fehlgeschlagene[20]) Verbrechen und der Versuch[21]).

Art. 9 Bezeichnet das Gesetz die auf ein Verbrechen anzuwendende Strafe, ohne anzugeben, ob es sich um ein vollendetes Verbrechen, ein fehlgeschlagenes Verbrechen oder einen Versuch handelt, so gilt die Strafdrohung für das vollendete Verbrechen.

Art. 10 Ein fehlgeschlagenes Verbrechen liegt vor, wenn der Beteiligte[22]) absichtlich[23]) alle Ausführungshandlungen begeht, die als Ergebnis das vollendete Verbrechen bewirken sollen, es aber aus von seinem Willen unabhängigen Gründen gleichwohl nicht bewirken.

Art. 11 Versuch liegt vor, wenn miteinander[24]) die folgenden Merkmale festgestellt werden:

1. Absicht[25]) des Beteiligten;

---

[17]) „infractor“ vgl. Anm. 2 vor Art. 1.

[18]) „criminalidade“ wörtlich etwa „Verbrechenshaftigkeit“; gemeint ist damit das objektive Verhalten, das ein Verbrechen im äußeren Sinne darstellt.

[19]) „crime consumado“.

[20]) „crime frustrado“.

[21]) „tentativa“.

[22]) „agente“ = Täter. Umfaßt den Alleintäter und alle Formen der Teilnahme. Um diesen umfassenden Begriff richtig zu treffen und ihn zugleich von den weniger exakten der in Anm. 2 genannten abzugrenzen, wurde die Bezeichnung „Beteiligter“ gewählt. (Siehe dazu auch Anm. 36 bis 38 bei Art. 19.)

[23]) „com intenção“ = vorsätzlich (vgl. Anm. 10 bei Art. 3).

[24]) „cumulativamente“.

[25]) „intenção“; vgl. Anm. 10 bei Art. 3.

2. begonnene aber unvollständige Ausführung der Handlungen[26]), die das vollendete Verbrechen bewirken sollten;
3. Unterbrechung[27]) der Ausführung durch vom Willen des Beteiligten unabhängige Umstände, ausgenommen die im Art. 13 vorgesehenen Fälle;
4. Androhung einer der höheren Strafen[28]) für das vollendete Verbrechen, unbeschadet der Fälle, in denen bei Androhung der Besserungsstrafe[29]) für das vollendete Verbrechen das Gesetz den Versuch dieses Verbrechens ausdrücklich für strafbar erklärt.

Art. 12 Auch wenn der Versuch nicht strafbar ist, sind die Handlungen, welche ihn darstellen, strafbar, wenn sie durch Gesetz als ein Verbrechen oder durch Gesetz oder Verordnung als eine Übertretung bezeichnet werden.

Art. 13 In den besonderen Fällen, in denen das Gesetz den Versuch eines Verbrechens als vollendetes Verbrechen bezeichnet, ist das Aufgeben[30]) der Ausführungshandlungen des Verbrechens durch einen Willensentschluß des Verbrechers kein Rechtfertigungsgrund[31]).

Art. 14 Vorbereitungshandlungen[32]) sind die äußeren Handlungen, die, ohne einen Anfang der Ausführung zu bilden, dazu dienen, die Ausführung des Verbrechens zu erleichtern oder vorzubereiten.

Die Vorbereitungshandlungen sind nicht strafbar; jedoch ist auf die Taten, welche sie darstellen, die Bestimmung des Art. 12 anzuwenden.

Art. 15 Verbrechen sind nur diejenigen Handlungen, die durch dies Strafgesetz so bezeichnet werden.

Einziger § Ausgenommen von der Bestimmung dieses Artikels sind:

1. die Handlungen, die durch besondere Gesetzgebung für Sachgebiete, die nicht Gegenstand dieses Gesetzbuches sind oder in denen auf besondere Gesetzgebung Bezug genommen wird, als Verbrechen bezeichnet werden;
2. die militärischen Verbrechen.

Art. 16 Militärische Verbrechen sind die Taten, die von Militärpersonen oder sonstigen Angehörigen des Heeres oder der Marine begangen werden und unmittelbar die Ordnung des Heeres oder der

---

26) „actos“; vgl. Anm. 5 bei Art. 1.

27) „ter sido suspensa“.

28) „pena maior“; s. Art. 55.

29) „pena correccional“; s. Art. 56.

30) „suspensão“.

31) „causa justificativa“; s. Art. 44.

32) „actos preparatórios“.

Marine verletzen und vom Militärgesetzbuch als Verletzung der soldatischen Pflicht bewertet und bestraft werden.

Einziger § Gewöhnliche von Militärpersonen oder sonstigen Angehörigen des Heeres oder der Marine begangene Verbrechen sind immer mit den Strafen des allgemeinen Gesetzes zu bestrafen, auch wenn sie von Militärgerichten abgeurteilt werden.

Art. 17 Die Wirkungen, die nach den Bestimmungen des bürgerlichen Rechts bestimmte Handlungen oder Unterlassungen auf bürgerliche Rechte ausüben, und die Ansprüche, die aus ihnen mit der ausschließlichen Zuständigkeit der Zivilgerichte entstehen, werden von den Bestimmungen dieses Gesetzes, soweit sie nicht ausdrücklich widerrufen werden, nicht berührt.

Art. 18 Es ist nicht zulässig, irgendeine Tat wegen des gleichen oder umfassenderen Sinnes einer Bestimmung mittels analogen oder induktiven Schlusses[33]) als Verbrechen zu werten; es ist stets notwendig, alle Tatbestandsmerkmale[34]) der verbrecherischen Tat festzustellen, die das Gesetz ausdrücklich festlegt.

3. Kapitel

BETEILIGTE[35]) AM VERBRECHEN

Art. 19 Die Beteiligten an einem Verbrechen sind Täter[36]), Gehilfen[37]) oder Hehler[38]).

Art. 20 Täter[39]) ist:

---

[33]) „não é admissível a analogia ou indução por paridade, ou maioria de razão ...“; gedacht ist mit dem Begriff „analogia“ offenbar an die entsprechende Anwendung eines einzelnen Tatbestandes auf einen ähnlichen Fall („... wegen des gleichen ... Sinnes“), also an Gesetzesanalogie, während mit „indução“ der Rückschluß aus mehreren Einzelbestimmungen auf einen allgemeinen Rechtssatz gemeint sein dürfte („... wegen des umfassenderen Sinnes“), also die Rechtsanalogie. Ähnlich knappe Ausdrücke gibt es im Deutschen nicht. Deswegen wurden die Fremdworte belassen.

[34]) „elementos essencialmente constitutivos“.

[35]) „agente“ (vgl. Anm. 22 bei Art. 10).

[36]) „autor“ = Täter im Gegensatz zu anderen Teilnehmern. Anders die allgemeinere Bedeutung der in Anm. 2 vor Art. 1 aufgeführten Bezeichnungen. (Vgl. die Definition der Rechtsprechung in Anm. 39.)

[37]) „cúmplice“.

[38]) „encobridor“ von „encobrir“ = verdecken, verheimlichen. Der Begriff umfaßt die Begünstigung und die Hehlerei des deutschen Strafgesetzbuches (vgl. Art. 23).

[39]) „Täter eines Verbrechens sind diejenigen, die unmittelbaren Anteil an seiner Ausführung haben. Es ist nicht erforderlich, daß jeder der Beteiligten, um die strafbare Tat vollständig zu begehen, alle der Strafvorschrift entsprechenden Umstände verwirklicht.“

Acordão des Supremo Tribunal de Justiça vom 23. 7. 1943 (Boletim Oficial 3. Jg. S. 340).

1. wer das Verbrechen ausführt oder unmittelbar an seiner Ausführung teilnimmt;
2. wer durch körperliche Gewalt, Drohung oder durch Mißbrauch eines Abhängigkeits- oder Machtverhältnisses einen andern nötigt[40]), ein Verbrechen zu begehen, auch wenn die Nötigung[41]) nicht unwiderstehlich war;
3. wer durch Abmachungen, Geschenke, Versprechungen, Befehl, Bitte oder ein unlauteres[42]) und unmittelbar angewendetes Mittel einen anderen bestimmt, ein Verbrechen zu begehen[43]);
4. wer einem anderen rät oder ihn anstiftet[44]), ein Verbrechen zu begehen, wenn ohne diese Anstiftung[45]) oder ohne diesen Rat das Verbrechen nicht begangen worden wäre[46]);
5. wer unmittelbar dazu beiträgt, die Ausführung eines Verbrechens zu erleichtern oder vorzubereiten, wenn ohne diesen Beitrag das Verbrechen nicht begangen worden wäre.[46])

Einziger § Der Widerruf des Auftrags[47]) ist als ein mildernder Umstand besonderer Art zu werten, wenn die Ausführung des Verbrechens noch nicht begonnen hat, und als einfacher mildernder Umstand, wenn die Ausführung schon begonnen hat.

Art. 21 Der Täter, Auftraggeber[48]) oder Anstifter[49]) gilt auch als Täter

1. der zur Verübung des Verbrechens notwendigen Handlungen, auch wenn sie keine Ausführungshandlungen darstellen;
2. des Exzesses seitens des Ausführenden bei der Verübung des Verbrechens, wenn er diesen als wahrscheinliche Folge des Auftrags[50]) oder der Anstiftung[51]) hätte voraussehen müssen.

---

[40]) „constranger".

[41]) „constrangimento".

[42]) „fraudulento".

[43]) Ziffer 3 des Art. 20 umschreibt den „Auftrag" („mandato") zu einem Verbrechen; (vgl. Art. 20 mit Anm. 47 und Art. 21).

[44]) „instigar".

[45]) „instigação".

[46]) Ziffer 4 und Ziffer 5 dieses Artikels umschreiben die „instigação" (= Anstiftung), die daher im portugiesischen Strafgesetzbuch anders als im deutschen Strafrecht in der Form der Bewirkung eines Tatentschlusses bei einem anderen, soweit dies nicht einen „Auftrag" (Ziffer 3) bildet, und in der Förderung der Ausführung der Tat bestehen kann. Die gleiche Form der Mitwirkung kann jedoch auch als „Beihilfe" gewertet werden (vgl. Art. 22 und die dortige Anm. 52).

[47]) „mandato" definiert in Ziffer 3 (vgl. dort Anm. 43).

[48]) „mandante" definiert in Art. 20, Ziffer 3 (vgl. die dortige Anm. 43).

[49]) „instigador" definiert in Art. 20, Ziffer 4 und 5 (vgl. die dortige Anm. 46).

[50]) Vgl. Anm. 43.

[51]) Vgl. Anm. 46.

Art. 22 Gehilfe[52]) ist:

1. wer, ohne von der Vorschrift des Art. 20 erfaßt zu werden, einem anderen unmittelbar rät oder ihn anstiftet, Beteiligter an einem Verbrechen zu sein[53]);
2. wer unmittelbar dazu beiträgt, die Ausführung eines Verbrechens zu erleichtern oder vorzubereiten, wenn das Verbrechen auch ohne diesen Beitrag hätte begangen werden können.

Art. 23 Hehler[54]) ist,

1. wer mit dem Vorsatze[55]), die Feststellung der Beweismittel[56]) zu verhindern oder zu erschweren, die Spuren des Verbrechens ändert oder beseitigt;
2. wer in der Absicht[57]), den Täter der Strafe zu entziehen[58]), Beweismittel, Werkzeuge oder Gegenstände des Verbrechens versteckt oder unbrauchbar macht;
3. wer auf Grund seines Berufes, seiner Beschäftigung, seines Gewerbes oder seines Amtes zu irgendeiner Untersuchung im Hinblick auf ein Verbrechen verpflichtet ist und bei dieser Untersuchung mit dem Vorsatze[59]), einen Verbrecher zu begünstigen, die wirklichen Umstände des tatsächlichen Geschehens[60]) ändert oder verbirgt;
4. wer mittels Kauf, Inpfandnahme, Annahme einer Schenkung oder

---

[52]) „cúmplice" (vgl. Anm. 37). Beihilfe bedeutet also etwas anderes als im deutschen Strafrecht; sie stellt eine mindere Form der in Ziffer 3 und Ziffer 4 des Art. 20 umschriebenen „instigação" dar, die ihrerseits ein Unterfall der eigentlichen Täterschaft ist. (Vgl. Anm. 46 bei Art. 20.)

[53]) „a ser agente dum crime".

[54]) „encobridor" (vgl. Anm. 38 bei Art. 19).

[55]) „propósito", gleichbedeutend mit „dolo" = Wissen und Wollen der Tat (vgl. Anm. 10 bei Art. 3).

[56]) „formação do corpo de delito".

Der Código de Processo Penal vom 15. 2. 1929 (Decreto No. 16.489) enthält in seinem zweiten Buch (Do processo = Verfahren) im 3. Kapitel des 2. Titels (Da instrução = Ermittlungsverfahren) Bestimmungen über Beweismittel (Do corpo de delito). Der einleitende Artikel 170 lautet:

„Beweismittel (corpo de delito) sind alle Maßnahmen, welche der Vorbereitung des Verfahrens dienen, mit Ausnahme des streitigen Ermittlungsverfahrens (instrução contraditória)."

Zu diesen Maßnahmen gehören:

Untersuchungen („exames"), Artikel 175 ff.; Durchsuchungen und Beschlagnahmungen („buscas e apreensões"), Art. 202 ff.; Zeugenbeweis und Sachverständigenbeweis („prova testemunhal e por declarações"), Art. 214 ff., Urkunden („documentos"), Art. 245 ff.

[57]) „intúito" (vgl. Anm. 10 bei Art. 3).

[58]) „concorrer para a impunidade".

[59]) „propósito" (vgl. Anm. 55).

[60]) „facto" (vgl. Anm. 5 bei Art. 1)

auf sonst eine Weise die Früchte des Verbrechens nutzt oder dem Verbrecher hilft, sie seinerseits zu nutzen, wenn er bei der Erwerbshandlung von ihrer Herkunft aus einem Verbrechen Kenntnis hatte;

5. wer mit dem Vorsatze[61]), den Verbrecher der Gerechtigkeit zu entziehen, ihm Zuflucht gewährt oder ihm die Flucht erleichtert[62]).

Einziger § Der Ehegatte des Verbrechers sowie seine Verwandten in auf- und absteigender Linie und die dem Verbrecher in der Seitenlinie bis zum dritten Grade nach dem bürgerlichen Recht verwandten oder verschwägerten Personen gelten, wenn sie eine der in den Ziffern 1, 2 und 5 dieses Artikels bezeichneten Handlungen begehen, nicht als Hehler.

Art. 24 Ohne Täter kann es weder Hehler noch Gehilfen geben; aber die Bestrafung eines Täters, Gehilfen oder Hehlers hängt nicht von der der anderen Beteiligten des Verbrechens ab.

Art. 25 Bei Übertretungen ist weder die Beihilfe noch die Hehlerei strafbar.

4. Kapitel

STRAFRECHTLICHE VERANTWORTLICHKEIT[63])

Art. 26 Verbrecher kann nur sein, wer die notwendige Einsichtsfähigkeit[64]) und Willensfreiheit[65]) besitzt.

Art. 27 Die strafrechtliche Verantwortlichkeit besteht in der Verpflichtung, durch die Verbüßung der im Gesetz angedrohten und von einem zuständigen Gericht verhängten Strafe den in der sittlichen Ordnung der Gesellschaft verursachten Schaden wieder auszugleichen.

Art. 28 Die strafrechtliche Verantwortlichkeit trifft einzig und allein die an einem Verbrechen oder an einer Übertretung Beteiligten[66]).

Art. 29 Von strafrechtlicher Verantwortlichkeit befreien nicht:

1. Unkenntnis des Strafgesetzes;
2. der Irrtum[67]) über die Strafbarkeit[68]) der Tat;

---

[61]) „propósito" (vgl. Anm. 55).

[62]) Das portugiesische Strafrecht erfaßt, wie sich hieraus ergibt, unter der Bezeichnung „Hehler" sowohl die Täter der Hehlerei als auch die der Begünstigung nach deutschem Strafrecht (vgl. Anm. 38 bei Art. 19).

[63]) „responsabilidade criminal".

[64]) „inteligência".

[65]) „liberdade".

[66]) „agente" i. S. der Art. 19 ff.

[67]) „ilusão".

[68]) „criminalidade do facto" (vgl. Anm. 18).

3. der Irrtum[69]) über die Person oder Sache, gegen die sich die strafbare Tat richtet;
4. die persönliche Überzeugung von der Rechtmäßigkeit[70]) des Zweckes oder der Beweggründe, die für die Tat bestimmend waren;
5. die Einwilligung[71]) des Verletzten, unbeschadet der im Gesetz besonders vorgesehenen Fälle;
6. die Absicht[72]), ein anderes als das begangene Verbrechen zu begehen, selbst wenn das vorgenommene Verbrechen von geringerer Schwere war;
7. sonstige Tatsachen oder Umstände allgemeiner Art, wenn das Gesetz nicht ausdrücklich bestimmt, daß sie von der strafrechtlichen Verantwortlichkeit befreien.

§ 1 Die in den Ziffern 1 und 2 dieses Artikels bezeichneten Umstände mildern niemals die strafrechtliche Verantwortlichkeit.

§ 2 Der Irrtum über die Person, gegen die sich die strafbare Tat richtet, erhöht oder mildert, je nach den Umständen, die strafrechtliche Verantwortlichkeit.

§ 3 Der in der Ziffer 6 bezeichnete Umstand schließt in keinem Fall die verbrecherische Absicht[73]) aus, so daß infolgedessen ein Verbrechen aus diesem Grunde niemals als lediglich fahrlässig[74]) gewertet werden darf.

Art. 30 Die strafrechtliche Verantwortlichkeit ist erhöht oder gemildert, wenn im Verbrechen oder bei den an ihm Beteiligten erschwerende[75]) oder mildernde[76]) Umstände vorliegen.

Dieser Erhöhung oder Milderung entspricht eine Verschärfung oder Milderung der Strafe.

Art. 31 Die bei einem Beteiligten vorliegenden erschwerenden oder mildernden Umstände erhöhen oder mildern nur die Verantwortlichkeit dieses Beteiligten.

Art. 32 Die in der Tat liegenden erschwerenden Umstände erhöhen nur die Verantwortlichkeit der Beteiligten, die vor der Begehung des Verbrechens oder während seiner Ausführung von ihnen Kenntnis hatten oder sie hätten vorhersehen müssen.

Art. 33 Die strafrechtliche Verantwortlichkeit bei Übertretungen kann weder erhöht noch gemildert werden, unbeschadet der Vorschrift des Art. 36.

---

69) „erro".
70) „legitimidade".
71) „consentimento".
72) „intenção" (vgl. Anm. 10 bei Art. 3).
73) „intenção criminosa" (vgl. Anm. 10 bei Art. 3).
74) „culposo" (vgl. Anm. 7 bei Art. 2).
75) „circumstâncias agravantes".
76) „circumstâncias atenuantes".

Art. 34 Erschwerende Umstände sind allein,

1. daß das Verbrechen nach vorheriger Überlegung[77]) begangen worden ist;
2. daß das Verbrechen gegen ein Geschenk oder ein Versprechen begangen worden ist;
3. daß das Verbrechen begangen worden ist, weil der Verletzte nicht damit einverstanden war, daß man eine gegen das Recht oder die Sitte gerichtete Handlung oder Unterlassung begehe, oder weil er eine solche Handlung oder Unterlassung nicht begangen hat;
4. daß das Verbrechen als Mittel zur Verübung eines anderen Verbrechens begangen worden ist;
5. daß dem Verbrechen Beleidigungen[78]) oder Drohungen vorausgegangen sind oder Bedingungen gestellt worden sind[79]);
6. daß dem Verbrechen ein fehlgeschlagenes Verbrechen oder der Versuch eines Verbrechens vorausgegangen ist;
7. daß das Verbrechen von zwei oder mehr Personen geplant worden ist;
8. daß zur Ausführung des Verbrechens eine oder mehrere andere Personen aufgefordert worden sind[80]);
9. daß das Verbrechen mit der Hilfe von Personen, die die Straflosigkeit erleichtern oder sichern konnten, begangen worden ist;
10. daß das Verbrechen von zwei oder mehreren Personen begangen worden ist;
11. daß das Verbrechen durch Auflauern[81]), Hinterhalt[82]), Hinterlist[83]), Überraschung[84]), Verrat[85]), Heimtücke[86]), Macht- oder Vertrauensmißbrauch oder sonstige Unlauterkeit begangen worden ist;
12. daß das Verbrechen mittels Einbruchs[87]), Einsteigens[88]) oder Verwendung falscher Schlüssel begangen worden ist;
13. daß das Verbrechen mittels Giftes, einer Brandstiftung, der Herbeiführung einer Überschwemmung oder einer Explosion, durch Entgleisenlassen einer Lokomotive, durch die Herbeiführung eines Schiffbruches oder der Havarie eines Kahnes oder Schiffes oder

---

[77]) „com premeditação".

[78]) „ofensas" (vgl. die Anmerkungen bei Art. 407 ff.).

[79]) „condições de fazer ou não fazer alguma coisa".

[80]) „ter havido convocações ... para o cometimento de crime".

[81]) „espera".

[82]) „emboscada".

[83]) „disfarce".

[84]) „surpresa".

[85]) „traição".

[86]) „aleivosia".

[87]) „arrombamento"; vgl. die Definition in Art. 442.

[88]) „escalamento"; vgl. die Definition in Art. 442.

mittels eines Gerätes oder einer Waffe, deren Tragen und Gebrauch verboten ist, begangen worden ist;

14. daß das Verbrechen unter gleichzeitiger Anwendung verschiedener Mittel oder nach dem Fehlschlag der ersten Bemühungen mit dem beharrlichen Willen[89]), es zu vollenden, begangen worden ist;
15. daß das Verbrechen begangen worden ist, indem der daran Beteiligte das Haus des Verletzten betreten hat oder dies versucht hat;
16. daß das Verbrechen im Hause des Beteiligten begangen worden ist, ohne daß der Verletzte durch sein Verhalten dazu herausgefordert hat[90]);
17. daß das Verbrechen an geheiligten Plätzen, in Gerichtsgebäuden oder öffentlichen Behörden begangen worden ist;
18. daß das Verbrechen auf der Straße oder an abgelegenen Plätzen begangen worden ist;
19. daß das Verbrechen des Nachts begangen worden ist, soweit die Schwere des Verbrechens sich nicht erhöht infolge des aus seiner Ausführung sich ergebenden öffentlichen Ärgernisses[91]);
20. daß das Verbrechen in irgendeiner Weise öffentlich[92]) oder derart begangen wird, daß jemand bei seiner Ausführung zugegen sein könnte, in den Fällen, in denen die Schwere des Verbrechens sich durch ein öffentliches Ärgernis erhöht;
21. daß das Verbrechen unter Mißachtung eines öffentlichen Beamten[93]) bei Erfüllung seiner Aufgaben begangen worden ist;
22. daß das Verbrechen bei Gelegenheit eines Feuers, eines Schiffbruches, eines Erdbebens, einer Überschwemmung, eines Todesfalles oder irgendeines öffentlichen Notstandes oder eines persönlichen Mißgeschickes des Verletzten begangen worden ist;
23. daß das Verbrechen mit irgendwelchen grausamen oder räuberischen Handlungen oder Zerstörungshandlungen, welche zur Vollendung[94]) des Verbrechens nicht erforderlich waren, begangen wird;
24. daß das Verbrechen begangen worden ist, indem der daran Beteiligte sich seine Eigenschaft als Beamter zunutze gemacht hat;
25. daß das Verbrechen begangen worden ist, obwohl der Beteiligte die besondere Verpflichtung hatte, es nicht zu begehen, oder zu verhindern, daß es begangen werde, oder zu seiner Bestrafung beizutragen;

---

[89]) „com insistência".

[90]) „quando não haja provocação do ofendido".

[91]) „em razão de escândalo da publicidade".

[92]) „por qualquer meio de publicicade".

[93]) „funcionário público".

[94]) „consumação".

26. daß das Verbrechen begangen worden ist, nachdem der Beteiligte Vorteile vom Verletzten empfangen hatte, wenn dieser nicht den Angriff, welcher die Verübung des Verbrechens verursacht hat, hervorgerufen hat;
27. daß das Verbrechen gegen Verwandte in auf- oder absteigender Linie, gegen den Ehegatten, gegen bis zum zweiten Grade nach den Vorschriften des bürgerlichen Rechts verwandte oder verschwägerte Personen, gegen Lehrmeister oder Schüler, gegen Vormund oder Mündel, gegen Herren oder Diener oder gegen den auf irgendeine Weise dem Beteiligten rechtmäßig Vorgesetzten oder ihm Untergebenen begangen worden ist;
28. daß das Verbrechen bei offensichtlicher Überlegenheit infolge Alters, Geschlechtes oder mitgeführter Waffen begangen worden ist;
29. daß das Verbrechen unter Mißachtung der dem Alter, dem Geschlecht oder der Gebrechlichkeit des Verletzten geschuldeten Achtung begangen worden ist;
30. daß das Verbrechen begangen worden ist, während der Verletzte unter dem unmittelbaren Schutze der Obrigkeit[95]) stand;
31. daß aus dem Verbrechen außer dem in ihm selbst liegenden Übel ein weiteres Übel hervorgegangen ist;
32. daß das in dem Verbrechen liegende Übel durch einen schmählichen Umstand erhöht worden ist;
33. daß Rückfall[96]) oder Wiederholung[97]) von Verbrechen vorliegt;
34. daß Häufung[98]) von Verbrechen vorliegt.

Art. 35 Rückfall liegt vor, wenn der Beteiligte, nachdem er wegen eines Verbrechens rechtskräftig verurteilt worden ist, ein weiteres Verbrechen von derselben Natur[99]) begeht, bevor acht Jahre seit der genannten Verurteilung verstrichen sind, auch wenn die Strafe für das erste Verbrechen verjährt[100]) oder im Gnadenwege erlassen ist[101]).

---

[95]) „autoridade pública".

[96]) „reincidência"; vgl. Art. 35 ff.

[97]) „sucessão"; vgl. Art. 37.

[98]) „acumulação"; vgl. Art. 38.

[99]) „Im Sinne der Bestimmungen über den Rückfall sind die vorsätzlichen Verbrechen der Tötung eines Menschen und der Körperverletzung nicht von derselben Natur."

Assento vom 12. 7. 1949; Diário do Governo I Nr. 163 vom 26. 7. 1949.

„Die fahrlässigen Verbrechen der Tötung eines Menschen und der Körperverletzung sind im Sinne der Bestimmungen über den Rückfall nicht von derselben Natur."

Assento vom 15. 7. 1960; Processo 30.118.

[100]) „prescrever" (prescrita); vgl. Art. 125.

[101]) „perdoar" (perdoada); vgl. Art. 126 und die dort. Anm. 297.

§ 1 Wenn die Strafe für das erste Verbrechen amnestiert[102]) worden ist, liegt ein Rückfall nicht vor.

§ 2 Wenn eines der beiden Verbrechen absichtlich[103]) und das andere fahrlässig[104]) [105]) begangen worden ist, liegt ein Rückfall nicht vor.

§ 3 Die Verbrechen können von derselben Natur sein, auch wenn beide oder eines von beiden nicht vollendet worden ist.

§ 4 Für den Rückfall wegen Verbrechen, die im Strafgesetzbuch vorgesehen sind und nach ihm bestraft werden, kommen weder die Verurteilungen durch Militärgerichte wegen militärischer Verbrechen, die im Strafgesetzbuch nicht vorgesehen sind, noch die Verurteilungen ausländischer Gerichte in Betracht.

§ 5 Der Rückfall wird nicht durch den Umstand ausgeschlossen, daß der Beteiligte Täter des einen Verbrechens und Gehilfe des anderen gewesen ist.

Art. 36 Bei den Übertretungen liegt Rückfall vor, wenn der Beteiligte, nachdem er wegen einer Übertretung bestraft worden ist, eine gleiche[106]) Übertretung begeht, bevor, gerechnet von der genannten Verurteilung, sechs Monate verflossen sind.

Art. 37 Wiederholung[107]) von Verbrechen im Sinne der Vorschriften des Art. 35 liegt vor, wenn die Verbrechen nicht von derselben Natur sind, ohne Berücksichtigung der Zeit, die zwischen der ersten Verurteilung und dem zweiten Verbrechen liegt, oder, wenn sie von derselben Natur sind, immer dann, wenn zwischen der endgültigen Verurteilung wegen des ersten Verbrechens und der Verübung des zweiten mehr als acht Jahre vergangen sind.

Einziger § Im Sinne der im Art. 101 und seinen Paragraphen vorgeschriebenen Rechtsfolgen sind auf die Wiederholung von Verbrechen die Bestimmungen über den Rückfall der Paragraphen 2 und 5 des Art. 55 anwendbar.

Art. 38 Häufung[108]) von Verbrechen liegt vor, wenn der Beteiligte

---

102) „amnestiar“ (amnestiada).

103) „intencional“.

104) „culposo“ (vgl. Anm. 7 bei Art. 2).

105) Aus dem hier auftretenden Gegensatz wird deutlich, daß „absichtlich“ gleichbedeutend ist mit „vorsätzlich“ (vgl. Anm. 10 bei Art. 3).

106) „idéntica“.

107) „sucessão“: eine allgemeine Rückfallbestimmung wegen einer erneuten Straffälligkeit überhaupt, die in dieser Allgemeinheit keine Parallelle im deutschen Strafrecht findet.

108) „acumulação“; die Bestimmung erfaßt die Realkonkurrenz und die Idealkonkurrenz („concurso real“ und „c. ideal“). Die herkömmliche port. Strafrechtslehre sieht im Artikel der Bestimmung die Realkonkurrenz und im einz. § die Idealkonkurrenz. Gesetzeskonkurrenz („c. aparente“)

bei derselben Gelegenheit mehr als ein Verbrechen begeht oder wenn er, nachdem er ein Verbrechen begangen hat, ein weiteres begeht, bevor er wegen des vorhergehenden rechtskräftig verurteilt worden ist.

Einziger § Wenn dieselbe Handlung in zwei oder mehr Gesetzesbestimmungen als selbständiges Verbrechen vorgesehen und bestraft wird, liegt keine Häufung von Verbrechen vor.

Art. 39 Die strafrechtliche Verantwortlichkeit des Beteiligten mildernde Umstände sind:

1. die vorherige gute Führung;
2. erhebliche Verdienste für die Allgemeinheit[109]);
3. unter 14 Jahre (soweit strafbar), unter 18 Jahre oder 21 Jahre oder über 70 Jahre alt zu sein;
4. herausgefordert gewesen zu sein, wenn das Verbrechen durch eine auf die Herausforderung folgende Handlung verübt worden ist, wobei die Herausforderung, wenn sie in einer unmittelbaren Beleidigung[110]) der Ehre einer Person besteht, als schwere Gewalttätigkeit[111]) im Sinne des Art. 370 angesehen werden kann;
5. die Absicht, ein Übel zu vermeiden oder ein geringeres Übel zu bewirken;
6. unvollkommene Kenntnis von dem Übel des Verbrechens;
7. körperliche Nötigung[112]), wenn sie überwindbar war;
8. Leichtsinn[113]) oder unvollkommene Kenntnis der schlimmen Folgen des Verbrechens;
9. freiwilliges sofortiges Eingestehen des Verbrechens;
10. freiwillige sofortige Wiedergutmachung des Schadens;
11. der Befehl oder Rat eines Verwandten aufsteigender Linie, eines Vormundes, Erziehers oder Dienstherren, wenn der Beteiligte minderjährig und nicht mündig ist;
12. die Erfüllung eines Befehls des Rangvorgesetzten des Beteiligten, soweit dies nicht zu einer Rechtfertigung ausreicht;
13. daß der Beteiligte das Verbrechen begangen hat, um sich selbst, seinem Ehegatten, einem Verwandten auf- oder absteigender

---

bleibe straffrei, da ihre Konkurrenz eine nur von Gesetzes wegen bestehende Scheinkonkurrenz sei (Faveiro Anm. I a zu Art. 38). A. Ans. ist Eduardo Correia, nach dem der einz. § die Gesetzeskonkurrenz erfasse, während die Idealkonkurrenz im Artikel selbst geregelt bleibe (Fav. Anm. I b zu Art. 38).

[109]) „sociedade".

[110]) „ofensa" (vgl. Anm. 303 und 308 bei Art. 130 und Art. 132 sowie Art. 407 ff. und die dortigen Anmerkungen).

[111]) „violência grave".

[112]) „constrangimento físico".

[113]) „imprevidência".

Linie, seinen und seiner Eltern Geschwistern, deren Kindern oder Verschwägerten desselben Grades für eine Beschimpfung[114]), Entehrung[115]) oder Beleidigung[116]), unmittelbar, nachdem diese geschehen ist, Genugtuung zu verschaffen;

14. plötzlicher, durch einen Umstand, der den berechtigten Unwillen der Öffentlichkeit erweckt, hervorgerufener Jähzorn[117]);
15. überwindbare Furcht;
16. Widerstand gegen Befehle eines Rangvorgesetzten, wenn Gehorsam nicht geschuldet war und die Erfüllung des Befehles ein schwereres Verbrechen dargestellt hätte;
17. Überschreiten rechtmäßiger Verteidigung, unbeschadet der Bestimmungen des Art. 378;
18. freiwillige Meldung bei den Behörden;
19. Ersetzbarkeit des angerichteten Schadens oder dessen geringer Umfang;
20. Aufdeckung der anderen Beteiligten, der Verbrechenswerkzeuge oder der Beweismittel[118]) wenn die Angaben der Wahrheit entsprechen und dem Gange der Gerechtigkeit nützlich sind;
21. die Trunkenheit, wenn sie ist:
    1. teilweise und unvorhergesehen, liege sie vor oder nach dem Verbrechensplan[119]);
    2. teilweise, ohne verbrecherische Absicht[120]) gesucht und nicht später als der Verbrechensplan;
    3. vollständig, ohne verbrecherische Absicht gesucht und später als der Verbrechensplan;
22. sonstige Umstände, die in den besonderen im Gesetz vorgesehenen Fällen ausdrücklich als mildernde Umstände bezeichnet werden;
23. im allgemeinen alle sonstigen Umstände, die dem Verbrechen vorhergehen, es begleiten oder ihm folgen, wenn sie die Schuld[121]) des Beteiligten schwächen oder auf irgendeine Weise die Schwere der verbrecherischen Handlung oder ihrer Folgen vermindern.

Art. 40 Die als erschwerend bezeichneten Umstände sind dies nicht:

---

[114]) „injúria"; vgl. Art. 407 und die dortigen Anmerkungen sowie Anm. 303 bei Art. 130 und Anm. 308 bei Art. 132; die Übersetzung „Beschimpfung" beruht hier auf stilistischen Gründen.

[115]) „desonra".

[116]) „ofensa"; vgl. Art. 407 und die dortigen Anmerkungen sowie Anm. 303 bei Art. 130 und Anm. 308 bei Art. 132.

[117]) „arrebalamento".

[118]) „corpo de delito" (vgl. Anm. 56 bei Art. 23).

[119]) „projecto do crime".

[120]) „propósito" (vgl. Anm. 10 bei Art. 3).

[121]) „culpabilidade".

1. wenn das Gesetz sie ausdrücklich als Tatbestandsmerkmale[122]) des Verbrechens ansieht;
2. wenn sie in einer derartigen Weise mit dem Verbrechen verbunden sind, daß ohne sie die durch das Gesetz bestrafte verbrecherische Handlung nicht verübt werden könnte;
3. wenn das Gesetz ausdrücklich bestimmt oder die Umstände oder die besondere Natur des Verbrechens zeigen, daß sie die strafrechtliche Verantwortlichkeit der Beteiligten, bei denen sie vorliegen, nicht erhöhen dürfen oder mildern müssen.

Einziger § Wenn einer der im Art. 34 bezeichneten Umstände ein Verbrechen darstellt, so erhöht er die strafrechtliche Verantwortlichkeit des Beteiligten nur durch die Verbrechenshäufung.

Art. 41 Die strafrechtliche Verantwortlichkeit ausschließende Umstände sind:
1. Das Fehlen der Zurechnungsfähigkeit[123]);
2. Die Rechtfertigung der Tat[124]).

Art. 42 Unzurechnungsfähig sind[125]):
1. *Die Minderjährigen unter 10 Jahren*[126]);
2. Die Geisteskranken, die keine lichten Augenblicke haben.

Art. 43 Zurechnungsfähig sind nicht[127]):
1. *die über 10 Jahre aber unter 14 Jahre alten Minderjährigen, die ohne Unterscheidungsvermögen*[128]) *gehandelt haben*[129]);
2. Geisteskranke[130]), die, obwohl sie lichte Augenblicke haben, die Tat im Zustande der Geisteskrankheit[131]) begangen haben;
3. diejenigen, die aus einem sonstigen von ihrem Willen unabhängigen Grunde im Augenblicke des Begehens der strafbaren Tat zufällig des Gebrauches ihrer Einsichtsfähig beraubt sind.

Einziger § Die Nachlässigkeit oder Fahrlässigkeit[132]) gilt immer als eine vom Willen abhängige Handlung oder Unterlassung.

Art. 44 Eine Tat ist gerechtfertigt bei:
1. denjenigen, die sie begehen, indem sie dazu durch eine fremde,

---

[122]) „elementos constitutivos do crime" (vgl. Anm. 34 bei Art. 18).
[123]) „imputabilidade".
[124]) „justificação".
[125]) „não são susceptíveis de imputação".
[126]) S. Anm. 143 bei Art. 49.
[127]) „não têm imputação".
[128]) „discernimento".
[129]) S. Anm. 143 bei Art. 49.
[130]) „loucos".
[131]) „loucura".
[132]) „negligência ou culpa" (vgl. Anm. 7 bei Art. 2). Aus dieser Vorschrift ergibt sich, daß „negligência" und „culpa" gleichbedeutend sind.

körperliche und unwiderstehliche Einwirkung gewaltsam gezwungen werden;

2. denjenigen, die sie begehen, indem sie von einer unüberwindlichen Furcht vor einem ebenso großen oder größeren Übel, das unmittelbar bevorsteht oder bereits eingetreten ist, beherrscht werden;
3. den Untergebenen, die sie auf Grund des ihren rechtmäßigen[133]) Vorgesetzten gesetzlich geschuldeten Gehorsams begehen, abgesehen von einem Exzeß in den Handlungen oder in der Art ihrer Ausführung;
4. denjenigen, die sie begehen auf Grund einer gesetzlichen Ermächtigung, in Ausübung eines Rechtes oder in Erfüllung einer Verpflichtung, wenn sie mit der gehörigen Umsicht vorgegangen sind oder wenn die Tat ein lediglich zufälliges Ergebnis war;
5. denjenigen, die sie in berechtigter Verteidigung[134]) ihrer selbst oder anderer begehen;
6. denjenigen, die eine Tat begehen, deren strafrechtliche Erheblichkeit sich allein aus besonderen Umständen ergibt, die bei dem Verletzten oder in der Handlung vorliegen, wenn sie das Vorhandensein dieser besonderen Umstände nicht kennen und auch nicht die Verpflichtung haben, sie zu kennen;
7. im allgemeinen bei denjenigen, die ohne verbrecherische Absicht[135]) und ohne Fahrlässigkeit[136]) gehandelt haben.

Art. 45 Eine Rechtfertigung der Tat nach der Bestimmung der Ziffer 2 des vorhergehenden Artikels kann nur festgestellt werden, wenn die folgenden Voraussetzungen vorliegen:

1. ein wirklich vorhandenes Übel;
2. die Unmöglichkeit, die Staatsgewalt[137]) um Hilfe anzugehen;
3. die Unmöglichkeit rechtmäßiger Verteidigung;
4. das Fehlen eines anderen Mittels, das weniger schädlich ist als die begangene Tat;
5. die Wahrscheinlichkeit der Wirksamkeit des angewendeten Mittels.

Art. 46 Eine Rechtfertigung der Tat nach der Bestimmung der Ziffer 5 des Art. 44 kann nur festgestellt werden, wenn die folgenden Voraussetzungen vorliegen:

1. ein gesetzwidriger, tatsächlicher oder unmittelbar bevorstehender Angriff, der nicht verursacht worden ist durch eine Herausforderung, eine Beleidigung, oder ein gegenwärtiges Verbrechen desjenigen, der sich verteidigt;
2. die Unmöglichkeit, die Staatsgewalt[137]) um Hilfe anzugehen;

---

[133]) „legítimos".

[134]) „legítima defesa".

[135]) „intenção criminosa" (vgl. Anm. 10 bei Art. 3).

[136]) „culpa" (vgl. Anm. 7 bei Art. 2).

[137]) „força pública".

3. die vernünftige Notwendigkeit des angewendeten Mittels, um dem Angriff zuvorzukommen oder ihn aufzuhalten.

Art. 47 Die Geisteskranken, die bei der Begehung der Tat von strafrechtlicher Verantwortung frei waren, werden ihren Familien zur Bewachung übergeben oder in eine Heilanstalt eingewiesen, wenn sie in ihrer Krankheit verbrecherische Neigungen zeigen[138]) oder wenn ihr Zustand es zur größeren Sicherheit erfordert[139]).

Art. 48 *Die Minderjährigen, die bei Begehung der Tat von strafrechtlicher Verantwortlichkeit frei sind, da sie noch keine 10 Jahre alt sind oder da sie im Alter von über 10 und unter 14 Jahren ohne Unterscheidungsvermögen gehandelt haben, werden ihren Eltern oder Vormündern übergeben oder in eine Erziehungsanstalt[140]) oder eine*

---

[138]) „se a mania for criminosa".

[139]) Der Código de Processo Penal (vgl. Anm. 56 bei Art. 23) (= CPP) enthält dazu die folgenden Bestimmungen:

„Art. 130. Wird der Beschuldigte vor der Hauptverhandlung für nicht verantwortlich erklärt (auf Grund des Verfahrens nach Art. 125 ff. CPP.; Anm. des Übers.), so bleibt die öffentliche Klage, wenn sie bereits erhoben worden ist, ohne Wirkung. In Hinsicht auf die Beschuldigten sind diejenigen Maßnahmen zu ergreifen, die sein Geisteszustand erfordert. Wird der Beschuldigte in der Hauptverhandlung für nicht verantwortlich erklärt, so wird er freigesprochen.

Einziger §. Zeigt sich, daß der Beschuldigte nach der Verübung der Gesetzesverletzung in Geisteskrankheit verfallen ist, so ist die Ausführung des Eröffnungsbeschlusses sowie die aller späteren Anordnungen des Verfahrens, einschließlich der Vollstreckung des Urteils und der Strafverbüßung, solange auszusetzen, bis er den vollen Gebrauch seiner Geistesfähigkeiten zurückerlangt hat." (Vgl. dazu Art. 114.)

Im Art. 131 wird eine Wiederaufnahmemöglichkeit für den Fall eröffnet, daß die Geisteskrankheit vor der Tat bestanden hat, aber erst nach der Verurteilung festgestellt wird (vgl. dazu Anm. 299 bei Art. 126).

Art. 132 ordnet an, daß der Richter den geisteskranken Täter, wenn er infolge seiner Geisteskrankheit gemeingefährlich ist, in eine Heilanstalt einzuweisen hat, unabhängig von der Schwere der Gesetzesverletzung. Die Staatsanwaltschaft hat die Einweisung durchzuführen. Ist der Täter nicht gemeingefährlich, jedoch infolge seines Zustandes der Anstaltspflege bedürftig, kann der Richter die Einweisung gestatten. Sie obliegt in diesem Falle seiner Familie oder der Verwaltungsbehörde.

Art. 133 bestimmt, daß die Unterbringung eines gemeingefährlichen Geisteskranken nur durch gerichtliche Entscheidung und nur dann aufgehoben werden darf, wenn er geheilt oder nicht mehr gefährlich ist.

Art. 134 verfügt, daß die Unterbringung durch gerichtliche Entscheidung auch dann probeweise aufgehoben werden darf, wenn der gemeingefährliche Geisteskranke zwar noch nicht vollständig geheilt, jedoch nicht mehr gefährlich ist.

[140]) „estabelecimento de correcção".

Strafkolonie[141]*) eingewiesen, wenn es diese auf dem Festlande gibt.*[142]*)*

Art. 49[143]) *Die Minderjährigen, auf die sich der vorhergehende Artikel bezieht, können in eine Erziehungsanstalt nur in einem der folgenden Fälle eingewiesen werden:*

1. *wenn sie Landstreicher sind;*
2. *wenn sie ohne Eltern oder Vormund sind;*
3. *wenn diese ungeeignet sind;*
4. *wenn diese die zur geeigneten Erziehung der Minderjährigen unerläßlichen Mittel nicht besitzen oder sie verweigern;*
5. *wenn diese ihr Einverständnis erklären;*
6. *wenn die Minderjährigen ein weiteres, nur durch ihre Minderjährigkeit gerechtfertigtes Verbrechen begangen haben.*

---

[141]) „colónia penitenciária".

[142]) S. Anmerkung 143 zu Art. 49.

[143]) Diese Bestimmung ist widerrufen.

Die Bestimmungen der Art. 42, 43, 48 und 49 sind, soweit sie Minderjährige und Jugendliche betreffen, in folgender Weise geändert (nach Faveiro, Anm. zu Art. 42; s. auch Art. 109):

Heute sind Jugendliche, die zum Zeitpunkt der Tat das 16. Lebensjahr nicht vollendet haben, strafrechtlich nicht verantwortlich; denn auf sie können nur die folgenden, in den Art. 63 ff. des Decreto vom 27. 5. 1911, in Art. 20 des Decreto n⁰ 10.767 vom 15. 5. 1925 und in Art. 17 des Decreto n⁰ 15.162 vom 5. 3. 1928 sowie die in dem Ministerialerlaß 4.882 vom 6. 5. 1927 festgesetzten Maßnahmen der Sicherung angewendet werden:

a) Tadel;
b) Festsetzung beaufsichtigter Freiheit;
c) Zuweisung zu einer Adoptionsfamilie oder einer öffentlichen oder privaten Erziehungsanstalt;
d) Geldstrafe, die 200$00 nicht übersteigen darf;
e) Vorläufige, bis zu 6 Monaten dauernde Einweisung in eine Fürsorgeanstalt;
f) Endgültige Einweisung in eine Fürsorgeanstalt bis zu einer Dauer von sechs Jahren, die durch eine Disziplinarhaft bis zu 60 Tagen in der Anstalt selbst verschärft werden kann;
g) Endgültige Einweisung in eine Besserungsanstalt bis zu einer Dauer von 6 Jahren, die durch Disziplinar- oder Besserungshaft von 60 Tagen bis zu fünf Jahren in der Anstalt selbst verschärft werden kann;
h) Einweisung oder Einlieferung in geeignete Heilanstalten bei den Jugendlichen, die infolge ihrer Anomalität nicht in die vorher genannten Anstalten eingeliefert werden können;
i) Haft bis zu 15 Tagen in den besonderen an die Zentralvormundschaftsämter angeschlossenen Polizeiposten.

Für Jugendliche, die zum Zeitpunkt der Tat das 16. Lebensjahr vollendet haben, gilt folgendes: Durch Art. 74 ff. des Decreto-Lei n⁰ 26.643 vom 28. 5. 1936 wurden für Jugendliche, die zu einer Gefängnisstrafe von mehr als 3 Monaten verurteilt worden sind, besondere Verbüßungsanstalten errichtet, die sogenannten „Gefängnis-Schulen" („prisão-escola") (vgl. dazu auch Art. 69 und die Ausführungen in der Einl. S. 14).

Art. 50 Die willentliche und gelegentliche[144]) Beseitigung des Gebrauches der Einsichtsfähigkeit im Augenblicke der Verübung der strafbaren Tat, einschließlich der willentlichen und vollständigen Trunkenheit, befreit nicht von der strafrechtlichen Verantwortlichkeit, auch wenn dies nicht mit der Absicht[145]) geschehen ist, die strafbare Tat zu begehen; sie stellt jedoch einen mildernden Umstand eigener Art dar,

1. wenn die Beseitigung oder die Trunkenheit vollständig und unvorhergesehen ist und vor oder nach dem Verbrechensplan liegt;
2. wenn sie vollständig ist, ohne verbrecherischen Vorsatz gesucht ist und nicht nach dem Verbrechensplan liegt.

Art. 51 Die Freiheit von strafrechtlicher Verantwortlichkeit schließt eine gegebenenfalls vorliegende zivilrechtliche Haftung nicht aus.

Art. 52 Strafrechtlich verantwortlich sind alle an strafbaren Taten beteiligten Personen, bei denen nicht ein nach den Bestimmungen der Art. 41 ff. von dieser Verantwortlichkeit befreiender Umstand vorliegt, unbeschadet der in den Gesetzen vorgesehenen Ausnahmen.

Art. 53 Das Strafgesetz ist, soweit nicht ein völkerrechtlicher Vertrag entgegensteht, anwendbar auf

1. alle Gesetzesverletzungen[146]), die auf portugiesischem Gebiet oder in portugiesischen Besitzungen begangen werden, welcher Staatsangehörigkeit auch der Täter sei;
2. Verbrechen, die an Bord eines portugiesischen Schiffes auf hoher See oder an Bord eines portugiesischen Kriegs- oder Handelsschiffes, das in einem ausländischen Hafen vor Anker liegt, begangen werden, wenn die Taten sich lediglich unter der Besatzung abspielen und die Ordnung des Hafens nicht gestört haben;
3. die von einem Portugiesen im Ausland begangenen Verbrechen gegen die äußere[147]) oder die innere Sicherheit[148]) des Staates, der Fälschung öffentlicher Siegel[149]), portugiesischer Währung, von öffentlichen Kreditpapieren oder Noten der Staatsbank und der zur Herausgabe derselben Noten gesetzlich ermächtigten Gesellschaften und Anstalten[150]), soweit die Verbrecher nicht in dem Land, in dem sie die Tat verübt haben, bestraft worden sind;
4. Ausländer, die eines dieser Verbrechen begehen, wenn sie auf por-

---

[144]) „acidental"; steht im Gegensatz zu dauernder Beseitigung der Einsichtsfähigkeit.

[145]) „propósito" (vgl. Anm. 10 bei Art. 3).

[146]) „infracção" (vgl. Anm. 1 vor Art. 1).

[147]) s. Art. 141 ff.

[148]) s. Art. 163 ff.

[149]) s. Art. 228 ff.

[150]) s. Art. 206 ff.

tugiesisches Gebiet kommen oder ihre Auslieferung erreicht werden kann;

5. jedes andere Verbrechen, das von einem Portugiesen im Ausland begangen worden ist, wenn
   a) der Verbrecher[151]) auf portugiesischem Gebiet angetroffen wird,
   b) das Verbrechen oder Vergehen[152]) auch nach der Gesetzgebung des Landes, in dem es begangen worden ist, als Verbrechen oder Vergehen gilt und
   c) der Verbrecher[151]) in dem Lande, in dem er das Verbrechen oder Vergehen[152]) begangen hat, noch nicht verurteilt worden ist.

§ 1 Von der Regel der Ziffer 1 dieses Artikels sind ausgenommen diejenigen Gesetzesverletzungen, die an Bord eines ausländischen Kriegsschiffes in portugiesischen Gewässern oder einem portugiesischen Hafen oder an Bord eines ausländischen Handelsschiffes begangen worden sind, wenn sie sich lediglich zwischen der Besatzung abspielen und die Ordnung des Hafens nicht gestört haben.

§ 2 Wenn auf die Vergehen[153]), die die Ziffer 5 behandelt, lediglich Besserungsstrafen[154]) anwendbar sind, so leitet die Staatsanwaltschaft das entsprechende Verfahren nur ein, wenn ein Antrag[155]) des Verletzten oder eine amtliche Mitteilung der Behörden des Landes, in dem die erwähnten Verfehlungen begangen worden sind, vorliegt.

§ 3 Wenn in den Fällen der Ziffern 3 und 5 der Verbrecher sich nach seiner Verurteilung am Orte des Verbrechens oder Vergehens der Verbüßung der Strafe ganz oder teilweise entzogen hat, so wird ein neues Verfahren vor den portugiesischen Gerichten eingeleitet, welche, falls sie das Verbrechen oder das Vergehen für erwiesen erachten, die unserer Gesetzgebung entsprechende Strafe anwenden, unter Anrechnung des schon verbüßten Strafteils.

---

151) „delinquente ou criminoso“ (vgl. Anm. 2 vor Art. 1).
152) „crime ou delito“ (vgl. Anm. 3 bei Art. 1).
153) „delitos“ (vgl. Anm. 1 vor Art. 1).
154) s. Art. 56.
155) „queixa“ (vgl. Anm. 205 bei Art. 65).

2. Titel*)

Strafen[156]) und ihre Wirkungen und Sicherungsmaßnahmen[157])

1. Kapitel*)

STRAFEN UND SICHERUNGSMASSNAHMEN

) Das 1. Kapitel des zweiten Titels (einschl. beider Überschriften) sowie der überwiegende Teil der Bestimmungen des 3. Titels sind neu gefaßt durch die Strafrechtsreform von 1954 (Decreto-Lei N⁰ 39.688 vom 5. 6. 1954). Im folgenden sind alle betr. Artikel mit einem „" bezeichnet (siehe auch Anm. 156).

[156]) „penas"; das Strafensystem ist neu geordnet worden durch die Strafrechtsreform von 1954 (D.-L. 39.688 v. 5. 6. 1954), welche auch die Sicherungsmaßnahmen in den Código Penal einführte (vgl. dazu Anm. 227 bei Art. 70). Das Strafensystem des port. StGB ist vielfachen Wandlungen unterworfen gewesen. Allerdings enthielt schon die ursprüngliche Fassung des Código Penal aus dem Jahre 1852 die heute noch bestehende Dreiteilung: höhere Strafen („penas maiores", vgl. Art. 55), Besserungsstrafen („penas correccionais", vgl. Art. 56) und besondere Strafen für öffentliche Bedienstete („penas especiais para empregados públicos", vgl. Art. 57). Die beiden letzteren Strafarten blieben seitdem nahezu unverändert erhalten. An höheren Strafen sah der Código Penal i. d. F. von 1852 in seinem Art. 29 vor: die Todesstrafe („pena da morte"), öffentliche Zwangsarbeit („trabalhos públicos"), festes Gefängnis mit Arbeitszwang oder einfaches festes Gefängnis („prisão maior com trabalho ou simples"), Deportation („degredo", nicht = „desterro", wie es heute noch in Art. 56 Ziffer 2, Art. 62 CP vorgesehen ist, sondern Verbannung nach Übersee), Ausweisung aus dem Königreich („expulsão do reino") und Verlust der staatsbürgerlichen Rechte („perda dos direitos políticos"). Die Zwangsarbeit und das feste Gefängnis konnten lebenslänglich oder zeitig, dann von 3 bis zu 15 Jahren sein. Die Zwangsarbeit bestand in der Beschäftigung bei schwerster Arbeit, welche vom Gefangenen mit einer Eisenkette am Fuß oder an einen anderen Gefangenen gefesselt zu leisten war (Art. 33). Das feste Gefängnis wurde in dauernder Einzelhaft mit Arbeitszwang vollstreckt.

Das Gesetz vom 6. 7. 1867 (s. dazu auch Einl. S. 11) reformierte nach längerer Vorarbeit und nach vorhergehenden Teiländerungen das System der „höheren Strafen" vollständig. An die Stelle der Vielzahl der höheren Strafen des Art. 29 des CP in der Fassung von 1852 trat eine einzige Strafart: das Zellengefängnis („prisão maior celular"). Deren Vollstreckung bestand in völliger Isolierung des Verurteilten während der Strafdauer in seiner Zelle (Art. 20). In dem Sühnewert dieses Abschlusses von der Außenwelt wurde der sittliche Kern dieser Strafe gesehen. Daneben bestand im Rahmen der höheren Strafen noch ein weiterer Straftyp: die Deportation („degredo"). Diese konnte jedoch nicht selbständig verhängt werden, sondern schloß sich von Gesetzes wegen an die Verbüßung der Zellengefängnisstrafe an (sog. „penas mistas" = gemischte Strafen). Danach bestanden nunmehr die folgenden höheren Strafen: an Stelle der Todesstrafe lebenslängliches Zellengefängnis; an Stelle lebenslänglicher Zwangsarbeit achtjähriges Zellengefängnis, gefolgt von zwölfjähriger Deportation; an Stelle lebenslänglichen festen Gefängnisses sechsjähriges Zellengefängnis, gefolgt von zehnjähriger Deportation; an Stelle lebenslänglicher Deportation vierjähriges Zellengefängnis, gefolgt von achtjähriger Deportation und an Stelle zeitiger Zwangsarbeit dreijähriges Zellengefännis, gefolgt von drei- bis zehnjähriger Deportation.

Der Mangel an geeigneten Strafanstalten zwang jedoch den Gesetzgeber (Art. 24 des Gesetzes von 1867) alternativ bei den einzelnen Tatbeständen auch die Strafen des Systems des Código Penal von 1852 weiterhin zuzulassen, mit Ausnahme der Todesstrafe, welche stets durch lebenslanges Zellengefängnis oder lebenslange Zwangsarbeit zu ersetzen war.

Das Gesetz vom 14. 6. 1884, das in den Código Penal in der sog. „Nova Reforma Penal" vom 16. 9. 1886, welche die noch heute gültige Fassung bildet, übernommen wurde, traf hierzu keine grundsätzlichen, sondern nur graduelle Unterschiede: es blieb beim gemischten System mit der Akzentuierung des Zellengefängnisses. Im eigentlichen Strafensystem fiel lebenslanges Zuchthaus fort und wurde durch achtjähriges Zellengefängnis, gefolgt von zwanzigjähriger Deportation ersetzt.

Immer noch aber bestand der gleiche Mangel an geeigneten Vollstreckungsmöglichkeiten. Es blieb daher, wie nach der Reform von 1867, bei der alternativen Anwendung der ursprünglichen Strafen von 1852. Diese wurden jedoch nunmehr auch im Sinne der Reform von 1867 modifiziert: alle lebenslangen Strafen: Zellengefängnis, Zwangsarbeit und Deportation fielen nunmehr auch alternativ fort. An deren Stelle traten zeitlich abgestufte Deportationsstrafen mit oder ohne Gefängnis am Orte der Deportation.

Die diesbezüglichen Vorschriften lauteten daher bis zur Reform von 1954:

Art. 55. Die höheren Strafen nach dem Strafanstaltssystem sind:

1. die Strafe des festen Zellengefängnisses von acht Jahren, gefolgt von Deportation von 20 Jahren mit Gefängnis am Orte der Deportation bis zu zwei Jahren oder ohne das, nach dem Ermessen des Richters;
2. die des festen Zellengefängnisses von acht Jahren, gefolgt von Deportation von zwölf Jahren;
3. die des festen Zellengefängnisses von sechs Jahren, gefolgt von Deportation von zehn Jahren;
4. die des festen Zellengefängnisses von vier Jahren, gefolgt von Deportation von acht Jahren;
5. die des festen Zellengefängnisses von zwei bis zu acht Jahren.

Art. 57 Die hilfsweise entsprechend dem Art. 129 zu verhängenden höheren Strafen sind die folgenden:

1. die bestimmte Strafe der Deportation von 28 Jahren mit Gefängnis am Orte der Verbannung von acht bis zu zehn Jahren;
2. die bestimmte Strafe der Deportation von 25 Jahren;
3. die bestimmte Strafe der Deportation von 20 Jahren;
4. die bestimmte Strafe der Deportation von 15 Jahren;
5. die des zeitigen festen Gefängnisses;
6. die der zeitigen Deportation;
7. die der Ausweisung aus dem Königreiche ohne zeitliche Begrenzung;
8. die der Ausweisung aus dem Königreiche für eine bestimmte Zeit;
9. die bestimmte Strafe der Aufhebung der staatsbürgerlichen Rechte für 15 oder 20 Jahre.

Art. 54* Zur Verhütung[158]) und Bestrafung[159]) der Verbrechen gibt es Strafen und Sicherungsmaßnahmen. Strafen und Sicherungsmaßnahmen, die nicht gesetzlich bestimmt sind, können nicht verhängt werden. Strafen und Sicherungsmaßnahmen sind diejenigen, die die folgenden Artikel festlegen.

Das eigentliche Strafensystem der Nova Reforma und des Gesetzes von 1867 ist nie Wirklichkeit geworden. Bevor hinreichend Strafanstalten errichtet worden waren, um den pönalen Grundgedanken der vollständigen Isolierung des Verurteilten in die Wirklichkeit umzusetzen, und damit die alternative Anordnung der Hilfsstrafen des Art. 57 CP a. F. überflüssig zu machen, änderte sich die Grundeinstellung des Gesetzgebers. Der Gedanke der moralisierenden Wirkung der Einzelhaft trat nach und nach immer mehr zurück, die Überzeugung von der Notwendigkeit der Resozialisierung des Täters und die Betrachtung seines Persönlichkeitsbildes setzte sich durch.

Durch die Reform des Gefängniswesens von 1936 („Reforma Prisional" = Decreto-Lei N° 26.643 vom 28. 5. 1936) wurde sodann ein grundsätzlich anderer Strafvollzug eingeführt. Das Zellengefängnis der Nova Reforma blieb weder dem Namen noch dem Wesen nach erhalten. Statt dessen gab es in der Strafvollstreckung lediglich die Strafe des „schweren Gefängnisses" („prisao maior") und des Gefängnisses (die des heutigen Art. 56) (vgl. Anm. 161 bei Art. 55 und Art. 58). Daneben wurden besondere Strafanstalten für bestimmte Tätergruppen errichtet (vgl. Anm. 186 bei Art. 58). Die Strafvollstreckung folgt nach der Reforma Prisional den Prinzipien, wie sie jetzt in den Art. 58 ff. des CP sanktioniert sind.

Ebenso wurde durch die Reforma Prisional die Vollstreckung der Deportationsstrafe aufgehoben (Art. 56) und als schweres Gefängnis vollzogen. Allerdings wählte der Gesetzgeber dabei einen sehr formalen Umrechnungsmodus, der, insbesondere mit Rücksicht darauf, daß die Deportationsstrafe i. V. m. den eigentlichen Strafen und auch als Ersatzstrafe vorhanden war, zu größten Schwierigkeiten führte.

Eine Reform des Strafensystems auch dem Gesetz nach war daher notwendig. Sachlich neue Regelungen enthält die Reform von 1954 gegenüber der bereits vorher ergangenen Nebengesetzgebung vor allem darin, daß nunmehr die einzelnen Strafen des Systems der höheren Strafen nicht mehr fest bestimmt sind, sondern dem Richter einen gewissen Spielraum in der Strafzumessung erlauben. Soweit jedoch nunmehr Anordnungen über Ziel und Gestaltung des Strafvollzuges (Art. 58 und 59), über Formen der Vollstreckung (Art. 58) und über die Berücksichtigung des Persönlichkeitsbildes des Täters (Art. 67 bis 69, 72) Aufnahme gefunden haben, handelt es sich um die Kodifizierung bereits früher anderweitig (insbesondere in der Reforma Prisional) erlassener Normen.

(Zu den Sicherungsmaßnahmen vgl. Anm. 227.)

(Sachliche Hinweise entnommen aus der amtlichen Begründung der Strafrechtsreform von 1954, abgedruckt bei Faveiro, Anm. 3 zu Art. 54 [Strafen betr.] und bei Correia/Furtado dos Santos Anhang, S. 279 ff.)

[157]) „medidas de segurança"; vgl. Art. 70 und die dortige Anm. 227.

* s. die Anm. *) beim 2. Titel.

[158]) „prevenção".

[159]) „repressão".

Art. 55* Höhere Strafen[160]) sind:

1. die Strafe schweren Gefängnisses[161]) von 20 bis zu 24 Jahren;
2. die Strafe schweren Gefängnisses von 16 bis zu 20 Jahren;
3. die Strafe schweren Gefängnisses von 12 bis zu 16 Jahren;
4. die Strafe schweren Gefängnisses von 8 bis zu 12 Jahren;
5. die Strafe schweren Gefängnisses von 2 bis zu 8 Jahren;
6. die Aufhebung der staatsbürgerlichen Rechte für die Zeit von 15 oder 20 Jahren.[162])

Art. 56* Besserungsstrafen[163]) sind:

1. die Gefängnisstrafe von 3 Tagen bis zu 2 Jahren[164]);
2. die Verbannung[165]);
3. der zeitweilige Entzug der staatsbürgerlichen Rechte[166]);
4. die Geldstrafe[167]);
5. der Verweis[168]).

Art. 57* Besondere Strafen für öffentliche Bedienstete[169]) sind:

1. die Entlassung[170]);
2. die Amtsenthebung[171]);
3. der Tadel[172]).

Art. 58* Bei der Vollstreckung der Freiheitsstrafen wird, unbeschadet ihres Zwangscharakters, die Besserung[173]) der Verurteilten und ihre Wiedereingliederung in die Gesellschaft[174]) angestrebt[175]) [176]).

---

* s. die Anm. *) beim 2. Titel.

160) „penas maiores“ (im Gegensatz zu „penas correccionais“ — vgl. Art. 56), (vgl. Anm. 156).

161) „pena de prisão maior“; nicht zu verwechseln mit den „penas maiores“. Die Bezeichnung dieser Art der Gefängnisstrafe weist auf die Verbüßungsform hin (vgl. Art. 58 § 1), die sich von der Verbüßungsform des Gefängnisses als „Besserungsstrafe“ unterscheidet (vgl. Art. 58 § 2). (vgl. Anm. 156.)

162) „suspensão dos direitos políticos“; vgl. Art. 60.

163) „penas correccionais“.

164) Zur Verbüßungsweise s. Art. 58 § 2.

165) „desterro“; vgl. Art. 62.

166) „suspensão temporária dos direitos políticos“; s. Art. 61.

167) „multa“; s. Art. 63.

168) „repreensão“; s. Art. 64.

169) „empregados públicos“.

170) „demissão“; s. Art. 65.

171) „suspensão“; s. Art. 66.

172) „censura“.

173) „regeneração“ = Wiedergewinnung.

174) „readaptação social“.

175) „ter-em-vista“ = im Blick haben.

176) Die Verbüßung der Freiheitsstrafen ist geregelt im Decreto-Lei 26.643 vom 28. 5. 1936.

§ 1 Die Strafen des schweren Gefängnisses werden in Strafanstalten[177]) gewerblichen oder landwirtschaften Charakters verbüßt.

§ 2 Die Gefängnisstrafen von über 6 Monaten werden in Zentralgefängnissen[178]) [179]) verbüßt; die bis zu 6 Monaten in den Gefängnissen der Gerichtsbezirke[180]).

§ 3 Es werden besondere Strafanstalten errichtet, in denen wegen politischer Verbrechen verurteilte Täter[181]), über 16 Jahre alte minderjährige Täter[182]), zurechnungsfähige[183]), von einer Geistesgestörtheit[184]) befallene Täter und schwer besserbare Täter[185]) ihre Freiheitsstrafen verbüßen[186]).

Art. 59* Die zu Freiheitsstrafen Verurteilten sind nach ihren Kräften und Fähigkeiten zur Arbeit verpflichtet; die Arbeit wird gestaltet zum Zwecke der Besserung und gesellschaftlichen Wiedereingliederung der Täter und mit dem Ziele, es ihnen zu ermöglichen, ein Handwerk oder Gewerbe zu erlernen oder sich darin zu vervollkommnen.

§ 1 Die Arbeit der zu Gefängnisstrafen Verurteilten findet in der Regel in den an die Strafanstalten[187]) angeschlossenen Werkstätten

---

* s. die Anm. *) beim 2. Titel.

177) „penitenciárias".

178) „cadeias centrais".

179) Ein solches Gefängnis besteht nach Art. 39 des Decreto-Lei 26.643 vom 28. 5. 1936 in jeder „Region". Regionen werden zu diesem Zwecke gebildet (Art. 39 einziger §).

180) „cadeias comarcãs"; „comarca" ist der Sprengel des Gerichtes erster Instanz.

181) „delinquente" (vgl. Anm. 2 vor Art. 1). Dieser Begriff wird in der moderneren Gesetzgebung verwendet, um den Täter im allgemeinen zu bezeichnen.

182) s. die Anm. 143 bei Art. 49.

183) „imputáveis"; s. Art. 41 Ziffer 1, Art. 43, Ziffer 2 und 3.

184) „anomalia mental".

185) „delinquentes de difícil correcção"; s. Art. 67.

186) Die besonderen Strafanstalten sind geregelt im Decreto-Lei 26.643 vom 28. 5. 1936, Art. 7; dieser legt die folgenden Typen besonderer Strafanstalten fest:

1. Gefängnisschulen (Art. 74 ff.) (vgl. die Anm. 143 Art. 49).
2. Gefängnissanatorien und Gefängniskrankenhäuser (Art. 49 ff.).
3. Gefängnis-Entbindungsanstalten (Art. 102 ff.).
4. Gefängnis-Heilanstalten („asilos") für die zurechnungsfähigen, jedoch von einer Geistesgestörtheit befallenen Täter (Art. 121 ff.).
5. Gefängnisse für schwer besserbare Täter (Art. 108 f.).
6. Strafkolonien in Übersee für die gleiche Tätergruppe (Art. 136 ff.).
7. Gefängnisse für politische Häftlinge (Art. 140 ff.).
8. Strafkolonien in Übersee für die gleiche Tätergruppe (Art. 143 ff.).

187) „estabelecimentos prisionais"; allgemeine Bezeichnung für „penitenciárias" und „cadeias".

und gewerblichen oder landwirtschaftlichen Unternehmen statt. Es kann jedoch nach den Vorschriften der Ausführungsverordnungen[188]) die Beschäftigung der Verurteilten außerhalb der Gefängnisse in Arbeitslagern[189]) oder Arbeitsgruppen[190]) zur Ausführung von öffentlichen Bauten oder solchen des öffentlichen Interesses gestattet werden.

§ 2 Die Arbeit im Gefängnis wird entlohnt. Der Lohn wird nach Maßgabe der Ausführungsverordnungen verwandt, um bei den Verurteilten das Bewußtsein ihrer sittlichen, familiären und sozialen Pflichten zu stärken und ihnen ihre Wiedereingliederung in das Leben in der Freiheit nach der Verbüßung der Strafe zu erleichtern.

Art. 60* Die feste Strafe der Aufhebung der staatsbürgerlichen Rechte besteht in der 15 oder 20 Jahre andauernden Unfähigkeit, in irgendeiner Weise an der Ausübung oder der Einsetzung[191]) der öffentlichen Gewalt teilzuhaben, und in der Unfähigkeit, während des gleichen Zeitraumes öffentliche Aufgaben[192]) wahrzunehmen.

Art. 61* Die zeitweilige Aufhebung der staatsbürgerlichen Rechte besteht in dem Entzug aller oder einzelner staatsbürgerlichen Rechte für einen Zeitraum von nicht unter 3 und nicht über 12 Jahren.

Art. 62* Die Strafe der Verbannung verpflichtet den Angeklagten, sich an einem im Urteil bestimmten Ort auf dem Festlande oder der Insel, auf der das Verbrechen begangen worden ist, aufzuhalten oder den Gerichtsbezirk[193]) für die Zeit von 3 Monaten bis zu 3 Jahren zu verlassen.

Art. 63* Die Geldstrafe besteht in der Verpflichtung zu bezahlen:

a) eine bestimmte oder eine aus einem im Gesetz vorgesehenen Mindest- und Höchstbetrag zu bestimmende Geldsumme oder
b) während eines im Urteil festzulegenden Zeitraumes bis zu 2 Jahren eine den Einkünften des Verurteilten entsprechende Geldsumme, die jedoch den Betrag von 10$00 pro Tag nicht unterschreiten und den von 100$00 pro Tag nicht übersteigen darf.

§ 1 Die Grenzen des in Buchstabe b) dieses Artikels festgelegten Betrages erhöhen sich auf das Dreifache,

1. wenn die Gesetzesverletzung in gewinnsüchtiger Absicht[194]) begangen worden ist;

---

* s. die Anm. *) beim 2. Titel.
188) „regulamentos".
189) „campos de trabalho".
190) „brigadas de trabalho".
191) „no exercício ou no estabelecimento do poder público".
192) „funções".
193) „comarca" (vgl. Anm. 180 bei Art. 58).
194) „com fim de lucro".

2. wenn eine Geldstrafe innerhalb der vorgeschriebenen Grenzen auf den Angeklagten wegen seiner wirtschaftlichen Verhältnisse keine Wirkung ausüben wird.

§ 2 Die im Urteil festgelegte Geldstrafensumme darf nicht durch irgendwelche Zuschläge erhöht werden.

§ 3 Von dem Gesamtbetrag aller in Strafverfahren ausgesprochenen Geldstrafen, einschließlich der aus Umwandlungen in Gefängnisstrafen hervorgehenden, gebührt die Hälfte der Staatskasse, die andere Hälfte der Justizkasse[195]).

Art. 64* Die Strafe des Verweises verpflichtet den Verurteilten, in öffentlicher Sitzung vor dem zuständigen Richter zu erscheinen, um dort den Verweis entgegenzunehmen.

Art. 65* Die Strafe der Entlassung oder des Verlustes der Anstellung kann geschehen mit der Erklärung der Unfähigkeit, zukünftig irgendeine andere Anstellung zu bekleiden, oder ohne diese Erklärung.

Einziger § Auf Entlassung des öffentlichen Bediensteten ist immer zu erkennen, wenn dieser außerhalb seiner Amtsausübung eine gestohlene oder geraubte Sache gehehlt hat oder ein vorsätzliches Fälschungsverbrechen[196]) oder ein vorsätzliches Verbrechen des Diebstahls[197]) oder des Raubes[198]), eines Betruges[199]), betrügerischen Bankrottes[200]), einer Unterschlagung[201]) oder einer Brandstiftung[202]) begeht und die gesetzlich vorgesehene Strafe Gefängnis ist, falls die Staatsanwaltschaft unabhängig von einer Strafanzeige[203]) oder einer Privatklage[204]) die öffentliche Klage erhebt[205]).

---

* s. die Anm. *) beim 2. Titel.

195) Staatskasse = „Tesouro Público"; Justizkasse = Cofre Geral dos Tribunais".

196) s. Art. 206 ff.

197) s. Art. 421 ff.

198) s. Art. 432 ff.

199) s. Art. 450 ff.

200) s. Art. 447 ff.

201) s. Art. 453.

202) s. Art. 463 ff.

203) „denúncia particular".

204) „acusação particular".

205) Art. 5 des Código de Processo Penal (vgl. Anm. 56 bei Art. 23) enthält die Officialmaxime: „Es obliegt der Staatsanwaltschaft, die Strafklage („acção penal") auszuüben mit den in den folgenden Artikeln enthaltenen Einschränkungen." Dazu weiter Art. 6 und Art. 7:

„Art. 6 In den Fällen, in denen das Gesetz eine Beschwerde („queixa"), Anzeige („denúncia") oder Mitteilung („participação") des Verletzten oder anderer Personen fordert, damit ein Strafverfahren stattfinden kann, ist es notwendig, daß diese Personen die streitige Tatsache zur Kenntnis geben, damit die Staatsanwaltschaft ein Verfahren einleitet („promover").

Art. 66* Die Amtsenthebung hat die Dauer von 3 Monaten bis zu 3 Jahren.

Einziger § Die Strafe des Tadels eines öffentlichen Bediensteten kann einfach oder streng sein, je nach den Voraussetzungen des jeweiligen Disziplinargesetzes.

Art. 67* Die Strafe des schweren Gefängnisses und des Gefäng-

---

Einziger §: Ist die Mitteilung („participação") einer anderen Behörde gegenüber abgegeben und von dieser dem Gerichte zugeleitet worden, so ergeht eine Aufforderung an den Mitteilenden, damit er sich erkläre, ob er die Mitteilung bestätige oder nicht.

Art. 7 Macht das Gesetz die Strafklage („acção penal") abhängig von einer Privatklage („querela"), Privatanklage („acusação") oder einem Einzelantrage („requerimento") (jeweils: „particular"), so ist es erforderlich, daß der Verletzte oder die sonstigen Personen, denen das Gesetz die Möglichkeit anzuklagen („acusar") einräumt, den Gang des Verfahrens einleiten („promover").

§ 1 Die Staatsanwaltschaft kann jedoch in alle Vorgänge des Verfahrens („actos de processo"), in die die anklagende Partei eingreifen („intervir") kann, ebenfalls eingreifen. Sie kann Rechtsmittel gegen alle richterlichen Entscheidungen einlegen („recorrer") und auch zusammen mit der Partei anklagen. Es ist ihr jedoch nicht erlaubt, wegen Tatsachen, die die Partei nicht angeführt hat, anzuklagen.

§ 2 Der Eingriff der Staatsanwaltschaft endet mit der Verzeihung („perdão") oder der Klagerücknahme („desistência") durch die anklagende Partei."

Art. 6 entspricht daher dem Institut des Strafantrages im deutschen Prozeßrecht, Art. 7 dem der Privatklage, jedoch in der Weise, daß diese im portugiesischen Strafprozeßrecht zugleich die Sperrfunktion des nicht ausgeübten Strafantrages besitzt.

S. dazu auch Art. 3 des Decreto-Lei n°. 35.007 vom 13. 10. 1945, welcher lautet:

„Die Ausübung der Strafklage („acção penal") hängt ab:

1. von der Anzeige („denúncia") an die Staatsanwaltschaft in den Fällen, in denen das Gesetz Beschwerde („queixa"), Anzeige („denúncia") oder Mitteilung („participação") des Verletzten oder anderer Personen verlangt;
2. von der privaten Anklageerhebung („acusação particular"), wenn das Gesetz Klage („querela"), Anklage („acusação") oder einen Antrag („requerimento") des Verletzten oder anderer Personen fordert;
3. . . .

Einziger § Hängt die Ausübung der Strafklage von der privaten Anklageerhebung ab, so kann die Staatsanwaltschaft nur wegen der Tatsachen anklagen, wegen der eine private Anklageerhebung erfolgt ist. In diesem Falle endet der Eingriff („intervenção") der Staatsanwaltschaft mit der Verzeihung („perdão") oder der Klagerücknahme („desistência") seitens des Beistandes des Privatklägers („acusador particular")."

* s. die Anm. *) beim 2. Titel.

nisses werden bei gefährlichen und schwer besserbaren Tätern[206])um aufeinanderfolgende Zeiträume von drei Jahren verlängert, bis der Verurteilte zeigt, daß er in der Lage ist, ein ehrenwertes Leben zu führen oder daß er seine Gefährlichkeit verloren hat[207]). Schwer besserbare Täter sind die Gewohnheits-[208]) und Neigungstäter[209]).

§ 1 Gewohnheitstäter sind:

1. diejenigen, die nach zwei oder mehr Verurteilungen zu einer Strafe schweren Gefängnisses ein weiteres vorsätzliches Verbrechen von derselben Natur wie die vorhergehenden begehen, welches ebenfalls mit einer höheren Strafe bedroht ist;
2. diejenigen, die, nachdem sie in insgesamt fünf Jahren drei oder mehr Male wegen vorsätzlichen Verbrechen zu Gefängnisstrafen oder zu Strafen des schweren Gefängnisses verurteilt worden sind, ein weiteres vorsätzliches Verbrechen von derselben Natur begehen, dem eine Strafe der gleichen Art entspricht;
3. alle diejenigen, denen nachgewiesen wird, daß sie mindestens drei mit schwerem Gefängnis bedrohte oder vier mit schwerem Gefängnis oder Gefängnis bedrohte vollendete, fehlgeschlagene oder versuchte vorsätzliche Verbrechen begangen haben, wenn dazu unter Berücksichtigung der Art und der Schwere der begangenen Verbrechen die den Entschluß bestimmenden Gründe, die Umstände der Verbrechensbegehung und die Lebensführung[210]) oder die Lebensweise[211]) des Verbrechers seine Gewohnheit, gegen das Gesetz zu verstoßen, erweisen.

§ 2 Neigungstäter sind diejenigen, die, ohne von den Gruppen des vorhergehenden Paragraphen erfaßt zu werden, ein fehlgeschlagenes, versuchtes oder vollendetes vorsätzliches Verbrechen der Tötung eines Menschen[212]) oder der Körperverletzung[213]) begehen, das mit höherer Strafe bedroht ist, wenn dazu unter Berücksichtigung des Zieles und der den Verbrechensentschluß bestimmenden Gründe die gebrauchten Mittel und weiteren Umstände sowie die Lebensführung des Verbrechers vor, während und nach dem Verbrechen Entartung und Schlechtigkeit erweisen, die ihn als schwerwiegend gefährlich erscheinen lassen.

§ 3 In gleicher Weise können die zuständigen Gerichte bei un-

---

206) „delinquentes perigosos e de difícil correcção" (vgl. Anm. 186 bei Art. 58).

207) Die Verbüßung erfolgt in besonderen Strafanstalten nach Art. 128 ff. des Decreto-Lei 26.643 vom 28. 5. 1936 (vgl. Anm. 186 bei Art. 58).

208) „delinquentes habituais".

209) „delinquentes por tendência".

210) „comportamento".

211) „genero da vida".

212) s. Art. 349 ff.

213) s. Art. 359 ff.

disziplinierten Gefangenen[214]) die Strafe des schweren Gefängnisses oder die Gefängnisstrafe um aufeinanderfolgende Zeiträume von drei Jahren verlängern.

Undiszipliniert sind diejenigen Gefangenen, die in allen Gefängnissen[215]), Strafanstalten[216]) oder Gefängnis-Schulen[217]) zeigen, daß sie nicht fähig sind, sich an die allgemeine Gefängnisordnung anzupassen, und insbesondere durch ihre Arbeitsscheu und durch ihre Lebensführung vor und nach ihrer Einlieferung ins Gefängnis[218]) beweisen, daß sie schwer besserbar und gefährlich sind.

Art. 68 * Zurechnungsfähige Täter, die infolge einer vor der Verurteilung bestehenden oder nach ihr fortdauernden Geistesgestörtheit[219]) kriminell gefährlich sind, können in Gefängnisheilanstalten[220]) eingewiesen werden, und die Gefängnisstrafe oder die Strafe des schweren Gefängnisses, zu der sie verurteilt worden sind, kann bis zum Aufhören ihrer aus der Geistesgestörtheit herrührenden kriminellen Gefährlichkeit um aufeinanderfolgende Zeiträume von drei Jahren verlängert werden.

Einziger § Die unzurechnungsfähigen Geisteskranken[221]), die eine im Strafgesetz vorgesehene strafbare Tat begangen haben, der eine Gefängnisstrafe von mehr als 6 Monaten entspricht und die wegen der Art ihrer Geisteskrankheit[222]) für kriminell gefährlich zu halten sind, hauptsächlich infolge ihrer Neigung zu Gewalttaten, werden in Anstalten für gefährliche Geisteskranke[223]) eingewiesen. Die Einweisung endet, wenn das Gericht das Aufhören der aus der Geisteskrankheit herrührenden Gefährlichkeit feststellt.

---

* s. die Anm. *) beim 2. Titel.

214) „presos indisciplinados".

215) „cadeia" (vgl. Art. 58 § 2 und die dortige Anm.).

216) „penitenciária" (vgl. Art. 58 § 1 und die dortige Anm.).

217) vgl. Anm. 186 bei Art. 59.

218) „prisão".

219) „anomalia mental".

220) „prisão-asilo" (vgl. Anm. 186 bei Art. 59).

221) „dementes".

222) „afecção mental".

223) „manicómios criminais". Nach Art. 147 des Decreto-Lei 26.643 vom 28. 5. 1936 eine Einrichtung der Sicherungsmaßnahmen, welche zur Aufnahme von gefährlichen Geisteskranken dient, wenn sie 1. infolge einer Geisteskrankheit unzurechnungsfähig sind oder 2. während der Strafverbüßung in eine Geisteskrankheit verfallen, die die Unterbrechung der Strafverbüßung notwendig macht (vgl. dazu Art. 114 § 1). Hier liegt der Unterscheid zum „prisão-asilo" (vgl. Anm. 186 bei Art. 59), das nach dem Rumpf dieses Artikels für noch zurechnungsfähige und daher verantwortliche Täter eingerichtet ist. Das „manicómio criminal" ist keine Strafanstalt und wird daher vom D.-L. 26.643 als Sicherungsanstalt behandelt (s. auch Art. 70).

Wenn die von nicht verantwortlichen Geisteskranken begangene Tat in der Tötung eines Menschen[224]), einer schweren Körperverletzung[225]) oder einer anderen mit höherer Strafe zu ahndenden Gewalttat besteht und die Verübung weiterer, ebenfalls gewaltsamer Angriffshandlungen wahrscheinlich ist, dauert die Einweisung in die Anstalt für gefährliche Geisteskranke mindestens drei Jahre.

Art. 69 * Die unter 21 Jahre und über 16 Jahre alten Täter, die eine Gefängnisstrafe von über 6 Monaten oder eine Strafe des schweren Gefängnisses zu verbüßen haben oder die nach einer Verurteilung zu einer beliebigen Gefängnisstrafe sich als schwer besserbare Täter erweisen, sowie diejenigen, denen mit Freiheitsentzug verbundene Maßnahmen der Sicherung auferlegt sind, können in Gefängnisschulen eingewiesen werden, und die Strafe oder die Maßnahme der Sicherung kann mit dem besonderen Zweck der Erziehung des Minderjährigen für aufeinanderfolgende Zeiträume von drei Jahren verlängert werden. Die Verlängerung der Strafe oder der Maßnahme der Sicherung aus einem Erziehungszweck kann nur bis zur Vollendung des 25. Lebensjahres des Verurteilten erfolgen[226]).

§ 1 Wenn der Verurteilte das 25. Lebensjahr vollendet hat und sich gebessert zeigt, wird er in Freiheit gesetzt. Diese ist bedingt, solange nicht die Zeit, zu der er verurteilt worden ist, verstrichen ist. Wenn der Verurteilte jedoch das 25. Lebensjahr vollendet hat, bevor er die Hälfte der Strafe verbüßt hat, oder ohne sich gebessert zu zeigen, hat er den Strafrest in einem Gefängnis für Erwachsene zu verbüßen.

§ 2 Wenn der minderjährige Täter nach der Verbüßung der Strafe sich nicht gebessert zeigt, kann er zum schwer besserbaren Täter erklärt werden, falls die Voraussetzungen des § 3 des Art. 67 vorliegen.

Art. 70 * Maßnahmen der Sicherung[227]) sind:

---

* s. die Anm. *) beim 2. Titel.

[224]) „homicídio". S. Art. 349 ff.

[225]) „ofensas corporais". S. Art. 359 ff.

[226]) Vgl. Anm. 186 bei Art. 59 und die Anm. 143 bei Art. 49.

[227]) „medidas de segurança"; es fehlen Hinweise auf einen zugleich bessernden Charakter der Maßnahmen. Diesem Gedanken ist durch den Zweck der Strafvollstreckung, wie ihn die Reform von 1954 im Art. 58 n. F. CP determiniert (vgl. auch Anm. 156 bei Art. 54), im Rahmen des grundsätzlichen Sühnecharakters des Art. 27 CP Rechnung getragen.

Die Strafaussetzung zur Bewährung („suspensão da execução da pena") wird in der Systematik des CP nicht als eine Besserungsmaßnahme begriffen, sondern nach formalen Gesichtspunkten der Strafzumessung zugeordnet (Art. 88 und Art. 89 unter dem 3. Titel: Strafzumessung und Strafvollstreckung, 1. Kapitel: Strafzumessung im allgemeinen; vgl. die dortige Anm. 259).

1. die Einweisung in eine Anstalt für gefährliche Geisteskranke[228]);
2. die Einweisung in ein Arbeitshaus oder eine landwirtschaftliche Kolonie[229]);
3. die Freiheit unter Aufsicht[230]);
4. die Bürgschaft für gute Führung[231]);
5. das Verbot der Berufsausübung.

Das Institut einer vom auf Schuld sich gründenden Sühnecharakter befreiten, lediglich präventiven Maßnahme war dem portugiesischen Strafrecht auch vor der Reform von 1954 nicht fremd, wenn auch nicht als gesetzestechnischer Oberbegriff aufgenommen. Vgl. zum Beispiel: Art. 213: Unterstellung unter besondere Polizeiaufsicht trotz Straffreiheit; Art. 372: Verbannung des Totschlägers des ehebrecherischen Ehegatten; Art. 175: besondere Anordnung von Sicherungsmaßnahmen. (Fassung des Art. aus dem Jahre 1947.) (Faveiro Anm. 5 a α zu Art. 54.) Ebenso war die Unterstellung unter besondere Polizeiaufsicht („sujeição à vigilância especial da polícia") der Art. 69 a. F. und Art. 70 a. F. CP, welche auf Grund besonderer tatbestandlicher Bestimmung anzuordnen war, ihrem Wesen nach eine präventive Sicherungsmaßnahme, auch wenn sie in dem Kapitel über die Strafen geregelt war. (Faveiro a. a. O. und Anm. 5 b zu Art. 54.)

Nach der Reform von 1954 sind von den Sicherungsmaßnahmen zu scheiden: die Straffolgen einerseits und die Nebenstrafen („penas acessórias") und die Verwaltungsmaßnahmen („medidas de polícia") andererseits. Die Straffolgen sind in den Art. 74 ff. ausschließlich geregelt. Deswegen gehört der Entzug der staatsbürgerlichen Rechte nur insoweit zu den Straffolgen, als sich dies aus den angeführten Bestimmungen ergibt. Diese Frage bereitete insbesondere vor der Reform vor 1954 Schwierigkeiten. Der Entzug der staatsbürgerlichen Rechte war durch das Gesetz von 1867 (vgl. Anm. 156 bei Art. 54) aus der Zahl der Strafen ausgeschlossen worden. Faveiro (a. a. O.) hält sie deshalb für die Zeit vor der Reform von 1954 für eine Nebenstrafe. Dies kann sie aber auch nach der Reform von 1954 sein, wie der Art. 175 CP ausweist. Sie ist daher gegenwärtig sowohl Haupt- als auch Nebenstrafe (Faveiro Anm. 4 und 5 a β zu Art. 54).

Eine gesetzliche Regelung fehlt nach der Reform von 1954 für die Unterstellung unter besondere Polizeiaufsicht. Sie ist daher weder Strafe noch Sicherungsmaßnahme Sie besteht jedoch nach Art. 16 und 18 des D.-L. 37.447 v. 13. 6. 1949 als präventive Verwaltungsmaßnahme.

Eine gesetzliche Regelung im CP fehlt ebenfalls für die Einziehung des Führerscheins („apreensão da carta do condutor"). Diese Möglichkeit besteht nach Art. 132 des Código da Estrada (Straßenverkehrsgesetzbuch) und nach dem D.-L. 36.840 v. 19. 4. 1948. Danach ist sie sowohl eine vom Richter anzuwendende Nebenstrafe als auch präventive Verwaltungsmaßnahme. (Faveiro Anm. 5 b und 5 c zu Art. 54.)

228) vgl. Anm. 223 bei Art. 68.

229) „casa de trabalho ou colónia agrícola"; geregelt in Art. 153 ff. D.-L. 26.643 v. 28. 5. 1936. Der Unterschied liegt in dem überwiegend landw. oder gewerbl. Charakter der zu leistenden Arbeit.

230) „liberdade vigiada".

231) „caução de boa conduta".

§ 1 Die Einweisung von gefährlichen Tätern in eine Anstalt für gefährliche Geisteskranke wird angeordnet bei der Entscheidung, welche den Täter für nicht verantwortlich und für gefährlich im Sinne des einzigen Paragraphen des Art. 68 erklärt.

§ 2 Die Einweisung in ein Arbeitshaus oder eine landwirtschaftliche Kolonie erfolgt für eine unbestimmte Zeit von sechs Monaten bis zu drei Jahren. Diese Regelung gilt auch für alle in besonderer Gesetzgebung vorgesehenen Einweisungsmaßnahmen.

§ 3 Die Freiheit unter Aufsicht wird angeordnet für einen Zeitraum von zwei bis zu fünf Jahren unter den Bedingungen des Art. 396 des Decreto-Lei 26.643 vom 28. 5. 1936[232]), wobei sie auch von der Leistung von Arbeit an einem bestimmten Ort abhängig gemacht werden kann.

Das zuständige Gericht kann bei einem Verstoß gegen die Bedingungen der Freiheit unter Aufsicht und unter Berücksichtigung der Umstände des Verstoßes gegen die auferlegten Bedingungen die Freiheit unter Aufsicht durch die Einweisung in ein Arbeitshaus oder eine landwirtschaftliche Kolonie ersetzen.

§ 4 Die Bürgschaft für gute Führung wird geleistet durch Hinterlegung der Geldsumme, die der Richter bestimmt, für einen Zeitraum von zwei bis zu fünf Jahren.

Wenn die Bürgschaft nicht geleistet werden kann, ist sie durch Freiheit unter Aufsicht für den gleichen Zeitraum zu ersetzen.

Die Bürgschaft verfällt der Justizkasse, wenn derjenige, der sie geleistet hat, innerhalb des festgelegten Zeitraumes ein mit den Verpflichtungen, für deren Erfüllung er gebürgt hat, nicht zu vereinbarendes Verhalten beobachtet oder wenn er im gleichen Zeitraum zur Anordnung einer anderen Sicherungsmaßnahme Anlaß gibt.

---

[232]) Diese Bestimmung betrifft die bedingte Entlassung („liberdade condicional"). Sie lautet: „Die Gewährung der bedingten Entlassung wird an die Erfüllung von Verpflichtungen geknüpft, die verschieden sein können nach der Art des begangenen Verbrechens, der Persönlichkeit des Häftlings, der Umgebung, in der er gelebt hat oder leben wird, und nach sonst berücksichtigenswerten Umständen. Daher kann ihm einzeln oder nebeneinander auferlegt werden:

1. den angerichteten Schaden gegenüber den Opfern seiner Vergehen wieder gutzumachen;
2. eine bestimmte Tätigkeit nicht auszuüben;
3. bestimmte Orte nicht aufzusuchen;
4. an einem bestimmten Ort oder in einer bestimmten Gegend Wohnsitz zu nehmen oder nicht zu nehmen;
5. verdächtige oder übel beleumdete Personen nicht aufzusuchen;
6. bestimmte Vereinigungen oder Versammlungen nicht zu besuchen;
7. einen Beruf auszuüben;
8. die Fürsorge und Anweisungen einer Einrichtung der Gefangenenfürsorge oder einer damit betrauten Person anzunehmen;
9. eine Bürgschaft für gute Führung zu leisten."

§ 5 Das Verbot der Ausübung eines Berufes, Handwerks, Gewerbes oder Handels entzieht dem Verurteilten die Befugnis, einen Beruf, Handwerk, ein Gewerbe oder Handel auszuüben, zu dem eine besondere Eignungsprüfung oder eine amtliche Erlaubnis erforderlich ist. Das Verbot wird vom Gericht ausgesprochen, wenn eine Verurteilung zu schwerem Gefängnis oder zu Gefängnis von mehr als sechs Monaten wegen vorsätzlicher, in Ausübung oder unter Mißbrauch des Berufes, Handwerks, Gewerbes oder Handels oder unter schwerer Verletzung der entsprechenden Berufspflichten begangener Verbrechen erfolgt ist.

Die Dauer des Verbotes wird im Urteil zwischen einer Mindestdauer von einem Monat und einer Höchstdauer von zehn Jahren festgelegt. Wenn das verübte Verbrechen mit Gefängnis zu ahnden ist, beträgt die Höchstdauer zwei Jahre.

Der Zeitraum des Verbotes berechnet sich vom Ende der Gefängnisstrafe an. Das Gericht kann es nach Ablauf der Hälfte der Verbotszeit und nach überzeugendem Nachweis der Zweckmäßigkeit seines Aufhörens durch eine Bürgschaft für gute Führung ersetzen.

Wer einen Beruf, ein Handwerk, einen Handel oder ein Gewerbe ausübt, dessen Ausübung ihm durch richterliche Entscheidung untersagt worden ist, wird mit Gefängnis bis zu einem Jahr bestraft.

Art. 71 * Maßnahmen der Sicherung können angeordnet werden:

1. gegen Landstreicher. Landstreicher sind über 16 und unter 60 Jahre alte Personen, die, ohne Einkünfte zu ihrem Lebensunterhalt zu besitzen, einem Berufe oder Gewerbe, in dem sie tatsächlich ihren Lebensunterhalt verdienen, nicht regelmäßig nachgehen und nicht eine auf höherer Gewalt beruhende Notlage nachweisen, die den Zustand, in dem sie sich befinden, rechtfertigt;
2. gegen Personen, die, obwohl sie in der Lage sind, sich ihren Lebensunterhalt durch Arbeit zu verdienen, ohne rechtfertigenden Grund der Bettelei nachgehen oder von der Bettelei anderer leben;
3. gegen Zuhälter, die ganz oder teilweise auf Kosten prostituierter Frauen leben;
4. gegen Personen, die sich gewohnheitsmäßig widernatürlichen Lastern hingeben;
5. gegen Prostituierte, die Anlaß öffentlichen Ärgernisses sind oder fortgesetzt den polizeilichen Vorschriften zuwiderhandeln;
6. gegen Personen, die Bordelle oder gewöhnlich von Prostituierten besuchte Häuser unterhalten oder leiten, wenn sie dabei wiederholt den behördlichen und polizeilichen Vorschriften zuwiderhandeln;
7. gegen Personen, die gewohnheitsmäßig die Verderbnis oder sittliche Unterhöhlung der Jugend begünstigen oder dazu anstiften oder sich der Verlockung zur Prostitution widmen, auch wenn sie

---

* s. die Anm. *) beim 2. Titel.

wegen irgendwelcher Handlungen dieser Art bisher noch nicht verurteilt worden sind;

8. gegen Personen, die unter dem Verdacht stehen, gewohnheitsmäßig gestohlene Gegenstände oder Verbrechenserträge zu erwerben oder beim Erwerb oder Verkauf solcher Gegenstände oder Erträge als Vermittler zu dienen, auch wenn sie bisher noch nicht als Hehler[233]) verurteilt worden sind, soweit sie die gesetzlichen Bestimmungen oder polizeilichen Anordnungen zur Überwachung der Hehler nicht erfüllen;

9. gegen alle Personen, die verurteilt worden sind wegen eines Verbrechens der Vereinigung von Übeltätern[234]) oder wegen eines Verbrechens, das von einer Vereinigung von Übeltätern oder einer organisierten Bande begangen worden ist.

§ 1 Die Einweisung nach der Vorschrift der Ziffer 2 und des § 2 des Art. 70 kann beim ersten Male nur gegen die in den Ziffern 1, 2, 7 und 9 genannten Personengruppen angeordnet werden.

Gegen Personen der Ziffern 3, 4, 5, 6 und 8 wird beim erstenmal die Bürgschaft für gute Führung oder die Freiheit unter Aufsicht und beim zweitenmal die Freiheit unter Aufsicht mit einer auf das Doppelte erhöhten Bürgschaft oder die Einweisung in ein Arbeitshaus oder eine Landwirtschaftskolonie angeordnet.

§ 2 Die Täter, die gewohnheitsmäßige Trinker und infolge ihrer Trunksucht für die Ausübung von Verbrechen anfällig sind oder die Rauschmittelmißbrauch getrieben haben, können die Strafe, zu der sie verurteilt worden sind, verbüßen und nach der Verbüßung in eine besondere Anstalt, eine Gefängnis-Heilanstalt oder ein Arbeitshaus oder eine Landwirtschaftskolonie, für einen Zeitraum von sechs Monaten bis zu drei Jahren, der für aufeinanderfolgende Zeiträume von drei Jahren verlängert werden kann, eingewiesen werden.

Die Einweisung kann nur in dem Urteil gegen den Täter angeordnet werden.

§ 3 Bei Ausländern können die Sicherungsmaßnahmen durch Ausweisung aus dem Staatsgebiet ersetzt werden.

§ 4 Die Anordnung von Sicherungsmaßnahmen[235]), die neben der

---

233) „receptadores"; vgl. Ziffer 3 des Art. 23. Es handelt sich um einen Unterfall des „encobridor". (Vgl. Art. 19 und Art. 20 und die dortige Anm. 38.)

234) s. Art. 263.

235) Der CP regelt lediglich die materiellrechtlichen Voraussetzungen der Anordnung von Sicherungsmaßnahmen. Art. 70 bezeichnet die Maßnahmen; Art. 71 den Kreis der betroffenen Personen, allerdings nicht ausschließlich: vgl. Art. 68 einziger §.

Die Ausführung der Maßnahmen ist bereits im D.-L. 26.643 vom 28. 5. 1936 (= Reforma Prisional; vgl. Anm. 156) geregelt worden; vgl. Anm. 223: Anstalten für gefährliche Geisteskranke; Anm. 156: Arbeitshäuser.

auf ein Verbrechen zu verhängenden Strafe oder infolge der Unzurechnungsfähigkeit des Täters in einem Strafverfahren nicht verhängt worden sein sollten, sowie der Ersatz einer Maßnahme durch eine andere erfolgen im Sicherungs- oder Ergänzungsverfahren nach den Bestimmungen der betreffenden Verfahrensgesetzgebung[236]).

Art. 72 * Eine Änderung in der Gefährlichkeit, die für die Verlängerung der Strafen oder die Anordnung von Sicherungsmaß-

---

Der § 4 des Art. 71 trifft Vorschriften über die prozessuale Form der Anordnung von Sicherungsmaßnahmen. (Vgl. i. e. die folgende Anm.)

[236]) Durch L. 2.000 vom 16. 5. 1944, Grundsatz („Base") I wurden „tribunais de execução das penas" (Strafvollstreckungsgerichte) errichtet mit der Zuständigkeit für „Entscheidungen, welche Strafen oder Sicherungsmaßnahmen während der Vollstreckung sowohl hinsichtlich der Dauer als auch hinsichtlich der Form der Strafvollstreckung ändern oder ersetzen."

Das D. 34.553 vom 30. 4. 1945 brachte Ausführungsbestimmungen; erweiterte jedoch die Zuständigkeit der Strafvollstreckungsgerichte auch auf die Entscheidung über die erste Anordnung von Sicherungsmaßnahmen auch außerhalb eines Strafverfahrens. Dies zeigt die amtliche Begründung, in der es dazu heißt:

„Nicht immer erfolgt die Anwendung von Sicherungsmaßnahmen in dem Verfahren über die strafbare Handlung. So geschieht es, wenn die Gefährlichkeit sich unabhängig von der Verübung einer strafbaren Handlung herausstellt oder erst nach dem Abschluß des Verfahrens offenbar wird. In solchen Fällen erscheint es logisch, daß, da es nun einmal ein Gericht gibt, dessen Zuständigkeit wesentlich auf die Verwirklichung des Gedankens der Spezialprävention zugeschnitten ist, dies dann auch über die Gefährlichkeit und geeignete Maßnahmen entscheidet."

Die Strafvollstreckungsgerichte sind daher zuständig (Art. 3 des D. 34.553):

1. Für die Erklärung der Gefährlichkeit solcher Täter, die aus diesem Grunde Strafen oder Sicherungsmaßnahmen unterworfen werden müssen, soweit eine solche Erklärung nicht im Strafverfahren ausgesprochen wird;
2. Für die Entscheidung über Änderungen im bereits vorher erklärten Zustande der Gefährlichkeit, welche den Ersatz der angeordneten Strafe oder Sicherungsmaßnahme durch eine andere zur Folge haben;
3. Für Entscheidungen über das Fortbestehen des Zustandes der Gefährlichkeit, der Anlaß zur Verlängerung der Strafe oder Sicherungsmaßnahme gibt;
4. Für die Entscheidung über das Ende der Gefährlichkeit;
5. Für die Bestätigung der Einweisung gefährlicher Geisteskranker in die für sie eingerichteten Anstalten;

6., 7. und 8. ...

In den Fällen der Ziffer 1 + 5 heißt das Verfahren: Sicherungsverfahren („processo de segurança"), in den der Ziffern 2—4: Ergänzungsverfahren („pr. complementar"). Der § 4 des Art. 71 erfaßt beide Verfahren, in der ersten Alternative das Sich.Verf. und in der zweiten das Erg.Verf., jedoch nur, soweit es sich auf Sicherungsmaßnahmen bezieht.

* s. die Anm. *) beim 2. Titel.

nahmen bestimmend war, hat den Ersatz dieser Strafen oder Sicherungsmaßnahmen durch andere, die dem Charakter der Änderung entsprechen, nach Maßgabe der anschließenden Bestimmungen zur Folge:

1. Die Personen, die der Sicherungsmaßnahme der Einweisung in ein Arbeitshaus oder in eine Landwirtschaftskolonie nach den Bestimmungen des § 2 des Art. 69 unterworfen worden sind, können für schwer besserbar im Sinne der Bestimmungen des § 3 des Art. 67 erklärt werden.
2. Infolge einer Änderung in den Voraussetzungen der früheren Eingruppierung der Eingewiesenen oder weil es sich zeigt, daß es tatsächlich wirksamer ist, sie einer von der zunächst bestimmten verschiedenen Form der Strafvollstreckung zu unterwerfen, kann bei schwer besserbaren Tätern die Verlängerung der Strafe ersetzt werden durch die Verlängerung der Strafe für gefährliche Geistesgestörte in einer Gefängnisheilanstalt und ebenso kann bei gefährlichen Geistesgestörten die Verlängerung der Strafe ersetzt werden durch die Verlängerung der Strafe für schwer besserbare Täter im Sinne der Bestimmungen des § 3 des Art. 67.
3. Bei gefährlichen Tätern, die während der Strafverbüßung von einer Geistesgestörtheit befallen werden, kann die Einweisung in eine Anstalt für gefährliche Geisteskranke angeordnet werden.

Art. 73 * Für Entscheidungen über die Änderung oder den Ersatz einer Strafe oder einer Sicherungsmaßnahme sind während der Vollstreckung sowohl hinsichtlich der Dauer als auch hinsichtlich der Form der Strafvollstreckung die Strafvollstreckungsgerichte[237]) zuständig, soweit nicht eine andere Zuständigkeit gesetzlich begründet ist.

2. Kapitel

STRAFWIRKUNGEN

Art. 74 Die Verurteilung des Verbrechers hat alsbald nach ihrer Rechtskraft lediglich die in den folgenden Artikeln festgelegten Wirkungen.

Art. 75 Der endgültig verurteilte Angeklagte unterliegt unabhängig von der Strafe:

* s. die Anm. *) beim 2. Titel.

[237]) „tribunais de execução das penas"; vgl. Anm. 236.

Der Art. 73 entspricht wörtlich dem Grundsatz I der L. 2.000 (vgl. Anm. 236). Er deckt sich deswegen teilweise, soweit er auf das Verfahren bei Sicherungsmaßnahmen hinweist, mit dem § 4 des Art. 71, jedoch wurden die späteren Maßnahmen bei Strafen von dem § 4 des Art. 71 nicht erfaßt. Der Art. 73 betrifft aber naturgemäß nur Entscheidungen des Ergänzungsverfahrens (vgl. Anm. 236), da das Sicherungsverfahren die erstmalige Anordnung einer Maßnahme beinhaltet.

1. dem Verlust der Verbrechenswerkzeuge zugunsten des Staates, soweit nicht der Verletzte oder ein Dritter Anspruch auf sie haben;
2. der Verpflichtung, dem Verletzten die Gegenstände, deren er ihn durch das Verbrechen beraubt hat, herauszugeben oder ihm deren nach den Gesetzen festgestellten Wert zu bezahlen, wenn die Herausgabe nicht möglich ist und der Verletzte oder seine Erben diese Bezahlung verlangen;
3. der Verpflichtung, den Verletzten für den verursachten Schaden zu entschädigen, wenn[238]) der Verletzte oder dessen Erben die Entschädigung begehren;
4. der Verpflichtung, die Verfahrens- und Vollstreckungskosten zu bezahlen.

Art. 76 Der zu einer höheren Strafe endgültig verurteilte Angeklagte unterliegt:

1. dem Verlust jeglicher öffentlicher Anstellung oder Amtes, seiner Würden, seiner Titel, seines Adelsstandes und seiner Auszeichnungen;
2. der Aberkennung der Fähigkeit, zu irgendwelchen öffentlichen Ämtern zu wählen, gewählt oder ernannt zu werden;
3. der, Vormund, Pfleger, Anwalt in Angelegenheiten der Rechtspflege oder Mitglied des Familienrates zu sein.

Einziger §[239]) Die Dauer der in der Ziffer 3 genannten Aberkennung endet mit dem Erlöschen der Strafe, unbeschadet besonderer gesetzlicher Vorschriften.

Art. 77 Der zu einer Gefängnisstrafe, zur zeitweiligen Aufhebung seiner staatsbürgerlichen Rechte oder zu Verbannung endgültig verurteilte Angeklagte unterliegt:

1. der Aufhebung[240]) aller seiner öffentlichen Stellungen oder Ämter;
2. der Aberkennung der in den Ziffern 2 und 3 des vorhergehenden Artikels genannten Rechte und Fähigkeiten.

§ 1[241]) Die Dauer der Aberkennungen und der Aufhebung, die in diesem Artikel vorgesehen sind, endet *ipso facto* mit dem Erlöschen der Strafe, die sie erzeugte, unbeschadet der Vorschrift des § 2 und des Art. 78.

§ 2[241]) Die wegen eines Verbrechens der Kuppelei[242]) zu einer Strafe Verurteilten sind endgültig unfähig, die elterliche Gewalt oder die Vormundschaft auszuüben.

---

[238]) Im Text heißt es: „de indemnizar ... e o ofendido ... requeiram".

[239]) Eingefügt durch Art. 23 des D. 34.540 vom 27. 4. 1945.

[240]) „suspensão".

[241]) Art. 77 §§ 1 und 2 sind eingefügt durch Art. 23 des D. 34.540 vom 27. 4. 1945. Der Ausdruck ‚ipso facto' ist im Originaltext ebenfalls kursiv gedruckt enthalten. Er ist auch im Portugiesischen ein Fremdwort.

[242]) s. Art. 405.

Art. 78[243]) Bei einer öffentlichen Anstellung darf nicht berücksichtigt werden:

1. wer wegen Diebstahls[244]), Raubes[245]), Unterschlagung[246]), Betruges[247]), betrügerischen Bankrottes[248]), Fälschung[249]), Brandstiftung[250]) oder wegen eines in der Eigenschaft als öffentlicher Bediensteter in Ausübung seines Amtes begangenen Verbrechens, soweit es sich um vorsätzliche[251]) Verbrechen handelt, zu einer Gefängnisstrafe verurteilt worden ist, sowie wer für einen schwer besserbaren Täter erklärt worden ist;
2. derjenige, gegen den wegen anderer Gesetzesverletzungen eine Gefängnisstrafe oder wegen Gesetzesverletzungen mit dem Charakter vorsätzlicher Verstöße gegen die Wirtschaftsordnung oder gegen die öffentliche Gesundheit eine Geldstrafe verhängt worden ist, soweit er nicht rehabilitiert worden ist.

Art. 79 Abgesehen von dem Fall der Aufhebung aller staatsbürgerlichen Rechte, findet der Entzug der Ehren und Auszeichnungen des Adels, der Erlaubnis, ein Ehrenzeichen zu tragen, des Rechtes, Waffen zu tragen, des, in einer Unterrichtsanstalt zu lehren, sie zu leiten oder an der Leitung mitzuwirken, der Fähigkeit, Vormund oder Pfleger oder Mitglied eines Familienrates zu sein, Anwalt in Rechtsangelegenheiten zu sein, Zeuge bei einer feierlichen und beweiskräftigen Handlung zu sein, und ebenso das Verbot der Ausübung eines Berufes, der eine bestimmte Ernennungsurkunde[252]) voraussetzt, nur statt, wenn das Gesetz dies ausdrücklich vorsieht.

Art. 80 Die Aufhebung eines der staatsbürgerlichen Rechte auf bestimmte Zeit bewirkt in Hinsicht auf die öffentlichen Bediensteten die Aufhebung der Befugnis, ihr Amt auszuüben, für so lange Zeit, wie jene dauert.

Art. 81 Der zur Entlassung aus dem Amte Verurteilte verliert

1. die Fähigkeit, dasselbe Amt wieder bekleiden zu können;
2. das Recht wegen der vor der Verurteilung geleisteten öffentlichen Dienste ein Ruhegehalt zu beziehen[253]).

---

243) Fassung des Art. 78 durch D. 34.540 vom 27. 4. 1945.

244) s. Art. 421 ff.

245) s. Art. 432 ff.

246) s. Art. 453.

247) s. Art. 450 ff.

248) s. Art. 447 ff.

249) s. Art. 206 ff.

250) s. Art. 463 ff.

251) „doloso“ (vgl. Anm. 10 bei Art. 3).

252) „título“ (Vgl. die Anm. bei Art. 206 ff.).

253) „se jubilar, aposentar ou reformar“; alle Ausdrücke sind gleichbedeutend.

Art. 82 Die kirchlichen Bestrafungen haben für das bürgerliche Recht keine Wirkungen.

Art. 83 Die Wirkungen der Strafe treten kraft Gesetzes ein, ohne daß es einer besonderen Erklärung im Urteil bedarf.

3. Titel

Zumessung[254]) und Vollstreckung der Strafen

1. Kapitel

ZUMESSUNG DER STRAFEN IM ALLGEMEINEN

Art 84 * Das Strafmaß hängt, im Rahmen der im Gesetz jeweils festgelegten Grenzen, ab von der Schuld[255]) des Täters, wobei die Schwere der verbrecherischen Handlung, ihre Folgen, die Heftigkeit des Vorsatzes[256]) oder der Grad der Fahrlässigkeit[257]), die Beweggründe des Verbrechens und das Persönlichkeitsbild des Täters zu berücksichtigen sind.

Einziger § Bei der Festlegung der Geldstrafe ist immer die wirtschaftliche Lage des Verurteilten zu berücksichtigen, so daß ihr Betrag im Rahmen der gesetzlichen Grenzen eine der Schuld[255]) des Täters entsprechende Strafe bildet.

Art. 85 Keine Strafe darf durch eine andere ersetzt werden, unbeschadet der Fälle, in denen das Gesetz dies gestattet.

Art. 86 * Die 6 Monate nicht übersteigende Gefängnisstrafe kann immer durch eine entsprechende Geldstrafe ersetzt werden.

§ 1 Der Ersatz der Gefängnisstrafe durch Geldstrafe geschieht nach dem Maßstab des Buchstaben b) des Art. 63 und der Paragraphen desselben Artikels.

§ 2 Wird die Gesetzesverletzung mit Gefängnis bis zu 6 Monaten und Geldstrafe geahndet, so verhängt das Gericht, das über den Ersatz der Gefängnisstrafe durch Geldstrafe entscheidet, nur eine Geldstrafe in der Höhe der Summe des Betrages der unmittelbar verwirkten Geldstrafe und des Betrages der aus der Gefängnisumwandlung sich ergebenden Geldstrafe.

Art. 87 * Sowohl die unmittelbar verhängten als auch die aus der Umwandlung der Gefängnisstrafen sich ergebenden Geldstrafen können ersetzt werden durch die Leistung von Arbeit in einem Hand-

---

* s. die Anm. *) beim 2. Titel.

254) „aplicação“.

255) „culpabilidade“.

256) „dolo“ (vgl. Anm. 10 bei Art. 3).

257) „culpa“ (vgl. Anm. 7 bei Art. 2 und Anm. 132 bei Art. 43).

werk oder Gewerbe, einem Bauvorhaben der öffentlichen Hand oder Unternehmungen des Staates oder der Verwaltungskörperschaften.

§ 1 Es obliegt dem Richter, auf Vorschlag des Gefängnisleiters und unter den durch Ausführungsbestimmungen vorgeschriebenen Bedingungen den in diesem Artikel vorgesehenen Ersatz zu gestatten.

§ 2 Im Falle des Ersatzes der Geldstrafe durch Arbeitsleistung wird für jeden Arbeitstag der Teil der Geldstrafe, der dem vom Lohn des Verurteilten einbehaltenen Betrag entspricht, gestrichen.

Handelt es sich um eine auf einen bestimmten Zeitraum festgelegte Geldstrafe oder um eine durch Geldstrafe ersetzte Gefängnisstrafe, so wird für jeden Arbeitstag ein Tag der Geldstrafe als gestrichen angesehen.

Art. 88 * Im Falle einer Verurteilung zu Gefängnisstrafe oder zu Geldstrafe oder zu Gefängnis- und Geldstrafe[258]) kann der Richter nach Abwägung des Schuldgrades und des sittlichen Verhaltens des Täters und der Umstände der Gesetzesverletzung die Vollstreckung der Strafe für aufgeschoben erklären[259]), wenn der Angeklagte bisher

---

* s. die Anm. *) beim 2. Titel.

[258]) Decreto-Lei 41.218 vom 6. 8. 1957, Art. 2: „Die Vollstreckung der Strafe der zeitweiligen Aufhebung der staatsbürgerlichen Rechte kann nach den gleichen Vorschriften aufgeschoben werden wie die der Gefängnis- und der Geldstrafe".

[259]) „declarar suspensa a execução da pena".

Die Bestimmungen über den Strafaufschub zur Bewährung sind durch die Strafrechtsreform von 1954 in den CP eingearbeitet worden; sachlich bestehen sie jedoch schon seit über einem halben Jahrhundert vorher:

Lei vom 6. 7. 1893,

„Art. 8 Die ordentlichen Gerichte, die Verurteilungen zu Besserungsgefängnis aussprechen, sei es einfach oder durch Geldstrafe verschärft, können nach Abwägung der Umstände des Vergehens und des sittlichen Verhaltens des Täters die Vollstreckung der Strafe für aufgeschoben erklären, wenn feststeht, daß der Angeklagte bisher noch nicht wegen irgendeines Verbrechens verurteilt worden ist.

§ 1 Das Urteil gibt die Gründe des Strafaufschubes an.

§ 2 Die Dauer des Aufschubes liegt nicht unter zwei und nicht über fünf Jahren und berechnet sich vom Tage der Urteilsausfertigung an.

Art. 9 Verstreicht die Zeit des Strafaufschubes, ohne daß der Angeklagte einer Verurteilung wegen eines anderen Verbrechens unterliegt, so muß das Urteil als ohne jede Wirkung angesehen werden; andernfalls wird die erste Strafe mit der zweiten verbunden, ohne daß sie sich jedoch in der Vollstreckung überschneiden und ohne daß die Vorschriften des Código Penal über die Strafanwendung beim Rückfalle oder der Wiederholung von Verbrechen zunichte gemacht werden.

Einziger § Die Staatsanwaltschaft betreibt die Vollstreckung der Strafe, deren Aufschub aufgehoben worden ist, unabhängig von einer Erklärung im zweiten Urteil."

CPP (von 1929), Art. 451 § 1:

noch nicht zu einer Gefängnisstrafe verurteilt worden ist. Das Urteil gibt die Gründe des Strafaufschubes an.

§ 1 Die Dauer des Aufschubes liegt nicht unter zwei und nicht über fünf Jahren und berechnet sich vom Tage der Urteilsausfertigung an.

§ 2 Der Aufschub kann abhängig gemacht werden von der Erfüllung ähnlicher Verpflichtungen wie für die Gewährung der bedingten Entlassung[260]).

Art. 89 * Verstreicht die Zeit des Strafaufschubes, ohne daß der Angeklagte ein vorsätzliches Verbrechen verübt, wegen dessen er verurteilt wird, oder ohne daß er gegen die ihm auferlegten Bedingungen verstoßen hat, so muß das Urteil als ohne jede Wirkung angesehen werden; andernfalls ordnet der Richter die Vollstreckung der Strafe an oder verbindet die erste Strafe mit der zweiten, ohne daß sie sich jedoch in der Vollstreckung überschneiden oder die Vorschriften über die Strafanwendung im Rückfalle oder bei der Wiederholung von Verbrechen zunichte gemacht werden.

Art. 90 Begeht jemand, der staatsbürgerliche Rechte nicht besitzt oder nicht ausübt, ein Verbrechen, so wird, wenn die gesetzlich angeordnete Strafe die feste Strafe der Aufhebung der staatsbürgerlichen Rechte für 15 oder 20 Jahre ist, diese durch Gefängnisstrafe ersetzt. Ist es die der zeitweiligen Aufhebung der Ausübung aller oder einzelner dieser Rechte, so wird sie durch Gefängnisstrafe bis zu einem Jahr ersetzt.

„Der Strafaufschub kann von der Zahlung des Schadensersatzes binnen einer im Urteil festgesetzten Frist abhängig gemacht werden."

Decreto Nr. 29.636 vom 27. 5. 1939,

„Art. 9 Die Geldstrafe, einschließlich der in eine Geldstrafe umgewandelten Gefängnisstrafe, kann nach den gleichen Bestimmungen ausgesetzt werden wie die Gefängnisstrafe.

Art. 10 Die Strafe kann unter den gleichen Bedingungen aufgeschoben werden, unter denen die bedingte Entlassung gewährt werden kann.

Einziger § Der § 2 des Art. 396 des D.-L. 26.643 vom 28. 5. 1936 ist zu beachten."

Die Bestimmungen des CP enthalten mithin sachlich nichts Neues, sie stimmen größtenteils sogar wörtlich mit den Formulierungen der früheren Gesetzgebung überein.

[260]) s. Art. 396 des D.-L. 26.643 vom 28. 5. 1935 in Anm. 232 bei Art. 70.

* s. die Anm. *) beim 2. Titel.

2. Kapitel

STRAFZUMESSUNG BEI ERSCHWERENDEN ODER MILDERNDEN UMSTÄNDEN

Art. 91 * Liegen in den Fällen, in denen höhere Strafen verhängt werden können, erschwerende oder mildernde Umstände vor, die im Gesetz nicht besonders und ausdrücklich und unter Bestimmung der entsprechenden Strafe zur Bezeichnung der größeren oder geringeren Schwere des Verbrechens bedacht worden sind, so sind, je nach ihrem größeren oder geringeren Einfluß auf die Schuld des Verbrechers, die Bestimmungen der folgenden Ziffern zu beachten:

1. Die Strafen der Ziffern 1, 2, 3 und 4 des Art. 55 werden in Hinsicht auf ihre Dauer im Rahmen der Höchst- und Mindestdauer derselben Strafrahmen verschärft[261]) oder gemildert[262]). Das normale Mindestmaß der erwähnten Strafrahmen kann jedoch um zwei Jahre verringert[263]) werden;
2. der Strafrahmen der Ziffer 5 des Art. 55 wird in Hinsicht auf seine Dauer im Rahmen seiner gesetzlichen Grenzen verschärft oder gemildert;
3. die Strafe der Aufhebung der staatsbürgerlichen Rechte für die Zeit von 15 oder 20 Jahren wird verschärft durch Geldstrafe bis zu 2 Jahren und gemildert durch die Verringerung ihrer Dauer auf 10 oder 15 Jahre.

Art. 92 * Die Strafen des Gefängnisses und der Verbannung werden verschärft und gemildert, indem ihre Dauer im Rahmen der vom Gesetz für die Gesetzesverletzung bestimmten Strafgrenzen festgelegt wird.

Einziger § Die Strafe der zeitweiligen Aufhebung der staatsbürgerlichen Rechte wird im Rahmen ihrer gesetzlichen Höchst- und Mindestgrenzen abgestuft, ihre Dauer kann jedoch auf 2 Jahre verringert werden.

Art. 93 * Bei Gewohnheits- und bei Neigungstätern findet eine außerordentliche Strafverschärfung[264]) mit folgenden Maßgaben statt:

1. Die Höchst- und Mindestgrenzen der Strafen des schweren Gefängnisses werden um ein Viertel ihrer Dauer erhöht;
2. die Gefängnisstrafe wird um die Hälfte ihrer Mindest- und Höchstgrenzen erhöht und beträgt mindestens einen Monat.

---

* s. die Anm. *) beim 2. Titel.

[261]) „agravar".

[262]) „atenuar".

[263]) „reduzir".

[264]) „agravação extraordinária".

Art. 94 * In außerordentlicher Weise kann der Richter unter Berücksichtigung der besonderen Bedeutung der mildernden Umstände:

1. die höheren Strafen des schweren Gefängnisses durch weniger hohe ersetzen;
2. das Mindestmaß des Strafrahmens der Ziffer 5 des Art. 55 auf ein Jahr verringern oder es durch Gefängnis nicht unter einem Jahr ersetzen[265]);
3. die feste Strafe der Aufhebung der staatsbürgerlichen Rechte durch die der zeitweiligen Aufhebung der staatsbürgerlichen Rechte ersetzen;
4. das im Einzelfall vorgesehene Mindestmaß der Gefängnisstrafe auf ihr allgemeines Mindestmaß verringern oder die Gefängnisstrafe durch die der Verbannung oder durch Geldstrafe ersetzen[265]);
5. jede der im Art. 56 angegebenen Besserungsstrafen durch Geldstrafe ersetzen oder nur diese verhängen, wenn sie neben einer anderen vorgeschrieben sind;
6. die schwereren besonderen Strafen für öffentliche Bedienstete durch weniger schwere ersetzen.

Art. 95 * Liegen zugleich erschwerende und mildernde Umstände vor, so wird, je nachdem, ob die einen oder die anderen überwiegen, die Strafe verschärft oder gemildert.

Art. 96 * Ist ein Umstand Voraussetzung für eine schärfere oder mildere Bestrafung eines Verbrechens[266]), so ergibt sich im Verhältnis zu der auf Grund dieses Umstandes angedrohten Strafe die Verschärfung oder Milderung aus dem Vorliegen anderer Umstände.

Einziger § Beim Zusammentreffen besonders zu bewertender Umstände, die die Strafe für das Verbrechen in einer im Gesetz besonders und ausdrücklich vorgesehenen Weise verschärfen, findet eine Verschärfung wegen des schwersten dieser besonders zu bewertenden Umstände nur statt, indem die üblichen Umstände dieser Art angesehen werden, als wären sie von allgemeiner Natur.

Art. 97 * Die Schwere der Strafen richtet sich im allgemeinen nach der Reihenfolge ihrer Aufzählung in den Art. 55, 56 und 57.

---

* s. die Anm. *) beim 2. Titel.

[265]) „Die Anwendung der Möglichkeit der Ziffer 2 des Art. 94 des Código Penal ist vereinbar mit der der Ziffer 4."

Assento des Supremo Tribunal de Justiça vom 23. 7. 1957; Diário do Governo I n° 175 vom 6. 8. 1957.

[266]) „qualifica a maior ou menor gravidade do crime determinando especialmente a medida da pena ..." = wörtlich: bezeichnet ein Umstand die größere oder geringere Schwere eines Verbrechens, indem er für das Strafmaß besonders bestimmend ist, ...

Art. 98 * Muß für eine rechtlich erhebliche Wirkung eine Gleichsetzung der Dauer von Strafen verschiedener Art vorgenommen werden, so entspricht die Strafe der Verbannung zwei Dritteln der des Gefängnisses und diese zwei Dritteln der des schweren Gefängnisses. Die Gleichsetzung zwischen der Gefängnis- und der Geldstrafe geschieht, soweit diese nicht unmittelbar einer bestimmten Zeitdauer entspricht, unter Berücksichtigung des im § 2 des Art. 122 für die Umwandlung von Geld- in Gefängnisstrafen aufgestellten Maßstabes.

Art. 99 * Die Untersuchungshaft[267]) wird, gleichgültig, welche Behörde sie anordnet, von der ersten Festnahme[268]) an angerechnet.

Bei der Verbüßung einer Gefängnisstrafe wird die Untersuchungshaft ganz angerechnet.

Bei der Verbüßung einer Strafe des schweren Gefängnisses wird die Hälfte der Untersuchungshaft angerechnet.

Einziger § Bei der Geldstrafe wird die Untersuchungshaft in der Weise angerechnet, daß ein Tag der Geldstrafe einem Tage der Untersuchungshaft gleichgestellt wird oder, wenn die Geldstrafe in einer festen Summe besteht, der Betrag von 20$00 einem Tage der Untersuchungshaft gleichgestellt wird.

Eine Anrechnung der Untersuchungshaft auf die Geldstrafe findet nur statt, wenn sie nicht auf eine Gefängnisstrafe oder eine Strafe schweren Gefängnisses angerechnet werden kann.

3. Kapitel

STRAFZUMESSUNG IN DEN FÄLLEN DES RÜCKFALLS, DER WIEDERHOLUNG UND HÄUFUNG VON VERBRECHEN, BEI BEIHILFE, FEHLGESCHLAGENEM VERBRECHEN UND BEIM VERSUCH

Art. 100 * Bei Rückfall ist in folgender Weise zu erkennen:

1. Ist schweres Gefängnis zu verhängen, so ist die dem Rückfall entsprechende Verschärfung gleich der Hälfte des Unterschiedes zwischen Mindest- und Höchstgrenze des Strafrahmens. Das Maß der Verschärfung kann jedoch, wenn die aus der Persönlichkeit des Täters sich ergebenden Umstände dies anraten, auf eine Straferhöhung beschränkt werden, welche der Dauer der bei der vorhergehenden Verurteilung verhängten Strafe entspricht.

---

* s. die Anm. *) beim 2. Titel.

[267]) „prisão preventiva".

[268]) „primitiva detenção", s. Art. 2 des D.-L. 26.643 vom 28. 5. 1936: „Die Untersuchungshaft („prisão preventiva") wird in diesem Gesetz als Haft („detenção") bezeichnet." Die Ausdrücke sind daher gleichbedeutend.

Das Strafmaß wird beim zweiten Rückfall zusätzlich um die Hälfte der hier bestimmten Erhöhung verschärft;

2. ist Gefängnisstrafe zu verhängen, so besteht die Verschärfung darin, daß das Mindest- und Höchstmaß der Strafe um die Hälfte der Höchstdauer der verhängbaren Strafe erhöht wird.

Art. 101 * Ist im Falle der Wiederholung von Verbrechen schweres Gefängnis zu verhängen und lautete die vorhergehende Verurteilung ebenfalls auf schweres Gefängnis, so wird nach der in der Ziffer 1 des vorhergehenden Artikels für den ersten Rückfall aufgestellten Regel erkannt.

Einziger § In den sonstigen Fällen der Wiederholung von Verbrechen verschärft sich die Strafe nach den allgemeinen Vorschriften.

Art. 102 * Die Häufung von Verbrechen wird nach den folgenden allgemeinen Vorschriften bestraft:

1. Beim Zusammentreffen von Verbrechen, die mit denselben Strafen zu ahnden sind, wird der nächsthöhere Strafrahmen angewendet, wenn dieser einer der in den Ziffern 2, 3 und 4 des Art. 55 ist; handelt es sich um einen anderen Strafrahmen, mit Ausnahme des der Ziffer 1 des Art. 55, so wird derselbe Strafrahmen, um ein nicht unter der Hälfte seiner Höchstdauer liegendes Maß verschärft, angewendet;
2. sind die Verbrechen mit verschiedenen Strafen zu ahnden, so wird der schwerste Strafrahmen angewendet, der unter Berücksichtigung der Verbrechenshäufung nach allgemeinen Vorschriften zu verschärfen ist. Das gleiche gilt, wenn eine der Strafen die der Ziffer 1 des Art. 55 ist.

§ 1 Von der Vorschrift dieses Artikels ausgenommen sind die Geldstrafe oder die Geldstrafen, die immer mit anderen Strafen zusammentreffen.

§ 2 Die Zusammenfassung der Strafen nach den Vorschriften dieses Artikels erfolgt unbeschadet der Angabe der jedem Verbrechen entsprechenden Einzelstrafe im Urteilsspruch. In keinem Falle darf die Gesamtstrafe[269]) die Summen der verhängten Einzelstrafen übersteigen.

Art. 103 Die Strafe des Gehilfen eines vollendeten Verbrechens ist diejenige, die auf den Täter[270]) des fehlgeschlagenen Verbrechens fällt.

Die des Gehilfen eines fehlgeschlagenen Verbrechens ist diejenige, die auf den Täter eines Versuches dieses Verbrechens fällt.

Die des Gehilfen eines Versuches ist diejenige, die — zurück-

---

* s. die Anm. *) beim 2. Titel.

269) „pena única“.

270) „autor“ (vgl. Anm. 36 bei Art. 19).

geführt auf ihr Mindestmaß — auf die Täter eines Versuches desselben Verbrechens fällt.

Art. 104 * Im Falle eines fehlgeschlagenen Verbrechens ist nach den folgenden Vorschriften zu erkennen:

1. Sind die Strafrahmen, welche bei Vollendung des Verbrechens anzuwenden wären, die der Ziffern 1, 2, 3 oder 4 des Art. 55, so ist der jeweils nächstniedere Strafrahmen anzuwenden;
2. ist schweres Gefängnis von 2 bis zu 8 Jahren oder, in gesetzlich besonders vorgesehenen Fällen, eine Besserungsstrafe zu verhängen, so wird die Höchstdauer des anzuwendenden Strafrahmens auf die Hälfte seiner gesetzlichen Höchstdauer verringert.

Art. 105 Gegen die Täter eines Versuches wird die Strafe verhängt, welche auf die Täter eines fehlgeschlagenen Verbrechens fällt, wenn dabei mildernde Umstände vorliegen.

4. Kapitel

STRAFZUMESSUNG IN EINIGEN BESONDEREN FÄLLEN

Art. 106 Der Hehler[271]) wird nach den folgenden Bestimmungen bestraft:

1. Ist auf das Verbrechen eine höhere Strafe, mit Ausnahme der der Ziffer 5 des Art. 55, anzuwenden, so ist gegen ihn Gefängnisstrafe zu verhängen;
2. ist es die höhere Strafe der Ziffer 5 des Art. 55, so ist gegen ihn Gefängnis von sechs Monaten bis zu einem Jahr zu verhängen;
3. ist es Gefängnisstrafe, so ist gegen ihn die gleiche Strafe zu verhängen, jedoch gemildert, und niemals höher als drei Monate.

Art. 107 * Ist der Verbrecher zur Zeit der Verübung des Verbrechens weniger als 21 Jahre alt, so wird gegen ihn niemals eine schwerere Strafe als die der Ziffer 3 des Art. 55 verhängt.

Art. 108 * Ist der Verbrecher zur Zeit der Verübung des Verbrechens weniger als 18 Jahre alt, so wird gegen ihn niemals eine schwerere Strafe als die der Ziffer 5 des Art. 55 verhängt.

Art. 109 * Jugendliche unter 16 Jahren unterstehen der Aburteilung durch Jugendgerichte. Gegen sie können nur die in der besonderen Gesetzgebung vorgesehenen Maßnahmen der Fürsorge, Erziehung und Besserung[272]) ergriffen werden[273]).

---

* s. die Anm. *) beim 2. Titel.

271) „encobridor" (vgl. Anm. 38 bei Art. 19 und Anm. 54 bei Art. 23).

272) „assistência, educação ou correcção".

273) s. die Anm. 143 bei Art. 49.

Art. 110 * Lediglich fahrlässige[274]) Verbrechen können nur in den im Gesetz besonders vorgesehenen Fällen bestraft werden. Gegen solche Verbrechen wird niemals eine höhere Strafe als die des Gefängnisses und entsprechende Geldstrafe verhängt.

Art. 111 Die Vorschrift des vorhergehenden Artikels gilt auch für Verbrecher, bei denen einer der im Artikel 50 bezeichneten Umstände vorliegt.

Art. 112 Die Vorschriften der Art. 100, 101, 102, 103, 104, 105 und 106 berühren nicht die besonderen Fälle, in denen das Gesetz eine bestimmte Strafe vorsieht.

5. Kapitel

STRAFVOLLSTRECKUNG

Art. 113 * Die Vollstreckung der Freiheitsstrafen erfährt im Hinblick auf Frauen, die schwanger sind oder Kinder unter 3 Jahren haben, diejenigen Abwandlungen, die sich aus dem Zustande der Häftlinge und dem Interesse ihrer Kinder ergeben.

Art. 114 * Verfällt der Verurteilte nach der Verurteilung in Geisteskrankheit[275]), so beginnt die Strafverbüßung erst, nachdem er die Geisteskräfte wiedererlangt hat.

§ 1 Befällt den Verurteilten die Geisteskrankheit[276]) während der Strafverbüßung, so wird die Vollstreckung unterbrochen, bis er seine Geisteskräfte wiedererlangt.

§ 2 In den in diesem Artikel und seinem § 1 vorgesehenen Fällen wird auf die Dauer der Freiheitsstrafen die Zeit angerechnet, die der Verurteilte nach der Rechtskraft des gegen ihn ergangenen Urteils im Irrenhaus verbringt, unbeschadet des Falles der Vorspiegelung einer Geisteskrankheit.

Art. 115 Die Strafe für ein während der Verbüßung der ersten Verurteilung begangenes Verbrechen wird, wenn die Verbüßung beider Strafen miteinander vereinbar ist, entweder gleichzeitig oder nacheinander vollstreckt; andernfalls wird die schwerere Strafe verschärft.

Art. 116 Alle Strafen beginnen von dem Tage an zu zählen, an dem das Urteil Rechtskraft erlangt.

Art. 117 * Die Freiheitsstrafen werden nach Maßgabe der Be-

---

* s. die Anm. *) beim 2. Titel.

274) „culposo" (vgl. Anm. 7 bei Art. 2 und Anm. 132 bei Art. 43).

275) „enlouquecer".

276) „sobrevir a locura".

stimmungen des Decreto-Lei No. 26.643 vom 28. 5. 1936 und der ergänzenden Gesetzgebung vollstreckt.

Art. 118 Weigert sich ein zu Gefängnis mit Arbeitszwang Verurteilter, während einer bestimmten Zeit zu arbeiten, so wird ihm diese Zeit auf die Strafverbüßung nicht angerechnet. Er wird in diesem Falle durch die von der Regierung festgesetzten Disziplinarstrafen zur Arbeit gezwungen.

Art. 119 * Den Verurteilten mit vorbildlicher Führung während der Haft, welche während der Strafvollstreckung große Eignung zur Arbeit beweisen, kann nach den in Ausführungsverordnungen erlassenen Vorschriften ein teilweiser Erlaß der Strafe des schweren Gefängnisses oder der Gefängnisstrafe bis zu einem Tag Gefängnis für drei Tage besonders schwerer Arbeit, welche mit bemerkenswertem Geschick bewältigt worden ist oder von außergewöhnlicher Wichtigkeit, Ergiebigkeit und Vollkommenheit ist, gewährt werden.

Einziger § Die Erlernung eines Handwerkes oder Gewerbes mit Geschick und anerkannter Befähigung bildet bei den Personen, welche in den Ziffern 1 und 2 des Art. 71 angegeben sind, einen hinreichenden Grund, beim zuständigen Gericht[277]) den Vorschlag einzureichen, die Maßnahme der Einweisung in ein Arbeitshaus oder in eine Landwirtschaftskolonie aufhören zu lassen.

Art. 120 * Alle zu Freiheitsstrafen über sechs Monate Verurteilten können bedingt in Freiheit gesetzt werden, wenn sie die Hälfte der Strafe oder die Mindestzeit der Maßnahme der Sicherung verbüßt haben, soweit sie die Fähigkeit und die Bereitschaft zeigen, sich einem ehrenhaften Leben anzupassen[278]).

Art. 121 Entsteht während der Strafvollstreckung ein vor die Gerichte gehörender Streitfall, so wird er von den Richtern, welche das Urteil gefällt haben, entschieden.

Art. 122 * Bestimmt das Gesetz eine Geldstrafe, so ist, falls das Verbrechen von mehreren Mitschuldigen begangen worden ist, jedem diese Strafe aufzuerlegen.

§ 1 Die Verpflichtung, eine Geldstrafe zu bezahlen, geht auf die Erben des Verurteilten nur über, wenn das Urteil zu seinen Lebzeiten rechtskräftig geworden ist.

§ 2 Bei Fehlen von ausreichendem und verfügbarem[279]) Ver-

---

* s. die Anm. *) beim 2. Titel.

[277]) Dem Strafvollstreckungsgericht (vgl. Anm. 236 bei Art. 71 und Art. 73).

[278]) Unter den Voraussetzungen der bedingten Entlassung (vgl. Art. 396 D.-L. 26.643 vom 28. 5. 1936 in Anm. 232 bei Art. 70).

[279]) „bens desembaraçados".

mögen für die Bezahlung der Geldstrafe wird diese durch Gefängnis für die entsprechende Zeit ersetzt.

Besteht die Geldstrafe in einer vom Gesetz festgelegten Summe und hat der Verurteilte kein ausreichendes und verfügbares[279]) Vermögen, so wird diese Strafe durch Gefängnis ersetzt, wobei 20$00 einem Tage entsprechen; die Dauer des Gefängnisses darf jedoch zwei Jahre und im Falle einer Geldstrafe für Übertretungen sechs Monate nicht übersteigen.

Art. 123 Die Strafen können in keinem Falle von der Person des Täters gelöst werden.

Art. 124 Bei den Strafen sind weder Vergleich[280]) noch Aufrechnung[281]) zulässig.

6. Kapitel

ERLÖSCHEN[282]) STRAFRECHTLICHER VERANTWORTLICHKEIT

Art. 125 Jedes Strafverfahren und jede Strafe endet nicht nur in den im Art. 6 vorgesehenen Fällen, sondern auch

1. mit dem Tode des Verbrechers, abgesehen von der Vorschrift des § 2 im Art. 122;
2. infolge Verjährung[283]), auch wenn der Angeklagte sich nicht auf sie beruft oder wenn er aus dem Verbrechen noch irgendeinen Gegenstand zurückhält;
3. infolge einer Amnestie[284]);
4. infolge Parteiverzeihung[285]), soweit für diese Raum ist.

§ 1 Der Tod des Verbrechers und die Amnestie lassen die bürgerlich-rechtlichen Schadensersatzansprüche[286]) unberührt. Sie haben auch keinen nachträglichen Einfluß auf rechtmäßig erworbene Rechte Dritter.

§ 2 Die richterliche Strafverfolgung[287]) verjährt nach 15 Jahren, wenn gegen das Verbrechen eine höhere Strafe zu verhängen ist, nach 5 Jahren, wenn eine Besserungsstrafe zu verhängen ist *und nach 1 Jahr, wenn eine Strafe zu verhängen ist, die in die Strafgewalt des Einzelrichters[288]) in Besserungsangelegenheiten fällt.*

---

[280]) „transacção".

[281]) „compensação".

[282]) „extinção".

[283]) „prescrição".

[284]) „amnistia".

[285]) „perdão da parte" (vgl. Anm. 205 bei Art. 65).

[286]) „acção civil pelo dano e perda".

[287]) „procedimento judicial".

[288]) „Na alçada do juiz de direito". Hierbei handelt es sich um eine nicht mehr bestehende Strafbefugnis, die dem Art. 5 des Decreto n° 2 vom 29. 3.

§ 3[289]) Ist zur Strafverfolgung ein Antrag[290]) des Verletzten oder seiner Verwandten Voraussetzung, so verjährt das Antragsrecht nach 2 Jahren, wenn dem Verbrechen eine höhere Strafe entspricht, und nach 1 Jahr, wenn die dem Verbrechen entsprechende Strafe eine Besserungsstrafe ist.

§ 4 Die Verjährung, die die vorhergehenden Paragraphen behandeln[291]), berechnet sich immer von dem Tag an, an dem das Verbrechen begangen wurde, oder, wenn vor ihrem Ablauf eine richterliche Handlung in Hinsicht auf das Verbrechen vorgenommen worden ist, von dem letzten Tage dieser Handlung an.

§ 5 Haftbefehle[292]) gegen einen Angeklagten, der sich nicht in Haft befindet und für den auch keine Sicherheit geleistet worden ist, gelten im Sinne des vorhergehenden Paragraphen nicht als richterliche Handlung.

§ 6 Die höheren Strafen verjähren in 20 Jahren, die Besserungsstrafen in 10 Jahren, und die Strafen für Übertretungen in einem Jahr.

§ 7 Die Verjährung berechnet sich im Sinne des § 6 von dem Tage an, an dem das Urteil rechtskräftig wird; entweicht jedoch der Verurteilte nach der Verbüßung eines Teiles der Strafe, so berechnet sie sich vom Tage des Entweichens an.

§ 8 Keine Verjährung beginnt zu laufen, solange nicht ein Urteil, von dem die Einleitung eines Strafverfahrens abhängt, rechtskräftig wird.

§ 9 In Hinsicht auf eine Klage wegen zivilrechtlicher Ansprüche,

---

1890 entsprang. Verhängt werden konnten Strafen von 1 Monat Gefängnis, Verbannung oder Geldstrafe, von 60$00 fester Geldstrafe, Tadel oder Verweis. Derartige Strafbefugnisse sind durch Art. 6 des Decreto vom 14. 10. 1910 aufgehoben worden. Daher gilt es in der portugiesischen Strafrechtslehre heute als zweifelhaft, ob diese Bestimmung noch einen Sinn hat, zumal sie auch vorher während der Geltung des Decreto vom 29. 3. 1890 keine festumrissene Verjährungsvorschrift war. Es wird dabei besonders darauf hingewiesen, daß die Verjährungszeit für die von ihr erfaßten Verbrechen nur 1 Jahr beträgt, während diejenige für Übertretungen 2 Jahre beträgt (vgl. Anm. 291) (Faveiro, Anm. 2a zu Art. 125).

[289]) „Der § 3 des Art. 125 des Código Penal ist auf alle Verbrechen mit privater Strafverfolgung („crimes particulares") anzuwenden."

Assento des Supremo Tribunal de Justiça vom 22. 6. 1954 (Diário do Governo I n° 145 vom 5. 7. 1954).

[290]) „queixa" (vgl. Anm. 205 bei Art. 65).

[291]) Der Paragraph behandelt nur die Verfolgungsverjährung von Verbrechen. Die Verfolgung von Übertretungen verjährt nach Art. 32 Lei n° 300 vom 3. 2. 1915, welcher nach Art. 155 des Decreto 16.489 vom 15. 2. 1929 (Código de Processo Penal) nicht von der allgemeinen Aufhebung der übrigen Verfahrensgesetzgebung durch das gleiche Decreto betroffen wird, in 2 Jahren.

[292]) „mandatos de captura".

die sich aus dem Verbrechen ergeben, gelten, wenn diese Klage zugleich mit der Strafklage erhoben wird, die Vorschriften der §§ 2, 3, 4, 5 und 8 dieses Artikels, soweit sie anwendbar sind; in allen anderen Fällen aber verjähren die zivilrechtlichen Ansprüche ebenso wie die durch rechtkräftiges Strafurteil angeordnete Verpflichtung zur Leistung eines Schadensersatzes nach den Regeln des bürgerlichen Rechts.

§ 10 Derjenige, dem die Strafvollstreckungsverjährung[293]) zugute kommt, darf nicht in dem gleichen Gerichtsbezirk wohnen wie der Verletzte oder, wenn dieser nicht mehr am Leben ist, wie dessen überlebender Ehegatte, Vorfahren oder Abkömmlinge, solange nicht seit dem Ablaufe der Verjährung ebensoviel Zeit verstrichen ist, wie gesetzlich für diese Verjährung vorgesehen ist.

§ 11[294]) Parteiverzeihung hebt die strafrechtliche Verantwortlichkeit des Angeklagten nur auf, wenn eine Strafverfolgung ohne Strafantrag[295]) oder ohne Privatklage[296]) nicht stattfindet, abgesehen von dem Fall, daß das betreffende Urteil schon rechtskräftig gewesen ist, und von den im Gesetz besonders bezeichneten Fällen. Ist die Partei ein Minderjähriger, der nicht für volljährig erklärt ist, oder ist sie wegen eines Umstandes entmündigt, der sie an der freien Willensbestimmung hindert, so ist die Verzeihung nur wirksam, wenn sie rechtskräftig genehmigt worden ist.

Art. 126 Die Strafe endet auch:

1. durch Verbüßung;
2. *durch königlichen Gnadenerweis*[297]*);*
3. durch die Wiederherstellung der Unbescholtenheit des Verurteilten[298]).

§ 1 Die Strafe wird als verbüßt angesehen, wenn der Verurteilte die im Urteil bezeichnete Zeit auf die gesetzlich vorgesehene Weise abgebüßt hat.

§ 2 *Der königliche Gnadenerweis kann vollständigen oder teilweisen Erlaß der Strafe beinhalten.*

§ 3 *Die im Urteil auferlegte Strafe wird nach der Bestimmung des vorhergehenden Paragraphen teilweise erlassen, indem sie*

---

[293]) „prescrição da pena".

[294]) Fassung des § 11 durch Decreto-Lei 41.074 vom 17. 4. 1957.

[295]) „denúncia" (vgl. Anm. 205 bei Art. 65).

[296]) „acusação" (vgl. Anm. 205 bei Art. 65).

[297]) „perdão real"; heute geregelt in Art. 403 ff. des D. L. 26.643 vom 28. 5. 1936 als Begnadigung („indulto"). Sie wird auf Vorschlag des Justizministers von der Regierung ausgesprochen. Sie wird gewährt unter den Voraussetzungen, unter denen die bedingte Entlassung gewährt werden kann (s. dazu Art. 120) und kann von den gleichen Auflagen abhängig gemacht werden wie jene (vgl. Anm. 232 bei Art. 70).

[298]) „reabilitação".

1. vermindert oder

2. durch eine weniger schwere, in der Dauer dem noch nicht verbüßten Strafteil gleiche oder geringere ersetzt wird.

§ 4 *Die Annahme des königlichen Gnadenerweises ist Pflicht für den Verurteilten, unbeschadet der Streitfälle, die sich darauf gründen, daß die Bestimmungen des vorhergehenden Paragraphen nicht beachtet worden sind.*

§ 5 Die Wiederherstellung der Unbescholtenheit des Verurteilten, die darin besteht, daß ein unschuldig Verurteilter auf Grund einer außerordentlichen Überprüfung[299]) des Urteils in den vor der Verurteilung bestehenden Rechtszustand wieder eingesetzt wird, ist die unmittelbare Folge des Überprüfungsurteils, sobald dies rechtskräftig wird.

§ 6 Der Freispruch des Überprüfungsurteils spricht dem Rehabilitierten (wenn er dies beantragt hat) eine gerechte Entschädigung für den Schaden zu, den er durch die Verbüßung der Strafe erlitten

---

[299]) „revisão extraordinária"; heute geregelt in Art. 673 ff. des Código de Processo Penal. Eine Wiederaufnahme des Verfahrens („revisão") ist danach nur möglich (Art. 673):

1. Wenn die der Verurteilung zugrunde liegenden Tatsachen im Gegensatz stehen zu Feststellungen eines weiteren Verfahrens und hieraus sich erhebliche Zweifel an der Rechtmäßigkeit der Verurteilung ergeben;
2. Wenn durch rechtskräftiges Urteil festgestellt wird, daß Aussagen von Zeugen oder Sachverständigen oder Urkunden, deren Inhalt für den Freispruch oder die Verurteilung erheblich gewesen sein können, falsch waren;
3. Wenn durch rechtskräftiges Urteil festgestellt wird, daß der Freispruch oder die Verurteilung durch Bestechung der mitwirkenden Richter oder Geschworenen zustande gekommen ist;
4. Wenn im Falle der Verurteilung neue Tatsachen oder Beweismittel entdeckt werden, die allein oder in Verbindung mit den Beweismitteln des Verfahrens, eine erhebliche Vermutung der Unschuld des Verurteilten begründen;
5. Wenn durch fachärztliches Gutachten bei einem Strafgefangenen festgestellt wird, daß seine Geistesgestörtheit hätte erweisen können, daß er für die Tat, wegen der er verurteilt worden ist, nicht verantwortlich ist.

Bei diesen Bestimmungen der Art. 673 ff. des C. P. P. handelt es sich um die Rehabilitierung unschuldig Verurteilter. Daneben gibt es eine Rehabilitierung rechtmäßig Verurteilter nach der Strafverbüßung im Sinne einer Beseitigung der sozialen Folgen einer Strafverbüßung. Diese ist geregelt im Decreto 35.540 vom 27. 4. 1945. Voraussetzung dafür ist nach Art. 2 eine einwandfreie Führung. Folgen sind nach Art. 3 der Wegfall von Hinderungsgründen für die Ausstellung von Ausweispapieren, freie Berufswahl und der Wegfall der Unfähigkeit, bestimmte Ämter und Ehrenämter auszuüben.

hat, soweit es sich nicht um eine Geldstrafe handelt. Handelt es sich um eine schon vollstreckte Geldstrafe, so wird deren Rückerstattung angeordnet. Sowohl die Rückerstattung wie die Entschädigung obliegen dem Staat.

§ 7 Der Freispruch des Überprüfungsverfahrens wird im Diário do Governo an drei aufeinanderfolgenden Tagen veröffentlicht und an der Tür des Gerichtes, in dessen Bezirk der Wohnsitz oder der Aufenthaltsort des Rehabilitierten sich befindet, und an der Tür des Gerichtes, das die Verurteilung ausgesprochen hat, in öffentlich beglaubigter Urkunde angeschlagen.

Art. 127 Grund und Umfang der bürgerlich-rechtlichen Haftung, die mit strafbaren Handlungen zusammenhängt, richten sich nach dem Código Civil.

Art. 128 Kein Angeklagter ist verpflichtet, die Kosten eines Strafverfahrens zu bezahlen, wenn er freigesprochen worden ist; ebenso wenig können sie von ihm eingefordert werden, bevor das Urteil rechtskräftig geworden ist.

4. Titel

Übergangsbestimmungen

Art. 129 * Im Código Penal und den strafrechtlichen Nebengesetzen gelten die abgeschafften Strafarten als ersetzt durch diejenigen, die ihnen nach den folgenden Bestimmungen entsprechen:

1. die Strafe des festen Zellengefängnisses von 8 Jahren, gefolgt von 20jähriger Verbannung mit oder ohne Gefängnis am Verbannungsorte, und die Strafe dauernder Verbannung von 28 Jahren mit 8- bis 10jährigem Gefängnis am Orte der Verbannung durch die Strafe des schweren Gefängnisses von 20 bis zu 24 Jahren;
2. die Strafe des festen Zellengefängnisses von 8 Jahren, gefolgt von 12jähriger Verbannung, und die Strafe dauernder Verbannung von 25 Jahren durch die Strafe des schweren Gefängnisses von 16 bis zu 20 Jahren;
3. die Strafe des festen Zellengefängnisses von 6 Jahren, gefolgt von 10jähriger Verbannung, und die Strafe von dauernder Verbannung von 20 Jahren durch die Strafe schweren Gefängnisses von 12 bis zu 16 Jahren;
4. die Strafe des festen Zellengefängnisses von 4 Jahren, gefolgt von 8jähriger Verbannung, und die Strafe der dauernden Verbannung von 15 Jahren durch die Strafe schweren Gefängnisses von 8 bis zu 12 Jahren;

---

* s. die Anm. *) beim 2. Titel.

5. die Strafe des festen Zellengefängnisses von 2 bis zu 8 Jahren, die Strafe des zeitweiligen schweren Gefängnisses von 3 bis 12 Jahren und die der zeitweiligen Verbannung von 3 bis 12 Jahren durch die Strafe des schweren Gefängnisses von 2 bis 8 Jahren;
6. die Strafe des Besserungsgefängnisses durch Gefängnisstrafe von 3 Tagen bis zu 2 Jahren;
7. die Strafe der Ausweisung aus dem Staatsgebiet ohne zeitliche Beschränkung durch Gefängnis und entsprechende Geldstrafe, und die Strafe der zeitweiligen Ausweisung aus dem Staatsgebiet durch Gefängnisstrafe bis zu 6 Monaten.

§ 1 Werden in strafrechtlichen Vorschriften die Strafrahmen der Ziffern 1, 2, 3 und 4 des Art. 57 angeführt, so sind sie durch die Strafrahmen der Ziffern 1, 2, 3, 4 des Art. 55 und bei Anführung der Ziffern 5 und 6 des Art. 57 durch den Strafrahmen der Ziffer 5 des Art. 55 zu ersetzen.

§ 2 Die Strafen der Ziffern 1, 2, 3, 4 und 6 des Art. 55 gelten als feste Strafen[300]).

§ 3 Beim Vergleich der nach den Vorschriften dieses Artikels ersetzten Strafarten und im Sinne der Bestimmung des Art. 6 gilt als geringere Strafe die Strafe des schweren Gefängnisses im Verhältnis zu der Strafe des festen Zellengefängnisses, der Verbannung und der des zeitigen Gefängnisses, ohne daß jedoch im Übergangsrecht das Höchstmaß ihrer Dauer das Höchstmaß der früheren Strafe des festen Zellengefängnisses, sei diese unmittelbar verhängt gewesen oder Ergebnis der gesetzlich vorgesehenen Zurückführung der Verbannungsstrafe auf festes Zellengefängnis, oder das Höchstmaß der Dauer der Verbannungsstrafe, wenn diese als Strafe des festen Zellengefängnisses ohne Verringerung des Zeitraumes ihrer Dauer hätte verbüßt werden müssen, übersteigen darf.

---

300) „penas fixas“ im Gegensatz zu „penas temporárias“. Das gegenwärtige Strafsystem kennt als feste Strafen nur noch die Aufhebung der staatsbürgerlichen Rechte für einen bestimmten Zeitraum (Art. 55 Ziffer 6). Nach dem Strafsystem vor der Reform von 1954 waren die höheren Strafen überwiegend fest bestimmte (vgl. Anm. 156).

2. Buch[+])

DIE VERBRECHEN IM BESONDEREN

1. Titel

Verbrechen gegen die Religion des Königreiches[301]) und solche, die unter Mißbrauch eines geistlichen Amts begangen werden

1. Kapitel

VERBRECHEN GEGEN DIE RELIGION DES KÖNIGREICHES

Art. 130[302]) *Wer es an der schuldigen Achtung gegenüber der römisch-katholisch-apostolischen Religion des Königreiches fehlen läßt, wird zu einer Gefängnisstrafe von einem bis zu zwei Jahren und je nach seinem Einkommen zu einer Geldstrafe von drei Monaten bis zu drei Jahren in jedem der folgenden Fälle verurteilt:*

1. *wenn er dieselbe Religion öffentlich durch Taten oder Worte oder in einer schriftlichen Veröffentlichung oder durch sonst ein Veröffentlichungsmittel in einem ihrer Glaubenssätze, in einer ihrer Glaubenshandlungen oder in einem ihrer Glaubensgegenstände beleidigt*[303]*);*
2. *wenn er durch die gleichen Mittel versucht, Lehren zu verbreiten,*

+) In Übereinstimmung mit der der Übersetzung zugrundeliegenden Textausgabe wurden die ursprünglichen Strafbestimmungen der einzelnen besonderen Tatbestände entsprechend dem Art. 129 und seinem § 1 in der Fassung durch die Strafrechtsreform von 1954 durch die jetzt geltenden Strafarten ersetzt.

301) Während der Zeit der monarchischen Verfassung Portugals war die katholische Religion die Staatsreligion. Dieser Grundsatz wurde auch in die Verfassungsurkunden in der Epoche der konstitutionellen Monarchie aufgenommen: Art. 25 der Verf. von 1822; Art. 6 der Carta Constitucional v. 1826 und Art. 3 der Verf. v. 1838, die durch das Decreto vom 20. 2. 1842 wieder von der Carta Constitucional abgelöst wurde. Nach der Proklamation der Republik nach der Revolution vom 5. 10. 1910 bestand eine der ersten Maßnahmen der provisorischen Regierung in der Verkündung der Trennung von Staat und Kirche. Infolgedessen wurden die meisten Vorschriften des ersten Titels gegenstandslos und alsbald in der jeweils angegebenen Form geändert.

302) Art. 130 ist widerrufen durch Art. 4 des Decreto vom 15. 2. 1911.

303) „injuriar" bedeutet die Verbalbeleidigung, während der im Deutschen vielfach gleich zu übersetzende Begriff „ofender" sprachlich auch die Realbeleidigung mit umfaßt, da er die Bedeutung einer Verletzung der körperlichen und moralischen Integrität einer anderen Person hat.

die den katholischen, von der Kirche bestimmten Glaubenssätzen entgegengesetzt sind;

3. *wenn er versucht, auf irgendeine Weise Übertritte oder Bekehrungen zu einer anderen Glaubensgemeinschaft oder Sekte, welche von der Kirche mißbilligt werden, zu bewirken;*
4. *wenn er öffentlich gottesdienstliche Handlungen vollzieht, die nicht zu denen der katholischen Religion gehören.*

§ 1 *Ist der Verbrecher Ausländer, so sind in diesen Fällen die Gefängnis- und die Geldstrafe durch Ausweisung aus dem Staatsgebiet bis zu 12 Jahren zu ersetzen.*

§ 2 *Wird lediglich gegen die schuldige Achtung gefehlt oder werden die beleidigenden oder lästernden Worte zwar öffentlich und mit lauter Stimme vorgebracht, jedoch ohne die Absicht, die Religion des Königreiches zu verspotten oder zu verunglimpfen noch eine ihren Glaubenssätzen entgegengesetzte Lehre zu verbreiten, so wird allein die Strafe des Verweises, zu der Gefängnis von drei bis fünfzehn Tagen treten kann, verhängt.*

§ 3 *Besteht die Beleidigung*[304]) *in einer Mißachtung oder Entweihung der heiligen Formen des Abendmahls, so ist das Strafmaß schweres Gefängnis von zwei bis zu acht Jahren oder wahlweise zeitiges Gefängnis.*

Art. 131[305]) *Mit der gleichen Strafe belegt wird derjenige, der gewaltsam die Feier eines öffentlichen Gottesdienstes der Religion des Königreiches stört oder zu hindern sucht.*

Art. 132[306]) *Die Beschimpfung*[307]) *und die tätliche Beleidigung*[308]),

---

[304]) „injúria" vgl. Anm. 303 sowie Art. 407 und die dortigen Anmerkungen.

[305]) Art. 131 ist widerrufen durch Art. 4 des Decreto vom 15. 2. 1911. Er ist ersetzt durch den Art. 11 des Decreto vom 20. 4. 1911, welcher lautet:

„Wer gewaltsam die rechtmäßige Ausübung der Glaubenshandlungen einer Religion stört oder zu hindern sucht, wird zu Gefängnis bis zu einem Jahr und je nach seinem Einkommen zu einer Geldstrafe von drei Monaten bis zu einem Jahr bestraft."

[306]) Art. 132 ist widerrufen durch Art. 4 des D. vom 15. 2. 1911. Er ist ersetzt durch Art. 12 des D. vom 20. 4. 1911, welcher lautet:

„Die Beschimpfung und die tätliche Beleidigung gegen einen Geistlichen einer Glaubensgemeinschaft in Ausübung oder gelegentlich der Ausübung seines Amtes gilt als Verbrechen gegen die öffentliche Ordnung und wird mit denselben Strafen wie die Verbrechen gegen die Obrigkeit bestraft." Zu den Begriffen „Beschimpfung" und „tätliche Beleidigung" vgl. die folgenden Anm. 307 und 308. Zu den Verbrechen gegen die Obrigkeit siehe Anm. 309.

[307]) „injúria", vgl. Anm. 304; die Übersetzung „Beschimpfung" an dieser Stelle erfolgte lediglich aus Stilgründen wegen der nachfolgenden „tätlichen Beleidigung".

welche gegen einen Geistlichen der Religion des Königreiches in Ausübung oder gelegentlich der Ausübung seines Amtes begangen wird, sind mit denselben Strafen wie die Verbrechen gegen die Obrigkeit[309]) *zu bestrafen.*

Art. 133[310]) *Wer mit Gewalt oder Drohungen einen anderen bei der Ausübung einer Glaubenshandlung der Religion des Königreiches nötigt oder hindert, wird mit Gefängnis bis zu sechs Monaten bestraft, soweit er nicht wegen der Gewaltanwendung einer höheren Strafe unterliegt.*

Art. 134[311]) *Wer vorgibt, Geistlicher der Religion des Königreiches zu sein und eine Glaubenshandlung derselben Religion ausübt, welche allein von ihren Geistlichen vorgenommen werden darf, wird zur Strafe des schweren Gefängnisses von zwei bis zu acht Jahren verurteilt.*

---

308) „ofensa"; im Ggs. zu „injúria" hier die tätliche Beleidigung i. S. einer Ehrverletzung. „ofensa" bedeutet im allgemeinen die Verletzung der körperlichen oder moralischen Integrität einer Person und kann daher auch den Sinn des deutschen „Angriff", „Verletzung" haben (vgl. Anm. 303 sowie Art. 407 ff. und Art. 359 ff. und die dortigen Anmerkungen).

309) S. Art. 181 ff. („injúrias contra as autoridades públicas"): Ehrverletzung der Obrigkeit und Art. 183 ff. („actos de violência contra as autoridades públicas"): Gewalttätigkeiten gegen die Obrigkeit.

310) Art. 133 ist widerrufen durch Art. 4 des D. vom 15. 2. 1911. Er ist ersetzt durch Art. 13 des D. vom 20. 4. 1911 i. V. m. Art. 56 des D. 11.991 vom 29. 6. 1926, welches die Beträge der Geldstrafen auf das Zehnfache erhöht. Art. 13 lautet:

„Einer Geldstrafe von 5$000 bis 50$000 réis und einer Gefängnisstrafe von zehn bis zu sechzig Tagen, unbeschadet einer gegebenenfalls zutreffenden höheren Strafe unterliegt, wer mit Gewalt oder Drohung gegen eine Person oder, indem er sie einer Gefahr oder einem Schaden für Person, Ehre oder Vermögen ihrer selbst oder Dritter befürchten macht, sie bestimmt oder zu bestimmen sucht, eine Glaubenshandlung auszuüben oder nicht auszuüben oder zu den Kosten einer Glaubensgemeinschaft beizutragen oder nicht beizutragen."

„réis" Mehrzahl von „réal", der alten Währungseinheit Portugals. Sie ist jetzt durch den Escudo ersetzt. 1 Escudo (1$00) entspricht 1000 réis (1$000 réis). Die Geldstrafe des Art. 13 des Decreto vom 20. 4. 1911 beträgt daher heute 50$00 bis 500$00.

311) Art. 134 ist widerrufen durch Art. 4 des D. vom 15. 2. 1911. Er ist ersetzt durch Art. 15 des D. vom 20. 4. 1911, welcher lautet:

„Wer sich die Eigenschaft eines Geistlichen einer Glaubensgemeinschaft anmaßt und öffentlich eine Glaubenshandlung dieser Glaubensgemeinschaft ausübt, welche allein von ihren hierzu in gehöriger Weise ermächtigten Geistlichen vorgenommen werden darf, wird zu der Strafe des Art. 236, § 2 des Código Penal verurteilt."

Art. 135[312]) *Jeder Portugiese, der die Religion des Königreiches bekennt und es an der Achtung gegenüber derselben Religion fehlen läßt, indem er öffentlich von ihr abfällt oder öffentlich auf sie verzichtet, wird mit der festen Strafe der Aufhebung seiner staatsbürgerlichen Rechte für 20 Jahre bestraft.*

§ 1 *Ist der Verbrecher Geistlicher eines heiligen Ordens, so wird er ohne zeitliche Begrenzung aus dem Gebiete des Königreiches verwiesen.*

§ 2 *Diese Strafen enden, sobald die Verbrecher in den Schoß der Kirche zurückkehren.*

2. Kapitel

VERBRECHEN, DIE UNTER MISSBRAUCH EINES GEISTLICHEN AMTES BEGANGEN WERDEN

Art. 136 Jeder Angehörige der Geistlichkeit, der sich seines geistlichen Amtes zu einem von den Gesetzen des Königreiches mißbilligten weltlichen Zweck bedient, wird zu einer Gefängnisstrafe und zu einer Geldstrafe von einem Monat bis zu drei Jahren verurteilt.

§ 1[313]) *Besteht der Mißbrauch im Bruch des Beichtgeheimnisses oder in der Verführung eines Beichtenden zu einem unehrenhaften Zweck, so wird derjenige, der sein geistliches Amt mißbraucht, zu der Strafe des schweren Gefängnisses von acht bis zu zwölf Jahren verurteilt.*

§ 2 Besteht der Mißbrauch in dem Vollzuge oder in der Anordnung des Vollzuges einer kirchlichen Trauung, ohne daß die nach den bürgerlichen Gesetzen erforderlichen Förmlichkeiten voraufgegangen sind, so wird der Geistliche zu Gefängnis von einem bis zu zwei Jahren und Geldstrafe von einem Monat bis zu einem Jahr verurteilt.

Art. 137[314]) *Jeder Geistliche, der in Ausübung seines Glaubensamtes, bei Predigten oder in einem öffentlichen mündlichen Vortrag*

---

[312]) Art. 135 ist widerrufen durch Art. 4 des D. vom 15. 2. 1911.

[313]) Die Geltung des § 1 des Art. 136 ist zweifelhaft. Die Zeitschrift „A Revista de Legislação e de Jurisprudência“ Jgg. 1950, S. 37 ist der Ansicht, daß der § 1 des Art. 137 durch das D. vom 20. 4. 1911 widerrufen worden ist. (Faveiro, Anm. zu Art. 136 § 1).

[314]) Art. 137 ist ersetzt durch Art. 48 des D. v. 20. 4. 1911, welcher lautet:

„Der Geistliche einer Glaubensgemeinschaft, der in Ausübung seines Glaubensamtes oder anläßlich einer Glaubenshandlung, in einer Predigt, einem öffentlichen mündlichen Vortrag oder in einer schriftlichen Veröffentlichung die Obrigkeit beleidigt oder eine ihrer Handlungen oder die Regierungsform oder die Gesetze der Republik angreift oder die in diesem Decreto und in der weiteren Gesetzgebung niedergelegten Rechte des Staates in Hinsicht auf die Kirchen leugnet oder in Zweifel stellt oder zu

oder in einer schriftlichen Veröffentlichung die Obrigkeit[315]) *beleidigt*[316]) *oder eine ihrer Handlungen, die Regierungsform oder ein Gesetz des Königreiches angreift oder die Rechte der Krone in geistlichen Angelegenheiten leugnet oder in Zweifel stellt oder zu einem Verbrechen auffordert,* wird mit einer Gefängnisstrafe von einem bis zu zwei Jahren und einer Geldstrafe von drei Monaten bis zu drei Jahren bestraft.

Art. 138[317]) *Zu einer Geldstrafe von einem bis zu drei Jahren, je nach seinem Einkommen, wird der Geistliche der Religion des Königreiches verurteilt, der sein Amt mißbraucht,*

1. *indem er bei Eingaben an die Krone die rechtskräftigen Entscheidungen der zuständigen ordentlichen Gerichte nicht in gehöriger Weise beachtet;*
2. *indem er Bullen oder sonstige Entscheidungen der römischen Kurie ausführt, ohne daß dem eine königliche Genehmigung*[318]) *in der Form eines Gesetzes des Königreiches vorhergegangen ist, unbeschadet der Fälle, in denen dies Verbrechen wegen seiner Umstände den Charakter eines schwereren Verbrechens besitzt.*

Art. 139[319]) *Mit einer Gefängnisstrafe von drei Monaten bis zu drei Jahren belegt wird jeder Geistliche der Religion des Königreiches, der eines der folgenden Verbrechen begeht:*

1. *wenn er seine Amtsbefugnisse oder einzelne von ihnen ausübt, obwohl ihm die Ausübung seiner Amtsbefugnisse oder einzelner von ihnen gesetzlich entzogen worden ist;*
2. *wenn er ohne rechtmäßigen Grund die Erteilung der Sakramente oder die gehörige Verrichtung einer seiner Amtshandlungen verweigert.*

Art. 140[320]) *Jede Person, die entgegen einem gesetzlichen Verbot*

---

einem Verbrechen auffordert, wird zu der Strafe des Art. 137 des Código Penal und dem Verlust der staatlichen Sachleistungen verurteilt."

Zum Begriff „Obrigkeit" vgl. die folgende Anm.

Zum Begriff „Beleidigungen" die Anm. 316.

[315]) „autoridade pública".

[316]) „injuriar" (vgl. Anm. 304).

[317]) Art. 138 wurde ersetzt durch Art. 181 des D. vom 20. 4. 1911, der seinerseits durch Art. 12 des D. 3.856 vom 22. 2. 1928 widerrufen wurde.

[318]) „beneplácito régio".

[319]) Art. 139 ist widerrufen durch das D. vom 20. 4. 1911.

[320]) Art. 140 ist widerrufen und ersetzt durch Art. 40 des D. vom 20. 4. 1911, welcher lautet:

„Aufgelöst sind ebenfalls die Vereine, Korporationen und andere Körperschaften, die als Mitglieder oder Angestellte irgendwelche Personen beiderlei Geschlechts zulassen, welche den durch das Decreto vom 8. 10. 1910

sich als Mitglied einer gesetzlich oder von der Regierung erlaubten Religionsgesellschaft oder Glaubensgemeinschaft aufnehmen läßt oder einen anderen unter Verstoß gegen dasselbe Verbot aufnimmt oder zu seiner Aufnahme beiträgt, wird je nach ihrem Einkommen zu einer Geldstrafe von einem Monat bis zu einem Jahr verurteilt.

2. Titel

Verbrechen gegen die Sicherheit des Staates

1. Kapitel

VERBRECHEN GEGEN DIE ÄUSSERE SICHERHEIT DES STAATES

Art. 141[321]) Zu der Strafe der Ziffer 1 des Art. 55 wird jeder Portugiese verurteilt, der:

1. es unternimmt[322]), durch Gewalt oder Täuschung[323]) oder mit ausländischer Hilfe das portugiesische Staatsgebiet ganz oder teilweise vom Vaterlande[324]) loszulösen oder einem ausländischen Staat zu übergeben, oder mit einem dieser Mittel die Unabhängigkeit des Landes verletzt[325]) oder in Gefahr bringt;
2. unter den Fahnen einer fremden Nation die Waffen gegen sein Vaterland ergreift.

   Stand der Verbrecher vor der Kriegserklärung mit Erlaubnis der Regierung in den Diensten der feindlichen Nation, so kann die Strafe gemildert werden; ist dieser Umstand außergewöhnlich wesentlich[326]), so kann der Strafrahmen durch den der Ziffer 3 oder der Ziffer 4 des Art. 55 ersetzt werden;

---

für aufgelöst erklärten religiösen Orden oder Kongregationen angehört haben oder Einrichtungen dieser Art, wo auch immer sie bestehen, angehören.

Diese Personen, die Mitglieder des Vorstandes oder der Verwaltung derselben Vereine, Korporationen oder Körperschaften sowie alle sonst für die Gesetzesverletzung verantwortlichen Personen unterliegen der Strafe des Art. 140 des Código Penal und allen sonstigen Bestrafungen, die nach den Decretos vom 8. 10. 1910 und 31. 12. 1910 anwendbar sind.

Das gesamte Vermögen dieser Vereine, Korporationen und anderen Körperschaften verfällt ausnahmslos dem Staate."

[321]) Der Rumpf des Artikels in der Fassung durch Art. 1 des Decreto 32.832 vom 7. 6. 1943.

[322]) „intentar".

[323]) „por meio violento ou fraudulento".

[324]) „mãe-Pátria"; diese Bezeichnung tritt nur an dieser Stelle auf.

[325]) „ofender"; hier im allgemeinen Sinne: „verletzen" (vgl. Anm. 303 bei Art. 130).

[326]) „se a atenuação for de excepcional importância"; atenuação" schließt sich sprachlich an „gemildert werden" („ser atenuada") an.

3. Abmachungen[327]) mit einer ausländischen Macht oder mit deren Mittelsmännern[328]) trifft, um Portugal den Krieg zu erklären, oder versucht, die ausländische Macht dazu zu verleiten. Im Falle mildernder Umstände von außergewöhnlicher Erheblichkeit kann der anzuwendende Strafrahmen durch den der Ziffer 3 oder der Ziffer 4 des Art. 55 ersetzt werden.

Einziger §[329]) Liegt im Falle der Ziffer 1 dieses Artikels weder Gewalt noch Täuschung noch ausländische Hilfe vor, wird jedoch eine Beteiligung an einer gemeinschaftlichen auf Erregung der öffentlichen Meinung gerichten Unternehmung oder eine mit ausländischen Bestrebungen übereinstimmende einzelne oder gemeinschaftliche Tätigkeit festgestellt, so ist der Strafrahmen der Ziffer 4 des Art. 55 anzuwenden.

Art. 142[330]) Jeder Portugiese oder jeder in Portugal ansässige Ausländer, der eine Handlung verübt, wissend[331]), daß diese Handlung eine ausländische Macht bestimmen kann, für den portugiesischen Staat schädliche Maßnahmen zu ergreifen, oder der bewußt[332]) eine ausländische Macht oder deren Mittelsmänner bei der Ausführung solcher Maßnahmen unterstützt oder der sich zu diesen Zwecken mittelbar oder unmittelbar mit ihr oder ihren Mittelsmännern verständigt[333]) oder der sonst irgendwelche Mittel zu solchen Zwecken anwendet, wird zu der Strafe der Ziffer 1 des Art. 55 verurteilt.

Einziger § Liegen mildernde Umstände von außergewöhnlicher Erheblichkeit vor, so kann dieser Strafrahmen durch eine der anderen festen Strafen des Art. 55[334]) oder durch den der Ziffer 5 desselben Artikels ersetzt werden.

Art. 143[330]) Jeder Portugiese oder jeder in Portugal ansässige Ausländer, der sich gegen die äußere Sicherheit des Staates verschwört, indem er mit einer oder mit mehreren anderen Personen vereinbart[335]), eines der in den Artikels 141 und 142 bezeichneten Verbrechen zu begehen, wird, wenn der Verschwörung eine die Ausführung vorbereitende Handlung folgt, zu der Strafe der Ziffer 4 des Art. 55 ver-

---

[327]) „inteligências“.

[328]) „agentes“; hier im allgemeinen Wortsinne, im Ggs. zu Art. 19 ff. (vgl. die dort. Anm. 35).

[329]) Der einzige § des Art. 141 ist eingefügt durch Decreto 39.998 vom 29. 12. 1954.

[330]) Art. 142 und 143 in der Fassung durch Art. 1 des Decreto-Lei 32.832 vom 7. 6. 1943.

[331]) „com a consciência“.

[332]) „conscientemente“.

[333]) „ter (tiver) entendimentos“.

[334]) Die festen Strafen des Art. 55 sind nach Art. 129 § 2 die der Ziffern 1, 2, 3, 4 und 6 des Art. 55. (Vgl. die dortige Anm. 300.)

[335] „concertar“.

urteilt. Folgt ihr keine die Ausführung vorbereitende Handlung, so wird er zu der Strafe der Ziffer 5 des Art. 55 verurteilt, welche ebenfalls anzuwenden ist, wenn bei Vorliegen einer die Ausführung vorbereitenden Handlung mildernde Umstände von außergewöhnlicher Erheblichkeit vorhanden sind.

Art. 144[336]) Jeder, der, wissend[337]), daß er die Sicherheit des Staates aufs Spiel setzt, irgendwelche militärischen Anlagen, Schiffe, Luftfahrzeuge, irgendwelches von den Streitkräften verwertbares Material oder auch Verkehrsmittel, Werften, Hafenanlagen, Fabriken oder Lagerhäuser zerstört oder beschädigt, wird zu einer der Strafen der Ziffern 1 bis 3 des Art. 55 verurteilt.

Art. 145[336]) Das mit der Strafe der Ziffer 2 des Art. 55 zu bestrafende Verbrechen der Spionage begeht:

1. jeder, der Urkunden, Pläne oder geheime Schriftstücke, die für die Sicherheit des Staates oder die Führung seiner Außenpolitik von Bedeutung sind, in Kenntnis ihres Inhalts[338]) vernichtet, fälscht, entzieht[339]) oder einer nicht dazu befugten Person aushändigt oder zu vernichten, zu fälschen, zu entziehen oder auszuhändigen versucht;
2. jeder, der bestrebt ist, geheime Nachrichten militärischen, diplomatischen oder wirtschaftlichen Charakters mit Bezug auf die Sicherheit des Staates oder die Führung seiner Außenpolitik zu erhalten, um sie vorsätzlich[340]) zu enthüllen oder die Kenntnis von ihnen zu erleichtern.

§ 1 Jeder Portugiese oder in Portugal ansässige Ausländer, der eine Person, die er als Spion kennt, bei sich aufnimmt oder aufnehmen läßt, wird zu der Strafe der Ziffer 3 des Art. 55 verurteilt.

§ 2 Jede im portugiesischen Staatsgebiet ansässige Person, welche mit Untertanen einer anderen Macht oder mit einer im Auslande ansässigen Person einen durch Gesetz oder von der Regierung verbotenen Briefwechsel führt, wird zu einfachem Gefängnis verurteilt.

Hat der Briefwechsel einen Inhalt, der die Unabhängigkeit, die Sicherheit, das Vertrauen[341]) in den portugiesischen Staat und das Ansehen[342]) des portugiesischen Staates gefährden kann, so ist der

---

336) Art. 144 und 145 in der Fassung durch Art. 1 des Decreto-Lei 32.832 vom 7. 6. 1943.

337) „sabendo".

338) „cientemente".

339) „subtrair" (vgl. Anm. 718 bei Art. 421).

340) „dolosamente".

341) „crédito"; wegen des folgenden „prestígio" wohl als wirtschaftliches Vertrauen zu interpretieren.

342) „prestígio".

Strafrahmen der Ziffer 5 des Art. 55 anzuwenden, wenn die Tat nicht ein schwereres Verbrechen bildet.

Art. 146 Jeder Portugiese, der ohne Erlaubnis der Regierung zu einer feindlichen Nation übergeht, indem er entweder das portugiesische Staatsgebiet oder zu diesem Zwecke willentlich[343]) ausländisches Staatsgebiet verläßt, ohne jedoch in irgendeiner Weise den Feind im Kriege gegen sein Vaterland zu unterstützen oder eine Unterstützung zu versuchen, wird zu Gefängnis von einem bis zu zwei Jahren und Geldstrafe von einem Monat bis zu einem Jahr verurteilt.

Einziger § Der Versuch dieses Verbrechens wird, wenn der Verbrecher sich auf portugiesisches Gebiet befindet, nach den allgemeinen Vorschriften bestraft.

Art. 147 Jeder Portugiese, der, wenn er vor einer Kriegserklärung mit oder ohne Erlaubnis der Regierung in den Diensten der betreffenden feindlichen Nation stand, nach der Kriegserklärung in den Diensten derselben Nation verbleibt, wird zu Gefängnis und entsprechender Geldstrafe verurteilt.

Art. 148[344]) Jeder Portugiese oder jeder in Portugal ansässige Ausländer, der durch nicht von der Regierung genehmigte Handlungen bewußt[345]) den Staat einer Kriegserklärung oder die Portugiesen Vergeltungsmaßnahmen seitens einer ausländischen Macht aussetzt, wird zu der Strafe der Ziffer 1 des Art. 55 verurteilt.

§ 1 Liegen mildernde Umstände von außergewöhnlicher Erheblichkeit vor, so kann die Strafe durch eine der anderen festen Strafen des Art. 55[346]) oder durch die Strafe der Ziffer 5 desselben Artikels ersetzt werden.

§ 2 Ziehen die gegen den ausländischen Staat verübten von der Regierung nicht genehmigten Handlungen keine Kriegsgefahr oder keine Vergeltungsmaßnahmen nach sich, sind sie jedoch geeignet, die internationalen Beziehungen des portugiesischen Staates zu stören, so ist je nach der Sachlage eine der im vorhergehenden Paragraphen bezeichneten Strafen zu verhängen.

§ 3 Zu den Strafen dieses Artikels und seines § 1 wird jeder Portugiese oder in Portugal ansässige Ausländer verurteilt, der mit einer fremden Macht oder deren Mittelsmännern Absprachen trifft mit dem Ziel, auf irgendeine Weise den portugiesischen Staat zu einer Kriegserklärung oder zur Bewahrung der Neutralität zu verleiten oder zu zwingen.

---

[343]) „voluntàriamente“; (vgl. dazu Anm. 4 bei Art. 1).

[344]) Art. 149 in der Fassung durch Art. 1 des D.-L. 32.832 vom 7. 6. 1943.

[345]) „conscientemente“.

[346]) s. Anm. 334 bei Art. 142.

§ 4 Der Portugiese oder in Portugal ansässige Ausländer, der Geschenke annimmt oder sich versprechen läßt, um eine unberechtigte, mittelbare oder unmittelbare ausländische Einmischung in die portugiesische Politik zu erleichtern, oder um eine der Sicherheit oder dem guten Ruf des Staates schädliche Handlung zu begehen, wird mit der Strafe der Ziffer 5 des Art. 55 bestraft, wenn nicht eine schwerere Strafe anwendbar ist.

Zu der gleichen Strafe wird der Ausländer verurteilt, der die portugiesischen Bürger besticht[347]) oder zu bestechen versucht.

Art. 149[348]) Jede Person, die innerhalb des portugiesischen Staatsgebietes, und jeder Portugiese, der im Auslande Behauptungen, von denen er weiß, daß sie falsch oder grob entstellt sind und daß sie den guten Ruf Portugals oder das Vertrauen[349]) in den portugiesischen Staat oder das Ansehen des portugiesischen Staates im Auslande gefährden, öffentlich aufstellt oder wiedergibt oder auf irgendeine Weise verbreitet oder zu verbreiten versucht, wird zu der Strafe der Ziffer 5 des Art. 55 verurteilt.

Art. 150[348]) Die Ausländer, die im Dienste Portugals stehen, werden, wenn sie eines der in den vorhergehenden Artikeln genannten Verbrechen begehen, mit denselben Strafen wie die portugiesischen Bürger belegt.

Unbeschadet der Bestimmungen des Völkerrechts über die diplomatischen Vertreter, werden Ausländer, die nicht in portugiesischen Diensten stehen und eine der in diesem Kapitel unter Strafe gestellten Taten begehen, unabhängig von ihrer Staatsangehörigkeit, mit der in der Reihenfolge der Strafrahmen unmittelbar nachfolgenden Strafe bestraft, wenn die nach den jeweiligen Bestimmungen anzuwendende Strafe eine der festen höheren Strafen ist, und mit derselben, jedoch gemilderten Strafe, wenn eine andere Strafart anzuwenden ist.

Die in den Bestimmungen der vorhergehenden Artikel vorgesehenen Strafen werden verschärft, indem die in der Reihenfolge der Strafen jeweils unmittelbar vorhergehenden Strafrahmen angewendet werden können, wenn die Verbrechen von portugiesischen Bürgern begangen werden, welche sie auf Grund ihres Amtes leichter begehen können oder die besondere Verpflichtung haben, sie nicht zu begehen.

§ 1 Werden die in den vorhergehenden Artikeln vorgesehenen

---

347) „corromper".

348) Art. 149 und Art. 150 in der Fassung durch Art. 1 des D.-L. 32.832 vom 7. 6. 1943.

349) „crédito"; gedacht ist wohl an das Vertrauen in die port. Wirtschaft (vgl. Anm. 341 bei Art. 145).

Verbrechen lediglich fahrlässig[350]) begangen, so ist der anzuwendende Strafrahmen der des einfachen Gefängnisses.

§ 2[351]) Sind im Falle des zweiten Teiles des Rumpfes des Artikels die Gesetzesbrecher ohne Beachtung der gesetzlichen Förmlichkeiten auf portugiesisches Staatsgebiet gelangt, so werden sie mit derselben Strafe wie die portugiesischen Bürger bestraft.

Art. 151[352]) Zu einer Verurteilung wegen eines der in diesem Kapitel vorgesehenen Verbrechen treten die folgenden zusätzlichen Strafen:

1. Zu Bestrafungen mit schwerem oder einfachem Gefängnis treten Geldstrafen entsprechender Länge.
2. Ist der Verbrecher Portugiese, so folgt der Verurteilung zu einer höheren Strafe immer die feste Strafe der Aufhebung seiner staatsbürgerlichen Rechte und der Verurteilung zu einer anderen Strafe die der zeitweiligen Aufhebung seiner staatsbürgerlichen Rechte.
   Ist der Verbrecher Ausländer, so folgt der Vollstreckung der Strafe immer die Ausweisung aus dem Staatsgebiet auf unbestimmte Zeit[353]) [354]).

---

[350]) „com mera negligência"; (vgl. Anm. 7 bei Art. 2).

[351]) § 2 des Art. 150 eingefügt durch D.-L. 39.998 vom 29. 12. 1954.

[352]) Art. 151 in der Fassung durch Art. 1 des D.-L. 32.832 vom 7. 6. 1943.

[353]) Entgegen Art. 129 Ziffer 7 besteht die Ausweisung von Ausländern aus dem portugiesischen Staatsgebiet zwar nicht als Strafmaßnahme, wohl aber als Verwaltungsmaßnahme fort. (Art. 4 des Decreto-Lei 36.387 vom 1. 7. 1947.)

[354]) Das D.-L. 32.832 vom 7. 6. 1943 fügt diesem Kapitel in seinen Artikeln 2 und 3 die folgenden Bestimmungen hinzu:

„Art. 2 Jeder, der im Lande unerlaubter Weise Handlungen zu Gunsten eines ausländischen Staates oder seiner Mittelsmänner vornimmt, die, wie er weiß, ausschließlich portugiesischen Behörden vorbehalten sind, wird zu der Strafe der Ziffer 5 des Art. 55 verurteilt.

§ 1 Der gleichen Strafe unterliegt jeder, der innerhalb des Staatsgebietes Handlungen vornimmt, die der unerlaubten Auslieferung einer inländischen oder ausländischen Person an einen ausländischen Staat, seine Mittelmänner oder eine in jenem Staat bestehende öffentliche oder private Körperschaft dienen, wenn er zu diesem Zwecke Gewalt oder Täuschung anwendet, wenn das Verbrechen nicht eine Tat darstellt, auf die eine schwerere Strafe anzuwenden ist.

§ 2 Für die in diesem Artikel und seinem § 1 vorgesehenen Fälle gilt die Bestimmung des einzigen § des Art. 150.

Art. 3 Jedem Portugiesen, der eines vorsätzlichen Verbrechens des ersten Kapitels des zweiten Titels des zweiten Buches des Código Penal oder des Art. 2 des vorliegenden Decreto schuldig ist, kann die portugiesische Staatsangehörigkeit auf Beschluß des Ministerrats entzogen werden."

Zum Begriff „vorsätzlich" („doloso") vgl. Anm. 10 bei Art. 3.

2. Kapitel

VERBRECHEN GEGEN DIE BELANGE DES STAATES IM VERHÄLTNIS ZU AUSLÄNDISCHEN NATIONEN

Art. 152 Wer in Ausübung seiner amtlichen Aufgaben in Hinsicht auf Beziehungen zu einer ausländischen Macht seine Befugnisse mißbraucht, indem er die Würde, den Glauben oder die Belange der portugiesischen Nation verletzt[355]) oder Anlaß zu ihrer Verletzung gibt oder indem er im Namen der Regierung oder der Nation irgendwelche Verpflichtungen übernimmt, zu denen er nicht ordnungsgemäß ermächtigt wurde, wird zu der Strafe von zwei bis zu acht Jahren schweren Gefängnisses verurteilt.

Art. 153 Jeder Portugiese, der einer befreundeten oder neutralen ausländischen Macht Staatsgeheimnisse über eine Verhandlung oder einen Feldzug mitteilt oder der ihr Pläne über die Verteidigungsmittel des Staates übergibt, wird, wenn er auf Grund seines Amtes amtlich in diese Geheimnisse eingeweiht worden ist oder wenn er mit der Verwahrung dieser Pläne betraut worden ist oder wenn er sie durch Anwendung unerlaubter Mittel erhalten hat, mit der Strafe von zwei bis zu acht Jahren schweren Gefängnisses und je nach seinem Einkommen mit einer Geldstrafe von einem bis zu drei Jahren bestraft.

Art. 154 Zu Gefängnis und entsprechender Geldstrafe wird verurteilt:

1. wer Grenzsteine, Grenzpfähle oder andere Zeichen, welche portugiesisches Staatsgebiet angeben, böswillig[356]) herausreißt oder auf andere Weise unterdrückt;
2. wer als Portugiese und unter Verletzung der Gesetze, Verordnungen und Ausführungsbestimmungen zu Kriegszeiten in ein befreundetes oder neutrales fremdes Land überwechselt, wobei die Strafe ein Jahr nicht übersteigen darf. Geschieht dies nicht in Kriegszeiten, so ist die Strafe eine Geldstrafe bis zu sechs Monaten.

Einziger § Die Bestimmung der Ziffer 2 dieses Artikels ist lediglich in dem Falle anwendbar, daß nicht nach besonderer Vorschrift eine schwerere Strafe Anwendung findet.

Art. 155 Jeder Portugiese, der im Auslande ohne Erlaubnis der Regierung eine fremde Staatsangehörigkeit annimmt oder eine Auszeichnung oder ein Amt einer fremden Macht entgegennimmt, wird zu der festen Strafe der Aufhebung seiner staatsbürgerlichen Rechte für zwanzig Jahre verurteilt.

---

[355]) „ofender". (Vgl. Anm. 325, 303 und 308).

[356]) „maliciòsamente".

§ 1 Wer ohne Erlaubnis der Regierung auf einem ausländischen Kriegs- oder Handelsschiff Dienste nimmt, wird außer der erwähnten Strafe zu Gefängnis verurteilt.

§ 2 Wer sich nicht im portugiesischen Staatsgebiet befindet und auf einem ausländischen Handelsschiff Dienste nimmt, nachdem er der betreffenden konsularischen Vertretung Portugals davon Mitteilung gemacht hat, fällt nicht unter die Bestimmung des vorhergehenden Paragraphen, wenn er seinen Dienst nicht ohne Erlaubnis der portugiesischen Regierung fortsetzt, nachdem es ihm möglich geworden ist, diese zu erhalten.

Art. 156 Jeder, der ohne Erlaubnis der Regierung Personen zum Dienst in einem ausländischen Heer oder einer ausländischen Seemacht wirbt oder werben läßt, verpflichtet oder verpflichten läßt oder der Waffen, Wasserfahrzeuge oder Munition zu demselben Zweck zu erwerben sucht, wird zu der höchstmöglichen Gefängnisstrafe und zu der höchstmöglichen Geldstrafe verurteilt.

Einziger § Ist der Verbrecher Ausländer, so wird er zu Gefängnis bis zu sechs Monaten verurteilt.

Art. 157 Zu Entlassung aus dem Amte oder zu Amtsenthebung, je nach den Umständen, und zu Gefängnis und Geldstrafe bis zu sechs Monaten wird jeder Angehörige des diplomatischen Dienstes verurteilt, der es an dem Schutze fehlen läßt, der nach den Gesetzen in dem Lande, in dem er seinen Dienst tut, jedem Portugiesen gewährt werden muß.

Art. 158 Die Verbrechen der gesetzwidrigen Fortführung der dienstlichen Befugnisse oder der Aufgabe des Dienstes unter der Weigerung, die jeweiligen Aufgaben fortzuführen, werden, wenn sie von einem Angehörigen des diplomatischen Dienstes begangen werden, neben den allgemeinen Strafen für derartige Verbrechen mit der festen Strafe der Aufhebung der staatsbürgerlichen Rechte für zwanzig Jahre bestraft.

Art. 159 Wer durch irgendeine Tat eine Beleidigung[357]) gegen ein in Portugal ansässiges Mitglied eines ausländischen Königshauses oder gegen die Person eines ausländischen Diplomaten oder seiner Familie begeht, oder deren Hausfrieden oder die Rechte, die jene nach dem Völkerrecht genießen, verletzt[358]) oder die Schutzwache einer Sache oder einer Person oder die Sicherheit von Geiseln oder eines Parlamentsmitgliedes oder einer Person, die freies Geleit

---

[357]) „ofensa". (Vgl. Anm. 303 und 308.)

[358]) „ofender"; die verschiedene Übersetzung erklärt sich aus dem Sinne von „ofender" = verletzen der moralischen oder physischen Integrität einer Person, welches im Deutschen jeweils durch verschiedene Ausdrücke wiedergegeben werden muß. (Vgl. Anm. 303 und 308.)

genießt, angreift[358]), wird zu dem Höchstmaß der Strafe, welche dem Verbrechen, das er begeht, entspricht, verurteilt.

Art. 160 Wer öffentlich mit Worten oder einer schriftlichen oder zeichnerischen Veröffentlichung oder durch sonst ein Veröffentlichungsmittel einen ausländischen regierenden Fürsten oder ein ausländisches Staatsoberhaupt beleidigt[358]), wird zu Gefängnis bis zu sechs Monaten und Geldstrafe bis zu einem Monat verurteilt.

Art. 161 Jeder Portugiese, der mit Erlaubnis der portugiesischen Regierung ein ausländisches bewaffnetes Schiff befehligt und zu Friedenszeiten Feindseligkeiten gegen ein portugiesisches Schiff begeht, wird zu der Strafe des schweren Gefängnisses von zwei bis zu acht Jahren verurteilt.

Einziger § Befehligt er das Schiff ohne Erlaubnis der portugiesischen Regierung und begeht er die genannten Feindseligkeiten, so wird er zu der Strafe des schweren Gefängnisses von 12 bis zu 16 Jahren und zu der höchstmöglichen Geldstrafe verurteilt, es sei denn, daß er durch diese Feindseligkeiten ein Verbrechen begeht, welches eine schwerere Strafe verdient.

Art. 162 Jeder, der das Verbrechen der Freibeuterei begeht, indem er ein bewaffnetes Schiff befehligt und ohne Auftrag eines regierenden Fürsten oder souveränen Staates das Meer befährt, um Raub oder andere Gewalttaten auszuüben, wird zu der Strafe des schweren Gefängnisses von 16 bis zu 20 Jahren und zu der höchstmöglichen Geldstrafe verurteilt.

§ 1 Haben diese Gewalttaten den Tod einer Person zur Folge, so ist der Strafrahmen der des schweren Gefängnisses von 20 bis zu 24 Jahren.

§ 2 Die Personen, die in Kenntnis[359]) des Verbrechens die Besatzung bilden, werden zu der Strafe des schweren Gefängnisses von 16 bis zu 20 Jahren verurteilt.

§ 3 In allen Fällen, in denen Sondergesetze eine Tat als Verbrechen der Freibeuterei ansehen, gelten deren Bestimmungen.

---

[359]) „com conhecimento“.

3. Kapitel[360])

VERBRECHEN GEGEN DIE INNERE SICHERHEIT DES STAATES

1. Abschnitt

Anschläge[361]) *und Beleidigungen*[362]) *gegen das Staatsoberhaupt und die Regierung*

Art. 163 Ein Anschlag auf das Leben des Staatsoberhauptes wird mit der entsprechend den Bestimmungen des Art. 91 verschärften Strafe der Ziffer 1 des Art. 55 bestraft.

§ 1 Der Anschlag besteht in der Ausführung oder im Versuch.

§ 2 Wer den Entschluß faßt, das in diesem Artikel vorgesehene Verbrechen zu begehen, wird, wenn er eine die Ausführung vorbereitende Handlung verübt, zu der Strafe der Ziffer 5 des Art. 55 verurteilt.

§ 3 Treffen zwei oder mehr Personen untereinander Absprachen und beschließen sie, das angeführte Verbrechen zu begehen, so werden sie, wenn dieser Verschwörung eine Vorbereitungshandlung folgt, zu der Strafe der Ziffer 4 des Art. 55, und wenn keine Vorbereitungshandlung vorliegt, zu der Strafe der Ziffer 5 des Art. 55 verurteilt.

Art. 164 Ein Anschlag gegen das Leben des Präsidenten des Ministerrates, des Präsidenten der Nationalversammlung, des Präsidenten der Korporativen Kammer oder der Minister wird mit der Strafe der Ziffer 1 des Art. 55 bestraft.

Einziger § Auf das in diesem Artikel vorgesehene Verbrechen sind die Bestimmungen der §§ 1, 2 und 3 des vorhergehenden Artikels anzuwenden.

Art. 165 Jede körperliche Verletzung[363]) des Staatsoberhauptes oder jeder Anschlag gegen seine Freiheit wird mit der Strafe der Ziffer 3 des Art. 55 bestraft.

§ 1 Wird diese Verletzung an den im Art. 164 angegebenen Personen begangen, so ist der Strafrahmen der der Ziffer 4 des Art. 55.

§ 2 Gewaltsames Eindringen in die Wohnung der in diesem Artikel und seinem § 1 angeführten Personen wird mit der Strafe der Ziffer 5 des Art. 55 bestraft.

---

[360]) Die Artikel 163 bis 176 dieses Kapitels in der Fassung durch Art. 1 des Decreto-Lei 35.015 vom 15. 10. 1945.

[361]) „atentados“.

[362]) „ofensas“; i. S. der verbalen und der tätlichen Beleidigung (vgl. Anm. 303 und 308).

[363]) „ofensa corporal“.

Art. 166 Die Beleidigung[364]) oder Verletzung der Ehre[365]) und gebührenden Hochachtung des Staatsoberhauptes wird mit Gefängnis von sechs Monaten bis zu drei Jahren und entsprechender Geldstrafe bestraft.

§ 1 Wird die Beleidigung[366]) öffentlich mit lauter Stimme oder durch eine schriftliche oder zeichnerische Veröffentlichung oder durch sonst ein Veröffentlichungsmittel begangen, so ist die Strafe die gleiche, jedoch niemals unter einem Jahr.

§ 2 Die in diesem Artikel bezeichneten Verbrechen werden, wenn sie gegen die anderen, in dem vorhergehenden Artikel bezeichneten Personen begangen werden, in dem im Rumpfe des Artikels vorgesehenen Falle mit Gefängnis von drei Monaten bis zu einem Jahr und in dem im § 1 vorgesehenen Falle mit Gefängnis von sechs Monaten bis zu zwei Jahren bestraft.

2. Abschnitt

Verbrechen gegen den inneren Aufbau[367]) des Staates

Art. 167 Wer auf eine von der Verfassung nicht gebilligte Weise die Verfassung des Staates zu ändern oder die Regierungsform zu beseitigen oder zu ändern versucht, wird mit der Strafe der Ziffer 4 des Art. 55 bestraft.

Einziger § Derselben Strafe unterliegt, wer die freie Ausübung der verfassungsmäßigen Befugnisse des Staatsoberhauptes, der Regierung oder der Nationalversammlung zu behindern versucht.

Art. 168 Die in dem vorhergehenden Artikel vorgesehenen Verbrechen werden, wenn sie mittels bewaffneten Aufstandes[368]), Unruhen[369]) oder Erhebungen[370]) begangen werden, mit der Strafe der Ziffer 3 des Art. 55 bestraft.

§ 1 Derselbe Strafrahmen ist anzuwenden auf Personen, die die Einwohner des portugiesischen Staatsgebietes oder Militärpersonen in portugiesischen Diensten zum Bürgerkriege oder zu einer Erhebung gegen die Amtsgewalt des Staatsoberhauptes oder gegen die freie Betätigung der verfassungsmäßigen Befugnisse der Regierung oder der Nationalversammlung aufwiegeln.

§ 2 Der unmittelbar nachfolgende Strafrahmen kann angewendet werden bei Personen, die den Aufstand nicht gelenkt haben[371])

---

[364]) „injúria" (vgl. Anm. 304).
[365]) „ofensa à honra" (vgl. Anm. 303).
[366]) „ofensa".
[367]) „organização".
[368]) „rebelião".
[369]) „motim".
[370]) „levantamento".
[371]) „que não sejam organisadores da rebelião".

und auch bei Unruhen, bei einer Erhebung oder bei einem Truppenteil[372]) oder in einem bewaffneten Haufen[373]) keine leitende Stellung oder keine Befehlsstellung innegehabt haben[374]).

Art. 169 Einem Aufstande stehen gleich und nach den Bestimmungen des Art. 169 werden bestraft:

1. Zerstörungen oder Anschläge gegen Verkehrsmittel oder Verkehrswege, Einrichtungen des öffentlichen Dienstes oder der Befriedigung der notwendigen Bedürfnisse der Bevölkerung dienenden Versorgungsbetriebe, wenn sie mit dem Ziel vorgenommen werden, die Sicherheit des Staates zu beeinträchtigen;
2. der Gebrauch von Sprengkörpern oder anderen ähnlichen Geräten, wenn sie mit dem Ziel verwandt werden, die Öffentlichkeit einzuschüchtern, soweit dies nicht ein schwereres Verbrechen darstellt.

Einziger § Die Einfuhr, Herstellung, Verwahrung, der Kauf, Verkauf oder sonst irgendeine Übertragung und die Beförderung, der Besitz, Gebrauch und das Tragen von verbotenen Waffen, von Sprengstoffen oder Sprengkörpern ohne die gesetzlichen Zulässigkeitsvoraussetzungen oder entgegen den Vorschriften der zuständigen Behörden werden, wenn die Täter sie für die Verübung eines Verbrechens gegen die äußere oder die innere Sicherheit des Staates bestimmt haben oder von dieser Zweckbestimmung hätten Kenntnis haben müssen, mit der Strafe des Art. 167 und in den übrigen Fällen mit einer Gefängnisstrafe von drei Monaten bis zu zwei Jahren und entsprechender Geldstrafe bestraft.

Art. 170 Die Schließung von Handelsunternehmen oder gewerblichen Betrieben und die Aufhebung[375]) oder die Einstellung[376]) der Arbeit in einer Dienststelle des Staates, in Konzessionsbetrieben[377]) oder sonst einem Betriebe des öffentlichen Interesses sowie jeglicher sonstiger wirtschaftlicher Tätigkeit wird, wenn sie ohne rechtmäßigen Grund erfolgt, mit Gefängnis bestraft.

§ 1 Wer zu der Schließung der Betriebe, Einstellung oder Aufhebung der Arbeit auffordert, sie fördert oder lenkt, wird mit der Strafe des schweren Gefängnisses von zwei bis zu acht Jahren bestraft.

§ 2[378]) Der Versuch und der Fehlschlag sind immer strafbar; Vorbereitungshandlungen stehen dem Versuch gleich.

§ 3[378]) Gegen die wegen der in diesem Artikel vorgesehenen

---

[372]) „corpo".

[373]) „partida organizada".

[374]) „tenham exercido algum comando ou direcção".

[375]) „suspensão".

[376]) „cessação".

[377]) „serviços concessionários".

[378]) § 2 und § 3 des Art. 170 eingefügt durch Art. 1 des Decreto-Lei 41.736 vom 17. 7. 1958.

Gesetzesverletzungen Verurteilten wird die Maßnahme des Verbotes der Berufsausübung im Rahmen des § 5 des Art. 70 angeordnet.

Art. 171 Wer einen anderen anstiftet oder auffordert, ein Verbrechen gegen die äußere oder die innere Sicherheit des Staates zu begehen, welches mit einer festen höheren Strafe[379]) bedroht ist, wird, wenn die Anstiftung oder die Aufforderung erfolglos bleibt, zu einer Gefängnisstrafe von einem bis zu drei Jahren und zu entsprechender Geldstrafe oder, wenn das Verbrechen, welches Gegenstand der Aufforderung oder Anstiftung war, mit einer veränderlichen höheren Strafe[380]) oder mit Besserungsstrafe bedroht ist, zu Gefängnis und Geldstrafe verurteilt.

§ 1 Die allgemeine Anstiftung oder Aufforderung zu einem der erwähnten Verbrechen, welche durch öffentlich mit lauter Stimme vorgetragene Reden oder Worte oder durch eine irgendwie veröffentlichte Schrift oder durch sonst ein Veröffentlichungsmittel begangen wird, ist, wenn die Anstiftung oder Aufforderung erfolglos bleibt, mit der Strafe des schweren Gefängnisses von zwei bis zu acht Jahren zu bestrafen, wenn nicht auf das Verbrechen, welches den Gegenstand der Anstiftung oder der Aufforderung bildet, vom Gesetz eine mildere Strafe angedroht wird, da dann diese anzuwenden ist.

§ 2 Hat die Anstiftung oder die Aufforderung Erfolg, so ist der Anstifter als Täter zu bestrafen.

§ 3 Die Verteidigung eines Verbrechens gegen die äußere oder die innere Sicherheit des Staates wird je nach der Lage des Falles mit den Strafen des Rumpfes dieses Artikels oder seines § 1 bestraft.

Art. 172 Die Vorbereitungshandlungen zu den mit einer festen höheren Strafe zu ahndenden Verbrechen gegen die äußere oder gegen die innere Sicherheit des Staates werden, wenn nicht eine schwerere Strafe zutrifft, mit schwerem Gefängnis von zwei bis zu acht Jahren bestraft.

Art. 173 Eine Verschwörung[381]) mit dem Ziel der Verübung der im vorhergehenden Artikel angegebenen Verbrechen wird, wenn nicht gesetzlich eine schwerere Strafe angeordnet ist, mit der Strafe der Ziffer 5 des Art. 55, sofern ihr eine weitere Vorbereitungshandlung folgt, oder, wenn ihr keine weitere Vorbereitungshandlung folgt, mit Gefängnis von einem bis zu drei Jahren und entsprechender Geldstrafe bestraft.

§ 1 Nimmt die Verschwörung die Form einer unerlaubten Ver-

---

379) Die Strafrahmen der Ziffern 1, 2, 3, 4 und 6 des Art. 55; (vgl. Art. 129 § 2 und die dortige Anm. 300).

380) Der Strafrahmen der Ziffer 5 des Art. 55; s. die vorige Anmerkung.

381) „conjuração ou conspiração"; die Begriffe sind sachlich gleichbedeutend.

einigung oder einer Geheimorganisation an mit dem Ziel der Ausführung eines dieser Verbrechen oder der Aufreizung dazu, so ist, unabhängig von der Verübung einer weiteren Vorbereitungshandlung, der Strafrahmen der Ziffer 5 des Art. 55 anzuwenden; die Leiter[382]) und die Urheber[383]) der Vereinigung werden mit der Strafe der Ziffer 4 des Art. 55 bestraft.

§ 2 Besitzen oder gebrauchen die Vereinigung oder ihre Mitglieder Waffen zur Erleichterung ihrer verbrecherischen Pläne, so sind die Strafen immer zu verschärfen.

Art. 174 Die Anstiftung oder die Aufforderung zum gemeinschaftlichen Ungehorsam gegenüber den Gesetzen der öffentlichen Ordnung oder gegenüber der Erfüllung der öffentlichen Ämtern innewohnenden Pflichten oder der Versuch, in irgendeiner Weise die öffentliche Ruhe und Ordnung zu stören, wird, wenn nicht eine schwerere Strafe zutrifft, mit Gefängnis bis zu sechs Monaten und entsprechender Geldstrafe geahndet.

Einziger § Nach den Bestimmungen dieses Artikels werden bestraft:

1. diejenigen, die schriftlich oder in der Öffentlichkeit falsche oder einseitige Nachrichten verbreiten, welche Erregung oder Unruhe in der Öffentlichkeit zu verursachen geeignet sind;
2. diejenigen, die Schriftstücke, welche zu demselben Ergebnis führen, verteilen oder zu verteilen versuchen;
3. diejenigen, die innerhalb der bewaffneten Macht oder zwischen dieser und den Einrichtungen des zivilen Lebens Spannungen hervorzurufen versuchen;
4. diejenigen, die zum mit Gewalt oder Haß geführten politischen Kampf hetzen.

Art. 175[384]) Eine Verurteilung wegen eines Verbrechens gegen die äußere oder gegen die innere Sicherheit des Staates zieht, je nach dem, ob eine höhere Strafe oder eine Besserungsstrafe verhängt worden ist, die feste oder zeitige Strafe der Aufhebung aller staatsbürgerlichen Rechte nach sich.

§ 1 Wer zu einer höheren Strafe verurteilt worden ist oder wer in einem vorsätzlichen[385]) Verbrechen rückfällig wird, gegen den verhängen die für die Aburteilung der betreffenden Verbrechen zuständigen Gerichte einzeln oder nebeneinander die folgenden Sicherungsmaßnahmen:

---

[382]) „dirigentes".

[383]) „promotores".

[384]) Fassung des Art. 175 durch Decreto-Lei 36.387 vom 1. 7. 1947.

[385]) „crime doloso".

1. Bürgschaft für gute Führung;
2. Freiheit unter Aufsicht.

§ 2 Wer sonst wegen eines Verbrechens gegen die äußere oder die innere Sicherheit des Staates verurteilt wird, kann denselben Sicherungsmaßnahmen unterworfen werden, wenn die Verübung weiterer Gesetzesverletzungen zu befürchten ist.

§ 3 Wer als Terrorist verurteilt wird, wird der gesetzlichen Regelung für schwer besserbare Täter unterworfen.

Terrorist ist, wer eines der Verbrechen der Ziffern 1 und 2 und des ersten Teils des einzigen Paragraphen des Artikels 169 begeht oder unter Verwendung von Sprengkörpern oder ähnlichen Geräten irgendeines der in diesem Kapitel vorgesehenen, mit höherer Strafe zu ahndenden Verbrechen begeht oder zu begehen versucht.

Art. 176 Die im § 2 des Art. 168 erwähnten Personen, die freiwillig vor oder unmittelbar nach einer Warnung durch die Behörde den Truppenteil oder den bewaffneten Haufen verlassen oder die Beteiligung an den Unruhen oder der Erhebung aufgeben, bleiben straffrei; sie können jedoch den im § 1 des vorhergehenden Artikels vorgesehenen Sicherungsmaßnahmen unterworfen werden.

§ 1 Bei den Personen, die eine leitende Stellung oder eine Befehlsstellung innegehabt haben[386]), wird unter denselben Umständen die im Art. 168 vorgesehene Strafe durch Gefängnis ersetzt.

§ 2 Alle Mitschuldigen einer Verschwörung[387]) oder unerlaubten Vereinigung, wie sie im Art. 173 und seinen Paragraphen vorgesehen sind, die von dieser und ihren näheren Umständen den Behörden Mittteilung machen, indem sie die Täter und die Gehilfen, von denen sie Kenntnis haben, aufdecken, bevor diese von anderen entdeckt worden sind oder bevor das gerichtliche Verfahren begonnen hat, bleiben straffrei.

§ 3 Ebenso bleibt straffrei, wer sich zur Ausführung eines der im ersten Abschnitt dieses Kapitels vorgesehenen Verbrechen verschworen hat, wenn er unter den im vorhergehenden Paragraphen angegebenen Umständen die Verschwörung frühzeitig genug anzeigt, um die Verübung des Verbrechens zu verhindern.

---

[386]) „função de comando ou direcção".
[387]) „conjuração".

3. Titel

Verbrechen gegen die öffentliche Ruhe und Ordnung[388])

1. Kapitel

VERBRECHERISCHE VERSAMMLUNGEN[389]), AUFRUHR[390]) UND LANDFRIEDENSBRUCH[391])

1. Abschnitt

Allgemeine Bestimmung

Art. 177 Erfolgt eine Zusammenkunft oder eine Versammlung der Bevölkerung unter Verstoß gegen die gesetzlichen Voraussetzungen, von denen diese Versammlung abhängt, so wird derjenige, der die Zusammenkunft oder die Versammlung veranstaltet oder einberufen hat[392]), nach den Vorschriften über den Ungehorsam[393]) bestraft.

§ 1 Derselben Verantwortlichkeit unterliegt, wer sich nicht entfernt, nachdem von zuständiger Seite die Auflösung einer einberufenen oder zufällig entstandenen Zusammenkunft angeordnet worden ist; sind dies diejenigen, die die Versammlung einberufen oder veranstaltet haben, so wird ihnen die Strafe für schweren Ungehorsam[394]) auferlegt.

§ 2 Von der jeweiligen strafrechtlichen Verantwortlichkeit bleibt frei, wer die Zusammenkünfte oder Versammlungen weder veranstaltet noch einberufen hat und sich nach der Aufforderung durch die Obrigkeit oder bevor irgendeine Handlung vorgenommen worden ist, freiwillig entfernt.

§ 3 Werden in einer der in diesem Kapitel unter Strafe gestellten Versammlungen oder Zusammenkünfte Handlungen verübt, gegen welche eine schwerere Strafe als die gegen die Zusammenkunft oder die Versammlung selbst angedrohte vorgesehen ist, so werden diejenigen, die die Handlung verüben, nach den allgemeinen Vorschriften über die Häufung von Verbrechen bestraft.

Art. 178 Im allgemeinen gilt als Versammlung unter Waffen[395]) diejenige, bei welcher mehr als zwei Personen sichtbar Waffen tragen. Sind nur eine oder zwei Personen sichtbar bewaffnet, so erfolgt die Strafzumessung bei ihnen, wie wenn die Versammlung unter Waffen

---

388) „crimes contra a ordem e tranquilidade pública".
389) „reuniões criminosas".
390) „sedição".
391) „assuada"; (vgl. Anm. 406).
392) „os promotores ou convocadores".
393) Art. 188.
394) Art. 189.
395) „reunião armada".

gewesen wäre; ebenso wird bei allen Personen verfahren, die mit verborgenen Waffen angetroffen werden, falls sonst keine andere Person bewaffnet ist.

§ 1 Wer bei der Begehung des Verbrechens eine Waffe trägt, wird immer als bewaffnet vermutet; ausgenommen der Fall, daß er beweist, daß er die Waffe entweder zufällig oder zur Verwendung bei den Dingen des täglichen Lebens[396]) und ohne die Absicht[397]), mit ihr Böses zu tun, bei sich hatte.

§ 2 Waffen sind alle Schneid-, Stich- und Stoßwerkzeuge.

§ 3 Diejenigen Gegenstände jedoch, die der Verwendung bei den Dingen des täglichen Lebens dienen, werden als Waffen nur angesehen, wenn sie zum Töten, zum Verletzen oder zum Schlagen gebraucht worden sind.

2. Abschnitt

Aufruhr

Art. 179 Diejenigen, die, ohne einen Anschlag auf die innere Sicherheit des Staates zu verüben, sich unter Unruhe[398]) oder Tumult[399]) oder unter Lärm mit[400]) Gewalt, Drohungen oder Beleidigungen[401]) oder mit dem Versuch, in ein öffentliches Gebäude oder in den Amtssitz eines öffentlichen Beamten einzudringen, zusammenrotten:

1. um die Ausführung eines Gesetzes, einer Verordnung, von Ausführungsbestimmungen oder einer rechtmäßigen Anordnung der Behörden zu verhindern;
2. um eine Körperschaft, welche hoheitliche Gewalt ausübt, einen höheren Beamten[402]), einen Vertreter[403]) der Behörde oder sonst einen öffentlichen Beamten[404]) bei der Ausübung seiner Aufgaben zu nötigen, zu hindern oder zu stören;
3. um sich der Erfüllung einer Verpflichtung zu entziehen;
4. um eine von Haß, Rache oder Verachtung bestimmte Handlung gegen einen öffentlichen Beamten oder ein Mitglied der gesetzgebenden Gewalt auszuführen,

---

396) „para os usos ordinários da vida".
397) „desígnio" (vgl. Anm. 10 bei Art. 3).
398) „em motim".
399) „em tumulto".
400) „empregando ..."
401) „injúrias" (vgl. Anm. 303).
402) „magistrado"; entspricht etwa einem Beamten der höheren Beamtenlaufbahn nach deutschem Beamtenrecht.
403) „agente da autoridade".
404) „funcionário público".

werden zu Gefängnis bis zu einem Jahr verurteilt, wenn es sich nicht um einen bewaffneten Aufruhr handelte.

§ 1 War der Aufruhr bewaffnet, so ist Gefängnisstrafe zu verhängen.

§ 2 Hat es weder Gewalt noch Drohungen noch Beleidigungen noch den Versuch eines Eindringens in öffentliche Gebäude oder in den Amtssitz eines öffentlichen Beamten gegeben, so darf bei Annahme des im Artikel vorgesehenen Falles das Gefängnis sechs Monate und bei Annahme des im vorhergehenden Paragraphen vorgesehenen Falles das Gefängnis ein Jahr nicht überschreiten.

§ 3 Gelingt den Verbrechern die Verwirklichung ihres aufrührerischen Zieles, so werden sie zu schwerem Gefängnis von zwei bis zu acht Jahren verurteilt, wenn es sich dabei nicht um ein Verbrechen handelt, welches mit schwererer Strafe zu ahnden ist.

§ 4 Diejenigen, die zu dem Aufruhr aufhetzen, auffordern oder ihn leiten, werden zu dem Höchstmaß der Strafe verurteilt, die auf Grund der Bestimmungen dieses Artikels und seiner Paragraphen 1 und 2 gegen das Verbrechen zu verhängen ist, und zu zwei bis acht Jahren schweren Gefängnisses in dem im § 3 vorgesehenen Falle.

§ 5 Die Verschwörung[405]) zu einem Aufruhr wird, wenn der Aufruhr nicht stattfindet, mit Gefängnis bis zu drei Monaten und mit entsprechender Geldstrafe geahndet. Hat es einen Aufruhr gegeben, so wird bei den Verbrechern, auf die sich der § 4 dieses Artikels bezieht, die Verschwörung als ein erschwerender Umstand gewertet.

3. Abschnitt

Landfriedensbruch[406])

Art. 180 Diejenigen, die sich öffentlich zusammenrotten, um eine von Haß, Rache oder Verachtung bestimmte Handlung gegen einen Bürger zu verüben oder um die freie Ausübung oder den freien Genuß der persönlichen Rechte zu hindern oder zu stören oder um ein Verbrechen zu begehen, werden, wenn kein Anfang der Ausführung, sondern nur eine Vorbereitungshandlung oder eine öffentliche Unruhe oder ein Tumult, Lärm oder eine sonstige Störung der öffentlichen Ordnung vorliegt, zu Gefängnis bis zu sechs Monaten, wenn die Zusammenrottung unter Waffen geschah, und andernfalls zu Gefängnis bis zu drei Monaten verurteilt.

Einziger § Die Verabredung allein ist nur strafbar, wenn ein Anfang der Zusammenrottung oder sonst eine Vorbereitungshand-

---

405) „conspiração".

406) „assuada" bedeutet zwar philologisch „Auflauf", der Unrechtsgehalt entspricht jedoch dem Landfriedensbruch des § 125 StGB; der eigentliche „Auflauf" des § 116 StGB wird im Portugiesischen C. P. als „Ungehorsam" angesehen und verurteilt (vgl. Art. 177 C. P.).

lung vorliegt. In diesem Falle ist auf sie Gefängnis bis zu drei Monaten zu verhängen.

2. Kapitel

BELEIDIGUNGEN[407]) UND GEWALTTÄTIGKEITEN GEGEN DIE OBRIGKEIT, WIDERSTAND[408]) UND UNGEHORSAM[409])

1. Abschnitt

Beleidigungen gegen die Obrigkeit

Art. 181[410]) Wer unmittelbar durch Worte, Drohungen oder durch sonstige Handlungen, welche die der Obrigkeit[411]) gebührende Hochachtung verletzen, einen Minister oder einen Staatsrat, ein Mitglied der gesetzgebenden Kammern oder der Ausschüsse derselben Kammern, einen richterlichen Beamten, einen höheren Verwaltungsbeamten oder einen Beamten der Staatsanwaltschaft, einen Lehrer oder einen öffentlichen Prüfer, einen Geschworenen oder einen Befehlshaber der Streitkräfte in dessen Gegenwart und bei der Ausübung seines Amtes beleidigt, wird, auch wenn sich die Beleidigung[412]) nicht gegen das Amt richtet oder wenn die Beleidigung[412]) zwar nicht bei der Ausübung des Amtes des Verletzten, aber um seines Amtes willen geschieht, zu Gefängnis bis zu einem Jahr verurteilt. Geschieht dies Verbrechen nicht öffentlich, so darf das Gefängnis sechs Monate nicht übersteigen.

§ 1 Der öffentliche Beamte, der in Ausübung seines Amtes seinen Dienstrangvorgesetzten[413]) durch Worte, Drohungen oder sonst irgendein Verhalten in dessen Gegenwart oder durch ein unmittelbar

---

[407]) „injúrias"; (vgl. Anm. 304 bei Art. 130).

[408]) „resistência".

[409]) „desobediência".

[410]) „Die Beleidigungen, die an die im Art. 181 des Código Penal bezeichneten Behörden in einem Schriftstück wegen ihrer Aufgaben und in ihrer Abwesenheit gerichtet werden, stellen ein Verbrechen nach dieser Bestimmung dar."

Assento des Supremo Tribunal de Justiça vom 7. 3. 1947; Diário do Governo vom 24. 3. 1947.

[411]) „autoridade"; d. h. die in den folgenden Alternativen konkretisierte „Obrigkeit" muß an sich öffentliche Gewalt („autoridade pública") sein; es genügt nicht die Ausübung öffentlicher Aufgaben („funções públicas").

„Die gesetzlich den Organismen, zu denen die Beschwerdeführer gehören, übertragenen öffentlichen Aufgaben sind keine öffentliche Gewalt, welche die selbständige Befugnis zu befehlen und zu entscheiden voraussetzt, so wie das Gesetz sie den politischen Beamten, den richterlichen Beamten und den Verwaltungsbeamten übertragen hat."

(Acordão des Supremo Tribunal de Justiça vom 22. 3. 1932; Faveiro Anm. 1a bei Art. 181).

[412]) „ofensa".

[413]) „superior hierárquico".

an ihn, selbst in Erfüllung dienstlicher Obliegenheiten, gerichtetes Schriftstück, sobald es sich nur auf einen dienstlichen Vorgang bezieht, beleidigt[414]), wird, ob die Beleidigung[415]) öffentlich geschah oder nicht, zu Gefängnis bis zu einem Jahr und zu entsprechender Geldstrafe verurteilt.

§ 2 Die in einer öffentlichen Sitzung einer der gesetzgebenden Kammern gegen eines ihrer Mitglieder oder gegen einen nichtanwesenden Minister des Staates oder gegen die Kammer selbst und ebenso die in öffentlicher Sitzung eines ordentlichen Gerichtes oder eines Verwaltungsgerichtes[416]) oder einer Körperschaft, welche obrigkeitliche Aufgaben ausübt, gegen eines ihrer nicht anwesenden Mitglieder oder gegen das Gericht oder die Körperschaft selbst begangene Beleidigung[415]) wird mit der im § 1 dieses Artikels bezeichneten Strafe bestraft.

Art. 182 Das im vorigen Artikel bezeichnete Verbrechen wird, wenn es gegen einen Vertreter der Behörden oder der Streitkräfte, gegen einen Sachverständigen oder einen Zeugen bei Ausübung der jeweiligen Aufgaben begangen wird, mit Gefängnis bis zu drei Monaten bestraft.

2. Abschnitt

Gewalttätigkeiten gegen die Obrigkeit

Art. 183 Die Körperverletzung[417]), welche gegen eine der in Art. 181 bezeichneten Personen bei Ausübung ihres Amtes oder um des Amtes willen begangen wird, wird mit Gefängnis bis zu einem Jahr und mit entsprechender Geldstrafe geahndet.

§ 1 Besteht der Angriff[418]) in einer Drohung mit einer Waffe oder wird er ausgeübt von mehr als drei Personen[419]) in Bereitschaft, unmittelbar ein Übel zu verursachen[420]), so ist die Strafe Gefängnis und Geldstrafe.

§ 2 Tritt eine der im Art. 360 Ziffer 1, 2, 3 und 4 näher bezeichneten Wirkungen als Folge ein, so ist der Strafrahmen der des schweren Gefängnisses von zwei bis zu acht Jahren.

§ 3 Hat der Angriff eine der in der Ziffer 5 des Art. 360 näher erläuterten Wirkungen oder sonst eine von noch größerer Schwere zur Folge, so ist die auf das begangene Verbrechen angedrohte Strafe

414) „ofender".
415) „ofensa".
416) „tribunal judicial ou administrativo".
417) „ofensa corporal".
418) „ofensa".
419) „reunião de mais de três indivíduos".
420) „em disposição de causar um mal imediato".

so zu bemessen, wie wenn bei dem Verbrechen erschwerende Umstände vorgelegen hätten.

Art. 184 Werden die Körperverletzungen, die der vorhergehende Artikel behandelt, gegen die im Art. 182 bezeichneten Personen verübt, so werden sie mit den Strafen bestraft, die auf Körperverletzungen in der Art. 359 ff. angedroht sind, welche jedoch immer zu verschärfen sind.

Art. 185 Wer gegenüber einem richterlichen Beamten oder einem höheren Verwaltungsbeamten oder einem öffentlichen Lehrer bei Ausübung seiner Aufgaben oder in einer Sitzung einer der gesetzgebenden Kammern, einer Verwaltungskörperschaft oder eines Prüfungsausschusses Widerspruch erhebt oder Lärm schlägt, wird zu Gefängnis bis zu sechs Monaten verurteilt.

§ 1 Wer bei öffentlichen Veranstaltungen, in irgendeiner Anstalt, bei einem Schauspiel, einer Feierlichkeit oder einer öffentlichen Versammlung die Ordnung stört, wird zu Gefängnis bis zu drei Monaten verurteilt.

§ 2 Wer in der Öffentlichkeit Geschrei erhebt, welches die Sicherheit des Staates oder die öffentliche Ruhe und Ordnung in Gefahr bringt[421]), wird zu der im vorhergehenden Paragraphen angedrohten Strafe verurteilt.

§ 3 Wer sich in der Öffentlichkeit in offenkundig betrunkenem Zustande zeigt, wird wegen einer Übertretung[422]) zu einer Geldstrafe bis zu acht Tagen verurteilt.

Der erste Rückfall wird mit Gefängnis von zehn Tagen bestraft; der zweite mit Gefängnis von 15 Tagen; die weiteren mit Gefängnis von einem Monat und mit Geldstrafe.

§ 4 Wer die auf Anordnung der Regierung oder der Gerichts- oder Verwaltungsbehörden an irgendeiner Stelle oder an irgendeinem beweglichen Gegenstand angebrachten Siegel[423]) abbricht[424]) oder zerbricht[425]) oder wer die öffentlichen Bekanntmachungen derselben Behörden abreißt[426]) oder auf sonst irgendeine Weise unbrauchbar macht, wird in den Fällen, in denen das Gesetz nicht eine andere Strafe vorsieht, zu Gefängnis bis zu drei Monaten verurteilt.

§ 5 Wer Siegel, zerbricht oder abbricht, welche auf Anordnung der Regierung oder einer Gerichts- oder Verwaltungsbehörde auf Papieren oder anderen Gegenständen einer Person angebracht wor-

---

421) „gritos subversivos da segurança do Estado, da ordem ou da tranquilidade pública".

422) „como contraventor".

423) „selos" (vgl. die Anm. bei Art. 228).

424) „romper".

425) „quebrar"; gleichbedeutend mit „romper".

426) „arrancar".

den sind, welche eines mit höherer Strafe bedrohten Verbrechens beschuldigt wird, wird mit dem Höchstmaß der Gefängnisstrafe bestraft.

3. Abschnitt

Widerstand

Art. 186 Wer sich mit Gewalt oder Drohungen der Obrigkeit bei der Wahrnehmung ihrer Aufgaben oder der Erfüllung ihrer diesbezüglichen Anordnungen widersetzt[427]), wird, ob die Widersetzlichkeit[428]) sich unmittelbar gegen die Behörde selbst richte oder gegen einen ihrer Untergebenen[429]) oder Vertreter[430]), welche als solche kenntlich sind und ihr Amt zur Ausführung der Gesetze oder der besagten Anordnungen ausüben, verurteilt:

1. zu Gefängnis bis zu zwei Jahren und zu Geldstrafe bis zu zwei Jahren, wenn die Widersetzlichkeit mit Waffen oder von mehr als zwei Personen begangen worden ist und erfolgreich gewesen ist, indem jene Amtswahrnehmung oder jene Erfüllung der behördlichen Anordnung verhindert wurde;
2. zu Gefängnis bis zu zwei Jahren und zu Geldstrafe bis zu sechs Monaten, wenn in dem in der Ziffer 1 dieses Artikels vorgesehenen Falle die Widersetzlichkeit ohne Waffen oder von weniger als drei Personen vorgenommen worden ist;
3. zu Gefängnis bis zu einem Jahr in allen übrigen Fällen.

Einziger § Bilden die zum Widerstand gebrauchten Mittel oder sein Gegenstand ein Verbrechen, gegen das eine schwerere als die in diesem Artikel angedrohten Strafen zu verhängen ist, so sind die allgemeinen Vorschriften über die Verbrechenshäufung anzuwenden.

Art. 187 Jede Gewalttätigkeit mit dem Ziel, einen öffentlichen Bediensteten zur Vornahme einer in sein Amt fallenden Handlung, zu der er gesetzlich nicht verpflichtet ist, zu nötigen, wird, wenn sie erfolgreich war, nach den Vorschriften über den Widerstand bestraft.

---

[427]) „se opor (opuser)"; vgl. jedoch Art. 8 Ziffer 19 der Constituição Política von 1933:

„Grund- und Freiheitsrechte der portugiesischen Bürger sind:

19. das Recht, gegenüber Anordnungen der Obrigkeit, welche die Freiheitsrechte verletzen, soweit diese nicht gesetzlich aufgehoben sind, Widerstand zu leisten ...";

sowie Art. 44 Ziffer 2 und 5 und Art. 46 Ziffer 1.

[428]) „oposição".

[429]) „subalternos".

[430]) „agentes".

4. Abschnitt

Ungehorsam

Art. 188 Wer sich weigert[431]), einen im öffentlichen Interesse liegenden Dienst, zu dem er zuständigerseits ernannt oder aufgefordert worden ist, zu leisten oder aufzugeben, oder wer es an dem gebührenden Gehorsam gegenüber den rechtmäßigen Befehlen und Anordnungen der Obrigkeit oder ihrer Vertreter fehlen läßt, wird zu Gefängnis bis zu drei Monaten verurteilt, wenn nicht durch Gesetz oder gleichrangige Bestimmung eine andere Strafe festgesetzt worden ist.

§ 1 Diese Bestimmung gilt für diejenigen Personen, welche die in gehöriger Form öffentlich bekannt gemachten Entscheidungen der zuständigen Behörde[432]) verletzen.

§ 2 Die in diesem Artikel angedrohte Strafe verschärft sich um die der Geldstrafe von sechs Monaten, wenn schwerer Ungehorsam[433]) vorliegt.

§ 3 Schwerer Ungehorsam besteht in dem Verweigern oder in dem Unterlassen[434]) von Diensten oder Hilfeleistungen, welche beim Überraschen auf frischer Tat oder zur Verhinderung der Flucht eines Verbrechers oder bei[435]) einem Tumult[436]), Schiffbruch, einer Überschwemmung, einem Brand oder einem sonstigen Notstande oder bei irgendwelchen Unglücksfällen, bei welchen die öffentliche Ruhe Gefahr laufen kann, erforderlich sind.

Art. 189 Schwerer Ungehorsam ist auch derjenige, der in der Eigenschaft als Geschworener, Zeuge, Sachverständiger, Dolmetscher, Vormund oder Mitglied des Familienrates begangen wird.

---

431) „recusar".

432) „as determinações de editais da autoridade competente, que tiverem sido devidamente publicados"; die Voraussetzung für eine der im Artikel genannten behördlichen Anordnungen, deren Nichterfüllung Ungehorsam darstellt, sind an sich im § 1 geregelt: gesetzmäßige Form, gesetzmäßiger Inhalt, zuständige Behörde (Faveiro Anm. 1 zu Art. 188); sehr umstritten ist jedoch die Frage, ob zu diesen Anordnungen nur die der Eingriffsverwaltung („poderes policiais") oder auch diejenigen anderer Verwaltungsbereiche gehören. Faveiro (Anm. 2 zu Art. 188) ist der Ansicht, daß Widerstand nur gegen eine Maßnahme der Eingriffsverwaltung möglich sei.

433) „desobediência qualificada".

434) „... em recusar ou deixar de fazer".

435) „em circumstâncias de ...".

436) „tumulto".

3. Kapitel

GEFANGENENBEFREIUNG[437]) UND GEFANGENENFLUCHT[438]) SOWIE GEFANGENE, DIE IHRE STRAFEN NICHT VERBÜSSEN

1. Abschnitt

Gefangenenbefreiung und Gefangenenflucht

Art. 190 Wer einen Gefangenen mit Gewalt oder Drohungen der Obrigkeit, ihren Untergebenen oder Vertretern oder in den Fällen, wo jedermann das Recht zur Festnahme einer Person hat, irgendeiner Person der Bevölkerung entzieht oder zu entziehen versucht, wird zu den Strafen für Widerstand verurteilt.

Einziger § Geschieht die Befreiung des Gefangenen durch einen hinterlistigen Kunstgriff[439]), so darf das Gefängnis ein Jahr nicht übersteigen.

Art. 191 Der Gefangene, der vor Rechtskraft des Urteils entweicht, wird mit den Ordnungsstrafen nach der Ordnung des Gefängnisses oder der Gewahrsams- oder Haftanstalt[440]) bestraft, unbeschadet seiner Verantwortlichkeit für die zur Verwirklichung der Flucht begangenen Verbrechen; bei der Verurteilung jedoch wird die Flucht als ein erschwerender Umstand gewertet.

Art. 192 Jeder mit der Bewachung eines Gefangenen beauftragte Behördenbedienstete[441]), der vorsätzlich[442]) die Flucht desselben Gefangenen betrieben[443]) oder erleichtert hat, wird, wenn dieser wegen eines Verbrechens eingeschlossen war, das das Gesetz mit einer schwereren Strafe als das zeitige[444]) schwere Gefängnis belegt, zu schwerem Gefängnis von zwei bis zu acht Jahren verurteilt.

Einziger § Falls zeitiges schweres Gefängnis[445]) oder eine andere weniger schwere Strafe die Strafe für das Verbrechen ist oder falls die Haft aus einem anderen Grunde besteht, wird der Behördenbedienstete je nach den Umständen zu schwerem Gefängnis von zwei bis zu acht Jahren oder zu Gefängnis verurteilt.

---

437) „tirada de presos".

438) „fugida de presos".

439) „artifício fraudulento".

440) „casa de custódia ou de detenção"; gemeint sind die Untersuchungsgefängnisse; (vgl. Anm. 268 bei Art. 99).

441) „empregado ou agente" sind gleichbedeutend.

442) „dolosamente".

443) „procurar".

444) Gemeint ist eine schärfere Strafe als die des Art. 55 Ziffer 5; vgl. Art. 129 § 2.

445) Gemeint ist die Strafe des Art. 55 Ziffer 5 und die des Art. 56; vgl. Art. 129 § 2.

Art. 193 Findet die Flucht statt, ohne daß seitens der im vorhergehenden Artikel erwähnten Behördenbediensteten die dort aufgeführten Umstände vorlagen, und weisen dieselben Bediensteten nicht Zufall oder höhere Gewalt nach, die jede zurechenbare Fahrlässigkeit ausschließen, so werden sie im Falle des vorhergehenden Artikels mit Gefängnis von einem Monat bis zu einem Jahr und im Falle seines einzigen Paragraphen mit Gefängnis von 15 Tagen bis zu sechs Monaten bestraft.

§ 1 Die in diesem Artikel angedrohte Strafe endet, sobald der flüchtige Gefangene wieder ergriffen wird, soweit er nicht nach der Flucht ein Verbrechen begangen hat, dessentwegen er hätte festgenommen werden müssen.

§ 2 Handelt es sich bei den Bediensteten, welche die vorhergehenden Artikel behandeln, um Militärpersonen, so erstreckt sich die gesetzliche Vermutung der Fahrlässigkeit nur auf den Befehlshaber der Streitkraft und auf seine Stellvertreter, unbeschadet des Beweises des Gegenteils und unbeschadet der besonderen Vorschriften der Militärgesetze für Militärgefängnisse und über Dienstvergehen.

Art. 194 Fand die Flucht aus dem Gefängnis oder der Gewahrsams- oder der Haftanstalt statt mittels Erbrechens[446]), Ersteigens[447]) oder falscher Schlüssel oder einer sonstigen Gewaltanwendung, so wird jeder mit der Bewachung des Gefangenen beauftragte Behördenbedienstete, der Täter des Erbrechens, Ersteigens oder der Gewalttätigkeiten ist oder der Werkzeuge oder Waffen zu diesem Zwecke liefert oder zu ihrer Lieferung beiträgt oder der Lieferung von Waffen oder Werkzeugen zu diesem Zwecke vorsätzlich nicht entgegentritt, je nach den Umständen zu schwerem Gefängnis von zwei bis zu acht Jahren oder zu schwerem Gefängnis von acht bis zu zwölf Jahren verurteilt.

§ 1 Bewirken andere Personen das Erbrechen, Ersteigen, das Öffnen einer Tür oder eines Fensters mittels falschen Schlüssels oder die sonstige Gewalttätigkeit, um die Flucht der Gefangenen zu betreiben oder zu erleichtern, so werden sie zu schwerem Gefängnis von zwei bis zu acht Jahren verurteilt.

§ 2 Die im vorhergehenden Paragraphen bezeichneten Personen, welche den Gefangenen lediglich Waffen oder sonstige Werkzeuge zu seiner Flucht geliefert haben, werden, wenn die Flucht gelingt, zu der Strafe des schweren Gefängnisses von zwei bis zu acht Jahren, andernfalls zu Gefängnis verurteilt; der Ehegatte des Gefangenen, seine Verwandten in auf- oder absteigender Linie, seine Geschwister und die bis zum selben Grade mit ihm verschwägerten Personen sind jedoch strafrechtlich nur verantwortlich, wenn der Gefangene von

---

[446]) „arrombamento"; s. Art. 442.

[447]) „escalamento"; s. Art. 442.

den Waffen oder den sonstigen Werkzeugen gegen eine Person Gebrauch gemacht hat.

Art. 195 In den in diesem Abschnitt bezeichneten Fällen, mit Ausnahme des Artikels 193, findet Unterstellung unter besondere Polizeiaufsicht für einen Zeitraum, der den Richtern angemessen erscheint, statt.

2. Abschnitt

Gefangene, die ihre Strafe nicht verbüßen

Art. 196 Bei demjenigen, welcher nach seiner rechtskräftigen Verurteilung entweicht, ohne daß er seine Strafe verbüßt hat, wird die Strafe um das Doppelte derjenigen Zeit verlängert, welche er flüchtig gewesen ist, unbeschadet der Vorschrift der folgenden Paragraphen.

§ 1 Die Strafe darf jedoch in keinem Falle um mehr als die Hälfte der im Urteil ausgesprochenen Strafdauer erhöht werden.

§ 2 Handelt es sich um eine gemischte Strafe, so ist die Erhöhung, welche der vorhergehende Paragraph behandelt, nur im Verhältnis zu der Strafart zu berechnen, welche der Verurteilte verbüßte, als er entwich.

4. Kapitel

DIEJENIGEN, DIE ÜBELTÄTER[448]) AUFNEHMEN

Art. 197[449]) *Wer eine zu höherer Strafe verurteilte Person in Kenntnis dessen*[450]) *in seinem Hause oder an einer anderen Stelle beherbergt, ihr Obdach gewährt oder sie verbirgt oder sie beherbergen, verbergen oder ihr Obdach gewähren läßt, wird je nach den Umständen zu Gefängnis bis zu zwei Jahren oder zu Geldstrafe verurteilt.*

§ 1 *Hat in dem in diesem Artikel bezeichneten Falle lediglich der Eröffnungsbeschluß*[451]) *stattgefunden, so ist die Strafe Gefängnis*

---

[448]) „malfeitores"; (vgl. Anm. 2 vor Art. 1).

[449]) Dieser Artikel ist ausdrücklich widerrufen worden durch den einzigen Paragraphen des Art. 74 der Nova Reforma Penal vom 14. 6. 1884. Bei der neuen Bekanntmachung des Código Penal nach dieser Reform ist er jedoch infolge eines redaktionellen Versehens unverändert in der alten Fassung wieder aufgenommen worden.

Die Materie ist heute geregelt in Art. 23 Ziffer 5.

[450]) „sendo disso sabedor".

[451]) „pronúncia"; das in der Anm. 22 zu Art. 23 kurz angedeutete Ermittlungsverfahren („instrução") endet nach Art. 337 ff. des CPP mit der Entschließung der Staatsanwaltschaft darüber, ob sie Anklage erheben will (Art. 341, Art. 349). Das portugiesische Verfahrensrecht kennt folgende Arten des ordentlichen Strafverfahrens (Art. 62):

bis zu einem Jahr oder entsprechende Geldstrafe, je nach den Umständen.

§ 2 *Von der Bestimmung dieses Artikels und seines § 1 ausgenommen sind die Verwandten auf- und absteigender Linie desjenigen, der beherbergt oder verborgen wurde, sein Ehegatte, seine Brüder oder Schwestern und seine Verwandten infolge Schwägerschaft derselben Grade.*

Art. 198 Wer absichtlich und gewohnheitsmäßig[452]) Übeltäter aufnimmt oder ihnen Unterkunft gewährt, wissend[453]), daß sie Verbrechen gegen die Sicherheit des Staates oder gegen die öffentliche Ruhe und Ordnung oder gegen Personen oder Eigentum begangen haben, wird, ob er ihnen einem nach dem anderen[454]) Aufnahme gewährt oder ob er ihnen einen Versammlungsort bietet, als Gehilfe derjenigen Verbrechen bestraft, die jene Übeltäter begehen, nachdem sie aufgenommen worden sind.

5. Kapitel

VERBRECHEN GEGEN DIE AUSÜBUNG DER STAATSBÜRGERLICHEN RECHTE

Art. 199 Wird eine Wählerversammlung oder ein Wählerkollegium gehindert[455]), in Erfüllung des Gesetzes zu von zuständiger Seite bestimmter Zeit und Stelle seine Aufgaben wahrzunehmen und wird diese Hinderung verursacht durch einen Tumult oder durch Ge-

---

processo de querela = Straftaten, die mit höhere Strafe bedroht sind (Art. 63); processo correccional und pr. de polícia = Straftaten, die mit Besserungsstrafen bedroht sind (Art. 64 und Art. 65); pr. de transgressões = Verfahren bei Übertretungen (Art. 66) und pr. sumário = ein abgekürztes Verfahren in besonderen Fällen (Art. 67).

Im Falle des pr. de querela heißt die von der Staatsanwaltschaft entworfene Anklageschrift: „querela" (Art. 358 ff.); im Falle des pr. correccional heißt sie: „queixa" (Art. 385); in allen anderen Fällen: „acusação" (Art. 391 und Art. 543).

Bei den ersten beiden Prozeßarten erläßt das Gericht gegebenenfalls einen förmlichen Eröffnungsbeschluß. Dieser heißt: „pronúncia" (Art. 365 f. und Art. 389 ff).

Beim processo de polícia entfällt ein Eröffnungsbeschluß, es wird entweder Termin zur Hauptverhandlung bestimmt oder die Anklage abgewiesen (Art. 394); das gleiche gilt beim Übertretungsverfahren (Art. 545). Im summarischen Verfahren findet keine förmliche Anklageerhebung statt.

[452]) „voluntàriamente e habitualmente".

[453]) „sabendo".

[454]) „successivamente".

[455]) Es handelt sich dabei nicht um werbende Veranstaltungen, sondern um Einrichtungen des Wahlvorganges selbst.

walt, so werden die Urheber[456]) oder Anführer mit der Strafe des schweren Gefängnisses von zwei bis zu acht Jahren bestraft. Die anderen Verbrecher werden mit Gefängnisstrafe von sechs Monaten bis zu zwei Jahren unter Aufhebung ihrer staatsbürgerlichen Rechte bis zu fünf Jahren bestraft.

Art. 200 Wird ein Bürger durch Tumult oder Gewalt oder durch Drohungen gehindert, seine staatsbürgerlichen Rechte wahrzunehmen, so werden der Verbrecher oder die Verbrecher mit Gefängnis von drei Monaten bis zu zwei Jahren unter Aufhebung ihrer staatsbürgerlichen Rechte bis zu fünf Jahren bestraft.

Einziger § Verdient die Gewalttätigkeit eine schwerere Strafe, so ist diese zu verhängen.

Art. 201 Geschahen in einem der im vorhergehenden Artikel bezeichneten Fälle der Tumult oder das Zusammenwirken[457]) auf Grund einer Übereinkunft zwischen verschiedenen Personen, welche das Ziel hatten, ein Verbrechen der dort bezeichneten Art in mehr als einem Wahlkreis zu begehen, so sind die Strafbestimmungen über den Aufruhr anzuwenden.

Art. 202 Wird in einer Wählerversammlung oder in einem Wählerkollegium der Vorsitzende oder ein Mitglied des Vorstandes während einer Wahlhandlung angegriffen oder beleidigt, so gelten die Bestimmungen über Beleidigungen und Gewalttätigkeiten gegen die Mitglieder der Verwaltungskörperschaften.

Art. 203 Wird während der Vorgänge in einer Wählerversammlung oder einem Wählerkollegium eine Fälschung in einer der Listen, welche die von den Bürgern in Ausübung ihres Wahlrechtes abgegebenen Stimmen enthalten, oder die Entziehung[458]) einer dieser Listen oder die Hinzufügung einer anderen oder die Änderung einer Wahlstimme entdeckt, so wird der Verbrecher, wenn er Mitglied des Vorstandes ist, zu der Strafe der Aufhebung seiner staatsbürgerlichen Rechte für zwanzig Jahre und zu Gefängnis bis zu einem Jahr verurteilt.

Einziger § Begeht eine andere Person das in diesem Artikel bezeichnete Verbrechen, so ist die Strafe die Aufhebung der staatsbürgerlichen Rechte für fünf Jahre und Gefängnis bis zu einem Jahr.

Art. 204 Derjenige, der bei einer Wahl eine Stimme für irgendeinen Preis kauft oder verkauft, wird aller seiner staatsbürgerlichen

[456]) „autores", hier nicht i. S. des Art. 19.
[457]) „reunião".
[458]) „subtracção".

Rechte für eine Zeit bis zu zehn Jahren enthoben und hat eine Geldstrafe in der zweifachen Höhe des gezahlten Preises zu zahlen.

Art. 205 In allen Fällen, welche von den vorhergehenden Artikeln nicht erfaßt werden, gelten die in den besonderen Gesetzen über die Wahlen getroffenen Bestimmungen[459/460]).

6. Kapitel

FÄLSCHUNGEN[461])

1. Abschnitt

Fälschungen von Münzen, Noten der inländischen Banken und einiger Staatspapiere[462])

Art. 206 Wer eine Gold- oder Silbermünze der Art, wie sie gesetzlich im Königreiche umläuft, fälscht[463]) und sie weitergibt, indem er in irgendeiner Weise von ihr Gebrauch macht, oder sie zum Verkaufe feilbietet und ebenso wer auf Grund einer Abmachung mit dem Hersteller oder als sein Gehilfe eine dieser Handlungen begeht oder an ihr teilnimmt, wird zu der Strafe des schweren Gefängnisses von 16 bis zu 20 Jahren verurteilt.

§ 1 Der gleichen Strafe unterliegen diejenigen, die Noten der inländischen Banken oder Einschreibungen oder portugiesische Staatsschuldverschreibungen[464]) fälschen.

[459/460]) Decreto-Lei n° 37.570 vom 3. 10. 1949 regelt in den Artikeln 79 ff. die Strafen für die Wahlvergehen:

Art. 80: Gefängnis bis zu drei Monaten und fünf Jahre Entzug der staatsbürgerlichen Rechte bei

1. Wahl in mehr als einer Wahlversammlung;
2. Fälschung von Wahllisten oder Wahlunterlagen (nicht der Stimmzettel);
3. Teilnahme unter Waffen an den Wahlversammlungen.

Art. 81: Gefängnis bis zu einem Jahr, 5000$00 Geldstrafe und fünf Jahre Entzug der staatsbürgerlichen Rechte bei:

1. Korrumpierender Wahlbeeinflussung;
2. Störung des Wahlvorganges:
   „Wer mittels Tumultes, Geschreies oder drohender Gebärden unter deutlicher Mißachtung der Anordnung des Vorsitzenden oder unter Nichtachtung der Mitglieder des Wahlvorstandes die Wahlvorgänge stört oder zu stören versucht oder die Freiheit der Wahl angreift."

[461]) „falsidades"; eigentlich: „Falschheiten", d. h. das Ergebnis einer Fälschung; „Fälschung" als Fälschungsakt selbst heißt „falsificação".

[462]) „títulos do Estado"; „título" nach Figueiredo „die Grundlage, welche ein Recht echt (‚autêntico') macht", daher sowohl die ein Recht verbriefende Urkunde als auch die Rechtsgrundlage eines Anspruches. Im allgemeinen in diesem Zusammenhang jedoch: Wertpapier.

[463]) „falsificar".

[464]) „obrigacões da dívida pública portuguesa".

§ 2 Liegt lediglich die Herstellung vor, so ist der Strafrahmen schweres Gefängnis von acht bis zu zwölf Jahren.

Art. 207 Wer ohne Absprache mit dem Hersteller und ohne sein Gehilfe zu sein, die besagte gefälschte Münze, Note, Einschreibung oder Schuldverschreibung weitergibt oder sie zum Verkaufe feilbietet, wird zu der Strafe des schweren Gefängnisses von zwei bis zu acht Jahren verurteilt.

Art. 208 Mit der Strafe des schweren Gefängnisses von zwei bis zu acht Jahren wird belegt:

1. wer ohne gesetzliche Ermächtigung eine Gold- oder Silbermünze mit demselben Wert wie die gesetzmäßigen herstellt oder weitergibt oder zum Verkaufe feilbietet;
2. wer den Wert der genannten gesetzmäßigen Münzen einschränkt oder auf irgendeine Weise verringert und die so gefälschte Münze weitergibt oder zum Verkaufe feilbietet;
3. wer auf Grund einer Absprache mit dem Fälscher oder als sein Gehilfe eine der in diesem Artikel genannten Handlungen verübt oder an ihnen teilnimmt.

§ 1 Wurde die so gefälschte Münze nicht zum Verkauf feilgeboten und kam es auch nicht zur Weitergabe, so ist die Strafe Gefängnis.

§ 2 Wer die besagte gefälschte Münze auf eine der in diesem Artikel bezeichneten Weisen weitergibt oder sie zum Verkaufe feilbietet, ohne sich mit dem Fälscher abgesprochen zu haben und ohne sein Gehilfe zu sein, wird zu dem Höchstmaß der Gefängnisstrafe und zu dem Höchstmaß der Geldstrafe verurteilt.

Art. 209 Erlangte in einem der in den vorhergehenden Artikeln bezeichneten Fälle die die Münze weitergebende Person die Kenntnis von der Unechtheit[465]) der Münze erst, nachdem er sie für eine echte angenommen hatte, so ist die Strafe Geldstrafe von, je nach seinem Einkommen, 15 Tagen bis zu einem Jahr, jedoch niemals weniger als das Doppelte des Wertes, den die weitergegebenen Münzen darstellten.

Art. 210 Die in diesem Abschnitt für die Münzen, Noten, Einschreibungen und Schuldverschreibungen weitergebenden Personen bestimmten Strafen sind auf diejenigen anzuwenden, welche sie in das portugiesische Hoheitsgebiet einführen.

§ 1 Mit der Strafe des schweren Gefängnisses von zwei bis zu acht Jahren wird belegt, wer einen Prägestempel[466]) für Münzen oder einen Druckstock[467]) oder Formen mit Wasserzeichen, welche aus-

---

[465]) „falsidade"; vgl. Anm. 461.

[466]) „cunho".

[467]) „chapa".

schließlich zur Fälschung von Münzen oder Banknoten oder sonstiger Staatsschuldpapiere[468]) oder münzgleicher Papiere dienen, herstellt, einführt, zum Verkauf feilbietet, verkauft oder auf sonst eine Weise liefert, verschafft, besitzt oder zurückhält.

§ 2 Mit Gefängnisstrafe und mit Geldstrafe wird belegt, wer ohne Erlaubnis der Regierung Prägestempel[469]) oder Stempelpressen[470]) oder Randformen[471]), welche, selbst wenn nicht ausschließlich, zur Fälschung von Münzen, Noten oder der im vorhergehenden Paragraphen näher bezeichneten Wertpapiere dienen, herstellt, einführt, zum Verkaufe feilbietet, verkauft oder auf sonst eine Weise liefert, verschafft, besitzt oder zurückhält.

§ 3 Die Bestimmung der vorhergehenden Paragraphen gilt nicht für Banken, Gesellschaften und Anstalten in Beziehung auf die Herstellung derjenigen Münzen, Noten oder sonstigen Wertpapiere, welche ihnen durch besondere Gesetze überlassen oder erlaubt worden ist, noch für die Personen, welche zu demselben Zweck mit der Regierung oder den angeführten Banken, Gesellschaften oder Anstalten vertragliche Vereinbarungen getroffen haben.

Art. 211 Ist in den verschiedenen in den vorhergehenden Artikeln bestimmten Fällen die Münze nicht aus Gold oder Silber, sondern aus einem anderen Metall, so finden bei den Strafen die folgenden Veränderungen statt:

1. ist der Strafrahmen der des schweren Gefängnisses von 16 bis zu 20 Jahren, so ist festes Gefängnis von zwei bis zu acht Jahren zu verhängen;
2. ist er der des schweren Gefängnisses von zwei bis zu acht Jahren, so ist das Höchstmaß der Gefängnisstrafe mit oder ohne Geldstrafe zu verhängen;
3. ist er das Höchstmaß des Gefängnisses, Gefängnisstrafe bis zu einem Jahr;
4. ist er Gefängnis, die gleiche Strafart bis zu sechs Monaten.

Art. 212 Wer auf portugiesischem Hoheitsgebiet eines der in diesem Abschnitt bezeichneten Verbrechen begeht, indem er eine ausländische Münze, welche nicht gesetzlich im Königreiche umläuft, fälscht oder weitergibt oder eine gefälschte einführt, wird nach den im vorhergehenden Artikel aufgestellten Vorschriften verurteilt.

Art. 213 Straffrei bleibt der Mitschuldige, der vor der Vollendung eines der in den vorhergehenden Artikeln aufgezählten Verbrechen

---

[468]) „títulos do Estado de dívida"; vgl. Anm. 462.

[469]) „balancé de cunhar".

[470]) „prensa de cunhar".

[471]) „serrilhas".

und vor der Einleitung des Verfahrens der Obrigkeit von demselben Verbrechen und von seinen näheren Umständen und von den anderen Mitschuldigen Kenntnis gibt. Es kann jedoch Unterstellung unter besondere Polizeiaufsicht für die Zeitspanne, die den Richtern angemessen erscheint, angeordnet werden.

Einziger § In allen in diesem Abschnitt aufgestellten Fällen wird der Käufer als Gehilfe der weitergebenden Person bestraft.

Art. 214 Wer eine Münze, welche gesetzlich im Königreiche umläuft, zurückweist, wird zum neunfachen Betrag der zurückgewiesenen Münze verurteilt.

2. Abschnitt

Fälschung von Schriftstücken[472])

Art. 215 Wer Schecks von Banken oder Bankanstalten oder andere in den vorhergehenden Artikeln nicht näher bezeichnete Kreditpapiere[473]), deren Ausgabe im Bereiche des Königreiches gesetzlich erlaubt worden ist, fälscht oder einführt oder in portugiesischem Hoheitsgebiet in Umlauf bringt oder von ihnen Gebrauch macht, wird zu schwerem Gefängnis von acht bis zu zwölf Jahren verurteilt.

§ 1 Ist die Ausgabe nur in einem fremden Lande gesetzlich erlaubt und wird das Verbrechen auf portugiesischem Hoheitsgebiet begangen, so ist die Strafe schweres Gefängnis von zwei bis zu acht Jahren.

§ 2 Liegt bei der Einführung, Weitergabe oder dem Gebrauch derselben Wertpapiere[473]) keine Absprache mit dem Fälscher oder mit einer einführenden oder weitergebenden Person vor, so ist die Strafe Gefängnis und Geldstrafe.

Art. 216 Zu schwerem Gefängnis von zwei bis zu acht Jahren wird verurteilt, wer auf irgendeine der unten angeführten Weisen eine Fälschung begeht, welche eine dritte Person oder den Staat schädigt oder nach ihrer Eigenart schädigen kann:

1. indem er in Vertragsurkunden[474]), Wertpapieren[475]), amtlichen

---

[472]) „fasificação de escritos"; zu „f." vgl. Anm. 461; „escrito" wörtlich: Geschriebenes, daher jedes Schriftstück, auch das nicht beweiserhebliche.

[473]) „título" (vgl. Anm. 462).

[474]) „escritura"; nach Orlando: „Das Mittel, in dem die Vertragsparteien ihre Willensübereinstimmung ausdrücklich niederlegen und die Art und Weise der Erfüllung der vereinbarten Verpflichtungen bestimmen. Rechtlich daher die Urkunde, die über den Vertrag Beweis erbringt, die Urkunde über die Veräußerung der unbeweglichen Sache, nicht aber eine das Eigentum ausweisende Urkunde."

[475]) „título" (vgl. Anm. 462).

Urkunden[476]), amtlichen Niederschriften[477]) oder sonst Schriftstücken[478]), welche durch Gesetz denselben öffentlichen Glauben genießen wie die öffentlichen Urkunden[479]), Verfügungen[480]), Verpflichtungen[481]) oder Befreiungen von einer Verpflichtung[482]) herstellt;

2. indem er auf den genannten Urkunden[483]) eine falsche Unterschrift bringt oder eine Person unterschiebt;
3. indem er über eine Tatsache, welche zu beweisen[484]) oder zu bestätigen[485]) dieselben Urkunden[483]) zum Ziele haben oder welche wesentlich für die Gültigkeit dieser Urkunde ist, eine falsche Erklärung abgibt;
4. indem er die genannten Urkunden[483]) nach ihrer Herstellung in einem Teile erweitert, verändert oder einschränkt, so daß durch die Erweiterung, Einschränkung oder Änderung der Verfügungen, Verpflichtungen oder der Befreiungen von einer Verpflichtung oder der Tatsachen, welche zu bestätigen oder zu beweisen diese Urkunden zum Gegenstand haben, ihr wesentlicher Inhalt oder ihre Absicht verändert wird;
5. indem er gänzlich falsche Urkunden der genannten Art herstellt.

Einziger § Wird bewiesen, daß eine der in diesem Artikel erläuterten Fälschungen lediglich aus Unüberlegtheit, Nachlässigkeit oder Nichtbeachtung der jeweiligen Vorschriften begangen wurde, so ist in allen Fällen die Strafe Gefängnis.

Art. 217 Zur gleichen Strafe wird verurteilt, wer auf eine der im vorhergehenden Artikel aufgezählten Weisen einen Wechsel oder ein durch Indossament übertragbares kaufmännisches Wertpapier[486]) fälscht.

Art. 218 Zu der Strafe des schweren Gefängnisses von zwei bis

---

476) „diploma"; nach Figueiredo eine amtliche Urkunde, mit welcher Amt, Würden oder Vorrechte verliehen werden; eine Vertragsurkunde; Gesamtheit der Artikel eines Gesetzes.

477) „auto" = die über einen behördlichen Vorgang hergestellte amtliche Niederschrift, auch die in Gerichtsakten enthaltene.

478) „escrito" (vgl. Anm. 472).

479) „escritura pública".

480) „disposições".

481) „obrigação". Hier nicht i. S. einer Schuldverschreibung, sondern die Verpflichtung selbst.

482) „desobrigação".

483) „documentos"; nach Figueiredo eine zu Beweiszwecken abgegebene schriftliche Erklärung. Somit am meisten dem Begriff „Urkunde" in § 267 StGB angenähert.

484) „autenticar".

485) „certificar".

486) „escrito comercial".

zu acht Jahren wird der öffentliche Bedienstete verurteilt, der in Ausübung seines Amtes in einer öffentlichen Urkunde, einem Wertpapier, einer amtlichen Urkunde, einer amtlichen Niederschrift oder in einem sonstigen Schriftstück von gleicher Beweiskraft[487]) eine Fälschung begeht, die eine dritte Person oder den Staat schädigt oder schädigen kann:

1. indem er eine gänzlich falsche Urkunde herstellt;
2. indem er die Schrift, die Unterschrift, die Firma, den Namenszug[488]) oder das Handzeichen eines anderen nachahmt oder vortäucht;
3. indem er bei einer Verhandlung die Mitwirkung von Personen unterschiebt, die an der Verhandlung nicht mitgewirkt haben;
4. indem er denjenigen, die an einer Verhandlung mitgewirkt haben, Erklärungen zuschreibt, die sie nicht oder in anderer Weise abgegeben haben;
5. indem er bei der Erzählung oder der Erklärung der für die Gültigkeit der Urkunde wesentlichen Tatsachen oder derjenigen, die zu bestätigen sie zum Gegenstand hat, die Wahrheit nicht einhält;
6. indem er die richtigen Zeitangaben ändert;
7. indem er in einer richtigen[489]) Urkunde eine Änderung oder einen Einschub vornimmt, welche ihren Wert oder ihren Sinn ändern;
8. indem er der Wahrheit zuwider[490]) Tatsachen als richtig bestätigt oder anerkennt;
9. indem er eine Zweitschrift[491]), eine amtliche Bestätigung[492]), eine mit öffentlichem Glauben ausgestattete Abschrift[493]) oder eine öffentliche Ausfertigung[494]) ausstellt, die eine vorgetäuschte Urkunde wiedergeben oder deren Inhalt nicht mit dem der Urschrift übereinstimmt;
10. indem er irgendeinen Vorgang in einer amtlichen Niederschrift[495]), einem amtlichen Buche oder einem amtlichen Verzeichnis einschiebt oder einen Vorgang von der Art jener, für die das Gesetz das Verzeichnis vorgesehen hat, einträgt, ohne daß er rechtswirk-

---

[487]) Vgl. die Anm. 474 bis 479 bei Art. 216; in diesem Artikel sind die gleichen Begriffe enthalten.

[488]) In Portugal wird vielfach zu Beweiszwecken verlangt, daß eine authentische Unterschrift bei einem Notar hinterlegt wird. Das ist hier mit Namenszug („rúbrica") gemeint.

[489]) „verdadeiro" = wörtlich: wahr; im Gegensatz zu: „falso".

[490]) „factos falsos como verdadeiros".

[491]) „traslado".

[492]) „certidão".

[493]) „cópia que haja de fazer fé".

[494]) „pública-forma".

[495]) „protocolo" bedeutet jede Niederschrift.

sam vorhanden ist, oder löscht, wenn er eingetragen bleiben müßte.

Einziger § Wird nachgewiesen, daß eine der in diesem Artikel bestimmten Fälschungen lediglich aus Unüberlegtheit, Nachlässigkeit oder Nichtbeachtung der jeweiligen Vorschriften begangen wurde, so ist die Strafe Gefängnis und Geldstrafe.

Art. 219 Wer auf eine der im Artikel 218 bestimmten Weisen ein von demselben Artikel nicht erfaßtes Schriftstück fälscht, wird zu Gefängnis und Geldstrafe verurteilt.

Art. 220 Mit den gleichen Strafen wird die Fälschung geahndet, welche auf irgendeine der in den vorhergehenden Artikeln bestimmten Arten auf einem mit einer Blanco-Unterschrift versehenen Schriftstück begangen wird, selbst dann, wenn es freiwillig von dem Unterzeichnenden übergeben worden ist.

Art. 221 Mit den Strafen für Beihilfe wird der Zeuge belegt, der bei der Abfassung einer privaten oder einer öffentlichen Urkunde[496]) in Kenntnis ihrer Unrichtigkeit[497]) mitwirkt, unbeschadet des Falles, daß er als Täter anzusehen ist.

Art. 222 Wer von den in den vorhergehenden Artikeln erläuterten falschen Urkunden Gebrauch macht oder wer einen Vorgang amtlich verzeichnen oder einen amtlichen Eintrag löschen läßt, wird, wie wenn er der Täter der Fälschung[498]) wäre, bestraft.

Art. 223 Die in den vorhergehenden Artikeln aufgestellten Regeln erleiden in Hinsicht auf amtliche Bescheinigungen[499]), Pässe, Kostenbescheide, Steuerbescheide und Warenpapiere[500]) die in den folgenden Artikeln bestimmten Ausnahmen.

Art. 224 Zu Gefängnis und zu Geldstrafe werden verurteilt:

1. jeder Arzt oder jede gesetzlich zur Ausstellung von Krankheits- oder Verletzungsbescheinigungen ermächtigte Person, die in der Absicht, jemandem von irgendeiner im öffentlichen Interesse lie-

---

[496]) „documento público ou particular".

[497]) „com conhecimento na falsidade" (vgl. Anm. 461).

[498]) „falsidade" (vgl. Anm. 461).

[499]) „certificados".

[500]) „guias ou itinerários"; „guia" nach Orlando 1. die schriftliche Berechnung der Gebühren für eine gerichtliche Tätigkeit, die von der tätigwerdenden Stelle vorgenommen wird und bei der einziehenden Stelle bei der Bezahlung vorzulegen ist, 2. der Bescheid über zu leistende öffentliche Abgaben, 3. die Papiere, mittels derer Importwaren empfangen oder expediert werden, welche einer Zollpflicht auf Grund eines „guia" unterliegen, und die Papiere, die diese Waren bei der Beförderung begleiten.

„itinerário" findet sich in keinem der zur Verfügung stehenden Wörterbücher in einer auf diese Bestimmung passenden Bedeutung erläutert.

genden Dienstleistung zu befreien oder freistellen zu lassen, fälschlicherweise eine Krankheit oder Verletzung bescheinigt, welche dies Ergebnis haben dürfte;

2. jeder, der unter dem Namen eines Arztes oder einer gesetzlich ermächtigten Person eine Bescheinigung derselben Art ausstellt;
3. jeder, der im Namen eines öffentlichen Bediensteten ein Empfehlungsschreiben[501]), welches irgendwelche zugunsten der in ihm bezeichneten Person sprechende Umstände bescheinigt, herstellt und ebenso jeder, der unter Änderung des Namens der bezeichneten Person die ursprünglich richtige Bescheinigung[502]) eines öffentlichen Bediensteten abändert;
4. jeder öffentliche Beamte, der unter Verfälschung der allgemein bekannten Wahrheit Tatsachen oder Umstände fälschlich bescheinigt[503]), welche für Personen, zu deren Gunsten oder Ungunsten diese Bescheinigungen ausgestellt worden sind, von Bedeutung sein können, wenn nicht der Artikel 218 Anwendung findet;
5. wer von einer von diesen Bescheinigungen Gebrauch macht, wissend, daß sie falsch ist;
6. der mit dem Fernmeldedienst beauftragte öffentliche Bedienstete, der eine empfangene oder zu übermittelnde Fernmeldenachricht vortäuscht[504]) oder verfälscht; das gleiche gilt für den nicht zuständigen Beamten, der dies Verbrechen begeht oder von der falschen Nachricht in Kenntnis dessen Gebrauch macht.

§ 1 Der Gastwirt oder der Eigentümer eines sonstigen Hauses, in dem Herberge gegen Entgelt gewährt wird, welcher in dem jeweiligen Buche oder Verzeichnisse in Kenntnis der Angelegenheit einen falschen oder vorgetäuschten Eintrag vornimmt, wird zu Gefängnis bis zu drei Monaten und zu Geldstrafe verurteilt.

§ 2 Wer, ohne von diesem Artikel oder einem der vorhergehenden erfaßt zu werden, eine falsche Bescheinigung ausstellt und ebenso wer in Kenntnis ihrer Falschheit von ihr Gebrauch macht, wird zu Gefängnis bis zu drei Monaten und entsprechender Geldstrafe verurteilt.

§ 3 Die Vorschrift dieses Artikels und seiner Paragraphen gilt unbeschadet einer schwereren Strafe, wenn die unter Strafe gestellten Taten einen Teil der Ausführung eines anderen Verbrechens bilden.

---

[501]) „certificado de recomendação“.

[502]) „atestado“ = „certificado“ (vgl. Anm. 484, 485 und die folgende Anmerkung).

[503]) „atestar ou certificar“.

[504]) „supor“.

Der durch die gefälschte telegraphische Mitteilung verursachte unmittelbare Schaden wird im Sinne dieses Paragraphen und der Artikel, welche die Verantwortlichkeit der Täter und der Gehilfen regeln, als vorsätzliche Entziehung[505]) fremden Vermögens angesehen.

Art. 225 Der öffentliche Bedienstete, der mit der Ausfertigung von Pässen beauftragt ist und in der Absicht, jemanden der gesetzlichen Aufsicht durch die Obrigkeit zu entziehen, einen Paß mit einem vorgetäuschten Namen ausstellt, wird zu Entlassung aus dem Amte und zu Gefängnis bis zu zwei Jahren verurteilt.

Einziger § Wer, obwohl ihm die Person, der er einen Paß ausgestellt hat, nicht bekannt war, die nach den Gesetzen und den Ausführungsvorschriften erforderliche Bürgschaft nicht verlangt hat, wird zu Geldstrafe von einem Monat bis zu einem Jahr verurteilt.

Art. 226 Jede Person, die entweder einen vorgetäuschten Namen annimmt oder einen falschen Paß herstellt oder den richtigen wesentlich ändert oder von dem auf eine dieser Arten gefälschten Paß Gebrauch macht, wird zu Gefängnis von zwei Monaten bis zu zwei Jahren verurteilt.

Einziger § Die Zeugen, welche dazu beigetragen haben, daß der Paß mit einem vorgetäuschten Namen ausgestellt wurde, werden als Gehilfen bestraft.

Art. 227 Die in den beiden vorhergehenden Artikeln bestimmten Strafen finden Anwendung auf Fälle der Fälschung von Kostenbescheiden, Steuerbescheiden und Warenpapieren[506]) mit der Maßgabe, daß, wenn der Inhaber von der Staatskasse auf Grund des falschen Papieres einen Geldbetrag erhalten hat, er mit der im Artikel 216 bestimmten Strafe bestraft wird; das gleiche gilt für den öffentlichen Bediensteten, wenn er die Fälschung zu diesem Zweck begangen hat.

3. Abschnitt

Fälschung von Siegeln[507]), Prägestempeln[508]) und Zeichen[509])

Art. 228 Wer Siegel, Prägestempel, Zeichen oder Stempel einer Behörde oder Behördenabteilung fälscht, sie in das Gebiet des Königreiches einführt oder von ihnen einen Gebrauch macht, der nicht in einem anderen Artikel besonders[510]) unter Strafe gestellt worden ist,

---

505) „subtracção fraudulenta"; s. Art. 421 (furto = Diebstahl) und die dortigen Anmerkungen.

506) s. Anm. 500.

507) „selo".

508) „cunhos".

509) „marca".

510) Art. 210.

wird zu der Strafe des schweren Gefängnisses von zwei bis zu acht Jahren verurteilt.

Art. 229 Die gleiche Strafe erleidet derjenige, der Stempelpapier[511]), Gebührenmarken[512]) oder Postfreimarken[513]) oder sonstige mit einem Wasserzeichen versehene Gegenstände, deren Abgabe ausschließlich dem Staate vorbehalten ist, fälscht und diejenigen, die sie vorsätzlich in das Königreich einführen, sie herausgeben, weitergeben, zum Verkaufe feilbieten oder von ihnen Gebrauch machen.

Art. 230 Wer eine Fälschung begeht, indem er gefälschte Zeichen, Siegel oder Prägestempel eines amtlichen Schätzers[514]), dessen Bescheinigungen vor Gericht[515]) von Gesetzes wegen Beweiskraft haben, benutzt, wird zu Gefängnis bis zu sechs Monaten verurteilt, unbeschadet einer anderen Strafe, wenn diese Anwendung findet.

§ 1 Gehören die gefälschten Zeichen, Siegel oder Prägestempel zu einem Handelsunternehmen oder zu einem gewerblichen Unternehmen, so ist die Strafe Gefängnis bis zu drei Monaten, unbeschadet einer der höheren Strafen, wenn eine solche Anwendung findet, und unbeschadet des Schadensersatzes nach den allgemeinen Vorschriften.

§ 2 Mit derselben Strafe wird belegt, wer Gegenstände, die mit einem vorgetäuschten oder einem veränderten Namen gezeichnet sind, zum Verkauf feilbietet oder in Umlauf bringt oder wer auf irgendeine Weise auf hergestellten Gegenständen den Namen oder die Firma einer anderen als der Herstellerfirma anbringt oder erscheinen läßt.

§ 3 Der gleichen Strafe unterliegt ebenfalls, wer von Gebührenmarken oder von Postfreimarken oder von Fahrkarten für die Beförderung von Personen oder Sachen die Kennzeichnung, daß sie schon benutzt worden sind, entfernt oder wer von ihnen in diesem Zustand Gebrauch macht.

§ 4 Wer auf Eintrittskarten oder Eintrittsscheinen[516]) zu einem öffentlichen Platz oder einer öffentlichen Veranstaltung oder auf Lotterielosen[517]) oder in den diesbezüglichen Verzeichnissen in der Absicht, in betrügerischer Weise[518]) für sich oder einen anderen einen

---

[511]) „papel selado" = ein mit Prägesiegel versehenes Schreibpapier, dessen Verwendung für die meisten an die Behörden zu richtenden formlosen Anträge obligatorisch ist und das nur gegen eine bestimmte Gebühr abgegeben wird.

[512]) „estampilhas de selo".

[513]) „estampilhas postais".

[514]) „contraste ou avaliador" eigentlich Eichmeister oder Schätzer.

[515]) „em juizo".

[516]) „bilhetes ou senhas de admissão".

[517]) „cautelas de loteria".

[518]) „com o fim fraudulento".

Gewinn davon zu tragen oder eine dritte Person zu schädigen, die Bezifferung, die Zeitangabe oder die Wertangabe fälscht oder davon Gebrauch macht oder sie verkauft oder zum Verkaufe feilbietet, wird zu Gefängnis verurteilt.

Art. 231 Die in den vorhergehenden Artikeln dieses Abschnittes angeordneten Strafen sind entsprechend anwendbar auf denjenigen, der zur Ausführung einer Fälschung zum Nachteil des Staates oder eines Dritten von rechtmäßig hergestellten Werkzeugen Gebrauch macht, welche ihm anvertraut worden waren oder die er auf irgendeine Weise in seinem Besitz hatte.

4. Abschnitt

Gemeinsame Bestimmung für die vorhergehenden Abschnitte dieses Kapitels

Art. 232 Die in den Artikeln der vorhergehenden Abschnitte dieses Kapitels gegen den Gebrauch eines gefälschten Gegenstandes[519]) bestimmten Strafen finden keine Anwendung, wenn derjenige, der den Gegenstand gebrauchte, die Fälschung[520]) nicht kannte.

§ 1 Bei den Fälschungsverbrechen ist ein mildernder Umstand immer die Tatsache, daß von der öffentlichen oder der privaten Urkunde oder dem gefälschten Gegenstand kein Gebrauch gemacht worden ist oder daß dieser Gebrauch nicht den Vorteil oder den Schaden, der zur Fälschung bestimmte, zur Folge gehabt hat; eingeschlossen ist der Fall, daß derjenige, der eine falsche Urkunde bei Gericht vorgelegt hat, nach den Vorschriften des bürgerlichen Rechts erklärt, auf sie zu verzichten, nachdem ihm entgegengehalten worden ist, die Urkunde sei falsch[521]).

§ 2 Bei allen Fälschungsverbrechen wird, soweit die zu ihrer Begehung besonders bestimmten Werkzeuge gefunden worden sind, deren Vernichtung und, soweit Gegenstände derselben Verbrechen beschlagnahmt worden sind, deren Einziehung zugunsten etwaiger Verletzter im Urteil angeordnet.

5. Abschnitt

Vorgetäuschte oder angemaßte Namen, Kleidung, Ämter und Titel

Art. 233 Wer unter einem falschen Namen auf irgendeine Weise versucht, sich der gesetzlichen Aufsicht durch die Obrigkeit zu entziehen, oder dem Staat oder Einzelpersonen einen Schaden zufügt,

---

519) „coisa falsa".

520) „falsificação".

521) „depois de arguido de falso".

wird mit Gefängnis von 15 Tagen bis zu sechs Monaten und mit Geldstrafe von einem Monat bestraft, unbeschadet der Vorschriften über die falsche Namensführung in den verschiedenen in diesem Gesetzbuch erwähnten Fällen[522]).

Einziger § Der Gebrauch eines falschen Namens aus gerechtfertigten Gründen kann zeitweilig durch die höhere Verwaltungsbehörde genehmigt werden.

Art. 234 Wer seinen Namen verändert, ohne daß diese Änderung in Übereinstimmung mit den vom bürgerlichen Recht dafür vorgesehenen Förmlichkeiten genehmigt worden ist, wird zu einer Geldstrafe von einem Monat verurteilt, unbeschadet des Ersatzes für irgendwelche Schäden, die er dadurch verursacht hat.

Art. 235 Wer sich in Kleider des anderen Geschlechtes kleidet und darin öffentlich einhergeht mit der Absicht, den Eindruck zu erwecken, daß sie ihm gehörten, oder wer in derselben Weise die Dienstkleidung eines öffentlichen Beamten oder eine Auszeichnung, die ihm nicht gehört, trägt, wird zu Gefängnis bis zu sechs Monaten und zu Geldstrafe bis zu einem Monat verurteilt.

Art. 236 Wer ohne ernannt zu sein oder ohne rechtmäßigen Grund die Aufgaben eines öffentlichen Bediensteten wahrnimmt, indem er sich diese Eigenschaft anmaßt, wird mit Gefängnis von einem bis zu zwei Jahren und entsprechender Geldstrafe bestraft, unbeschadet einer Bestrafung für Fälschungen, wenn diese Anwendung findet.

§ 1 Handelte es sich um die Aufgaben eines Militärbefehlshabers zu Wasser oder zu Lande, so gelten zu Kriegszeiten, auch wenn der Verbrecher nicht Angehöriger der Streitkräfte ist, die Bestimmungen der Militärgesetze. Die Bestimmung des einzigen Paragraphen des Art. 307 wird angewandt.

§ 2 Wer eine einem Berufe, welcher eine Ernennungsurkunde[523]) erfordert, vorbehaltene Handlung vornimmt, indem er sich, ohne ernannt zu sein und ohne rechtmäßigen Grund, die Eigenschaft eines

---

[522]) Art. 23 des Decreto 33.527 vom 21. 6. 1944 bestraft mit Gefängnis bis zu sechs Monaten und Geldstrafe bis zu 5.000$.— denjenigen, der durch fälschliche Verwendung eines Namens, Standes oder einer Eigenschaft, die kraft Gesetzes eine bestimmte Wirkung hervorruft, in einem anderen einen entsprechenden Irrtum erregt, um für sich oder einen anderen einen Vorteil davonzutragen oder einem anderen einen Schaden zuzufügen. Art. 24 des gleichen D. bestraft mit Gefängnis bis zu zwei Jahren den vorsätzlichen Gebrauch eines Ausweispapieres, welches einem anderen zusteht, oder das Überlassen eines Ausweispapieres an einen anderen, damit der es als eigenes gebrauche.

Beide Bestimmungen sind subsidiär.

[523]) „título"; (vgl. Anm. 462).

Lehrers oder Sachverständigen anmaßt, wird zu einer Strafe von sechs Monaten bis zu zwei Jahren und zu entsprechender Geldstrafe verurteilt[524]).

Art. 237 Wer sich einen Adelstitel anmaßt oder ein Wappenschild, welches ihm nicht zusteht, wird zu Gefängnis bis zu sechs Monaten und zu entsprechender Geldstrafe verurteilt.

6. Abschnitt

Falsches Zeugnis und andere falsche Erklärungen gegenüber der Obrigkeit

Art. 238 Wer in einer Strafsache[525]) über die wesentlichen Umstände der Tat, welche Gegenstand der Anklage ist, falsch gegen den Angeklagten aussagt, wird zu der Strafe des schweren Gefängnisses von zwei bis zu acht Jahren verurteilt.

§ 1 Wird jedoch der Angeklagte verurteilt und hat er eine schwerere Strafe erlitten, so wird derjenige, der auf diese Weise falsch gegen ihn ausgesagt hat, zu der gleichen Strafe verurteilt.

§ 2 Wer dasselbe falsche Zeugnis zugunsten des Angeklagten ablegt, wird zu schwerem Gefängnis von zwei bis zu acht Jahren verurteilt.

§ 3 Steht auf das Verbrechen lediglich Besserungsstrafe, so ist die Strafe für das angeführte falsche Zeugnis gegen und zugunsten des Angeklagten schweres Gefängnis von zwei bis zu acht Jahren.

§ 4 Die Falschaussage im Ermittlungsverfahren[526]) wird mit der unmittelbar niedrigeren Strafe bestraft.

§ 5 Die Falschaussage in zivilrechtlichen Angelegenheiten wird mit schwerem Gefängnis von zwei bis zu acht Jahren bestraft.

Art. 239 Die Bestrafung der Falschaussage unterbleibt, wenn derjenige, der sie machte, sie widerruft, bevor die Verhandlung über die Angelegenheit beendet ist.

Einziger § Wurde die falsche Aussage in dem Ermittlungsverfahren abgelegt, so unterbleibt die Bestrafung nur, wenn der Widerruf vor dem Abschluß des Ermittlungsverfahren erfolgt.

Art. 240 Wenn in den Fällen der vorhergehenden Artikel derjenige, der falsch ausgesagt hat, durch Geschenke oder Versprechun-

---

[524]) In Art. 12 ff. des Decreto 32.171 vom 29. 7. 1942 ist die Strafbarkeit der unerlaubten Ausübung der Heilkunst geregelt; die Bestimmungen enthalten jedoch keine von den Vorschriften des Código Penal abweichenden Strafdrohungen.

[525]) „causa criminal".

[526]) „processo preparatório"; gemeint ist aber das Verfahren nach dem 3. Kapitel des 2. Titels des 2. Buches des CPP: „da instrução" (vgl. Anm. 56 bei Art. 23).

gen bestochen worden ist, so wird die nach den Bestimmungen dieser Artikel zu verhängende Strafe immer verschärft.

§ 1 Die Bestechungssumme wird zugunsten des Staates eingezogen.

§ 2 Der Bestechende wird mit denselben Strafen bestraft.

§ 3 Der Bestechungsversuch wird nach Maßgabe der allgemeinen gesetzlichen Bestimmungen bestraft.

Art. 241 Die in den vorhergehenden Artikeln angedrohten Strafen sind zu verhängen gegen Sachverständige, die unter Eid falsche Erklärungen vor Gericht abgeben.

Art. 242 Wer in irgendeiner außergerichtlichen Untersuchung falsch aussagt und ebenso wer von Gesetzes wegen verpflichtet ist, gegenüber der Obrigkeit[527]) über eine andere Person oder eine den Staat betreffende Tatsache eidlich oder uneidlich Auskünfte zu erteilen oder Erklärungen abzugeben, und diese Auskunft falsch erteilt oder diese Erklärung falsch abgibt, wird mit zeitweiliger Aufhebung seiner staatsbürgerlichen Rechte und mit Gefängnis bis zu sechs Monaten bestraft.

Art. 243 Wenn der Ergänzungseid[528]) zugelassen wird, so wird derjenige, der ihn falsch schwört, mit der festen Strafe der Aufhebung seiner staatsbürgerlichen Rechte für 20 Jahre bestraft.

Einziger § Wird der Gewissenseid[529]) zugelassen oder auf ihn Bezug genommen, so wird derjenige, der falsch schwört, zu der gleichen Strafe verurteilt. Die Anklage[530]) kann jedoch nur von der Staatsanwaltschaft erhoben werden.

---

527) „Der das Personenstandsregister führende Beamte ist Obrigkeit i. S. des Art. 242 CP, wenn vor ihm die nach den Ziffern 7 und 8 des Art. 339 des Código de Registo Civil erforderlichen Erklärungen abgegeben werden."

Assento des Supremo Tribunal de Justiça vom 14. 3. 1944; Diário do Governo I vom 20. 3. 1944.

„Vor der Verkündung des D.-L. 33.725 vom 21. 6. 1944 beging derjenige, der als Zeuge bei einer Erklärung vor dem Personenstandsbeamten in dem Verfahren zur Erlangung des Personalausweises angab, er sei mit einer bestimmten näher bezeichneten Person verheiratet, das im Art. 242 CP unter Strafe gestellte Verbrechen."

Assento des Supremo Tribunal de Justiça vom 23. 3. 1945; Diário do Governo I vom 12. 4. 1945.

528) „juramento supletório"; es handelt sich hierbei um den Eid als Beweismittel im Zivilprozeß, der jetzt durch Art. 330 des Código de Processo Civil abgeschafft worden ist.

529) „juramento de alma"; s. die vorhergehende Anm.

530) „querela e acusação"; zum Unterschied vergl. Anm. 205 bei Art. 65 und Anm. 451 bei Art. 197.

Ein eine verschiedene Übersetzung der beiden Worte erfordernder Unterschied zwischen den beiden Begriffen besteht danach nicht.

Art. 244 Erhebt jemand böswillig gegen eine bestimmte Person eine Strafklage[531]), so wird er zu schwerem Gefängnis von zwei bis zu acht Jahren verurteilt.

Einziger § Klagt[532]) er sie eines Verbrechens an, welches lediglich Besserungsstrafe nach sich zieht, oder klagt[533]) er sie an in den Fällen, in denen das Strafverfahren für mit höherer Strafe bedrohte Taten nicht stattfindet[534]), so wird er zu Gefängnis von sechs Monaten bis zu zwei Jahren und zu entsprechender Geldstrafe verurteilt.

Art. 245 Wer schriftlich mit seiner Unterschrift oder ohne sie eine verleumderische Mitteilung[535]) oder Anzeige[536]) gegen eine Person

---

[531]) „... querelar"; vgl. Anm. 205 bei Art. 65 und Anm. 451 bei Art. 197. Es handelt sich jedoch hier nicht nur um die nach dem Strafverfahrensrecht als „querela" bezeichneten Formen der Anklage, sondern um jede Form der Anklage, wie der einzige § des Artikels ergibt. Bei Begehung durch den Staatsanwalt, vgl. Art. 288.

[532]) Vgl. die vorhergehende Anmerkung.

[533]) „acusar"; vgl. Anm. 205 bei Art. 65 und Anm. 451 bei Art. 197 sowie die vorhergehenden Anmerkungen.

[534]) „em que não tem lugar a querela"; vgl. Anm. 451 bei Art. 197 und die vorhergehenden Anmerkungen.

[535]) „participação"; vgl. die folgende Anmerkung.

[536]) „denunciação"; vgl. Anm. 205 bei Art. 65. Es ist jedoch zu beachten, daß hier nicht der gleiche Begriff wie dort verwendet wird. Daher sind die beiden in Anm. 535 und dieser Anmerkung angeführten Bezeichnungen nicht im Sinne einer Strafanzeige wie bei den in der Anm. 205 angeführten Fällen anzusehen, sondern lediglich als sachliche Mitteilung einer Straftat.

„Zur Feststellung des Verbrechens des Art. 245 CP ist erforderlich, daß seine Tatbestandsmerkmale vorliegen, d. h.:

a) daß das Schriftstück eine Mitteilung oder eine Anzeige darstellt;
b) daß es sachlich unrichtig ist;
c) daß der Mitteilende Kenntnis von der Unrichtigkeit hat."

Acordão des Supremo Tribunal de Justiça vom 24. 5. 1938; Jornal do Foro, 3. Jg., Zusammenfassung, S. 37.

„Beim Verfahren wegen eines Verbrechens der verleumderischen Anzeige ist der Beweis der Wahrheit der behaupteten Tatsache, wie er als Verteidigungsmittel im Art. 407 CP zugelassen ist, nicht zulässig. Zwischen beiden Vorschriften besteht folgender Unterschied: der Artikel 245 setzt voraus, daß bei der Beweisaufnahme die Unrichtigkeit der gegenüber den Behörden gemachten Anzeige festgestellt wird; beim Art. 407 ist der Nachweis der Richtigkeit der Verteidigung des Verleumders überlassen. Es handelt sich um verschiedene Verbrechen und verschiedene Verfahren."

Acordão des Supremo Tribunal de Justiça vom 4. 5. 1937; Revista de Legislação e Jurisprudência, Jg. 65, S. 140.

„Tatbestandsmerkmal der verleumderischen Anzeige nach Art. 245 ist es nicht, daß der Mitteilende oder der Anzeigende sich auf eine strafbare Handlung bezieht, noch daß der Verbrecher die Anwendung einer Strafmaßnahme gegen den Angezeigten fordert; es genügt, daß die unterstellte Tatsache das Ansehen und den guten Ruf des Angezeigten verletzt. Es ist

unmittelbar gegenüber der Obrigkeit macht, wird mit Gefängnis von einem Monat bis zu einem Jahr und mit der Aufhebung seiner staatsbürgerlichen Rechte für fünf Jahre bestraft.

7. Kapitel

VERLETZUNGEN DER BEERDIGUNGSGESETZE, GRABSCHÄNDUNG UND VERBRECHEN GEGEN DIE ÖFFENTLICHE GESUNDHEIT

1. Abschnitt

Verletzungen der Beerdigungsgesetze und Grabschändung[537])

Art. 246 Die Beerdigung einer Person unter Zuwiderhandlung gegen die Gesetze und Ausführungsvorschriften über Zeit, Ort und sonstige Förmlichkeiten, die für Bestattungen vorgeschrieben sind, wird mit Gefängnis bestraft.

Einziger § Mit derselben, durch Geldstrafe verschärften Strafe wird der Arzt belegt, der ohne verbrecherische Absicht einen Totenschein für eine Person ausstellt, die sich später als lebend erweist.

Art. 247 Wer eine Grabschändung begeht, indem er vor oder nach der Beerdigung irgend welche Taten ausführt, welche unmittelbar darauf abzielen, die der Erinnerung an die Toten geschuldete Achtung zu verletzen, wird mit Gefängnis bis zu einem Jahr und entsprechender Geldstrafe bestraft.

§ 1 Von der Bestimmung dieses Artikels werden die Fälle nicht erfaßt, in denen nach den Bestimmungen der Gesetze oder der Ausführungsvorschriften und auf Grund einer Anordnung der zuständigen Behörde eine Leiche von einer Grabstätte zu einer anderen desselben oder eines anderen Friedhofes oder Beerdigungsplatzes übergeführt wird oder Verbesserungen an der Grabstätte vorgenommen werden.

§ 2 Wer, ohne die Grabstätte zu schänden, irgendwelche Taten verübt, welche unmittelbar darauf abzielen, die der Erinnerung an den Toten oder die Toten geschuldete Achtung zu verletzen, wird zu Gefängnis bis zu einem Jahr verurteilt.

---

auch nicht erforderlich, daß das die Anzeige enthaltende Schriftstück vom Anzeigenden gefertigt und unterschrieben ist; es genügt, daß erkennbar wird, daß es in seinem Namen hergestellt worden ist und daß er dies veranlaßt hat und daß er es für sich an die Behörden hat abschicken lassen."

Acordão des Supremo Tribunal de Justiça vom 22. 12. 1932; Revista de Legislação e Jurisprudência, Jg. 65, S. 268.

Danach ist dieses Delikt der falschen Anschuldigung des deutschen Strafrechts vergleichbar.

[537]) „violação dos túmulos".

§ 3 Besteht das in dem vorhergehenden Paragraphen vorgesehene Verbrechen in einer Tat, welche, wenn sie gegen eine lebende Person begangen worden wäre, ein Verbrechen, wie es im letzten Teil des Art. 393 vorgesehen ist, bildete, so wird es mit schwerem Gefängnis von zwei bis zu acht Jahren bestraft. Die Grabschändung wird in diesem Falle als ein erschwerender Umstand des vollendeten Verbrechens angesehen.

2. Abschnitt

Verbrechen gegen die öffentliche Gesundheit

Art. 248 Wer giftige oder abtreibende Mittel zum Verkaufe feilbietet, verkauft oder verschafft, ohne dazu in rechtmäßiger Weise ermächtigt worden zu sein und ohne die dazu von den diesbezüglichen Gesetzen und Ausführungsvorschriften geforderten Förmlichkeiten beachtet zu haben, wird zu einer Gefängnisstrafe nicht unter drei Monaten und zu entsprechender Geldstrafe verurteilt.

Art. 249 Mit einer Gefängnisstrafe nicht unter einem Monat und mit entsprechender Geldstrafe wird der Apotheker belegt, der beim Verkauf oder der Verabfolgung eines Heilmittels die Vorschriften auf der von zuständiger Seite unterschriebenen ärztlichen Verordnung ersetzt oder auf irgendeine Weise ändert oder verdorbene Heilmittel verkauft oder verabfolgt.

Art. 250 Der Arzt, der in einem Notfalle seine Kunsthilfe verweigert, und ebenso jede Person, die, nachdem sie von zuständiger Seite herbeigerufen oder aufgefordert worden ist, eine in ihren Beruf fallende Handlung vorzunehmen, welche nach dem Gesetze zur Erfüllung öffentlicher Aufgaben notwendig ist, sich weigert, diese Handlung vorzunehmen, wird zu Gefängnis bis zu einem Jahr und zu entsprechender Geldstrafe verurteilt.

Einziger § Im Sinne dieses Artikels gilt als Weigerung, wenn die herbeigerufene oder aufgeforderte Person ohne rechtfertigende Entschuldigung zu der angegebenen Zeit am angegebenen Orte nicht erscheint[538]).

Art. 251 Wer auf irgendeine Weise Güter, welche zum allgemeinen Verbrauche bestimmt sind, verändert, so daß sie gesundheitsschädlich werden, und sie nach dieser Veränderung zum Verkaufe feilbietet und ebenso, wer auf dieselbe Weise Güter, welche zum Verbrauche durch eine oder mehrere Personen bestimmt sind, verändert oder wer verdorbene Güter verkauft oder Gegenstände,

---

538) frei übersetzt, wörtlich: das Nichterscheinen ohne rechtfertigende Entschuldigung an Ort und Zeit, zu der herbeigerufen oder aufgefordert worden war, wird im Sinne aller Bestimmungen dieses Artikels als Verweigerung angesehen.

deren Gebrauch notwendigerweise gesundheitsschädlich ist, herstellt oder verkauft, wird mit Gefängnis von zwei Monaten bis zu zwei Jahren und entsprechender Geldstrafe bestraft, unbeschadet einer der höheren Strafen, wenn eine solche Anwendung findet.

§ 1 Überall, wo verdorbene Güter oder die oben genannten Gegenstände aufgefunden werden, sind sie zu beschlagnahmen und unbrauchbar zu machen.

§ 2 Mit der gleichen Strafe wird bestraft:

1. wer Sachen, die zur Vernichtung oder zur Entkeimung bestimmt sind, verbirgt oder entzieht oder kauft oder verkauft;
2. wer in eine Quelle, einen Brunnen, einen Fluß, einen Bach oder einen See, deren Wasser als Trinkwasser dient, einen Gegenstand wirft, welcher das Wasser unsauber oder gesundheitsschädlich macht.

Art. 252 In allen in diesem Kapitel nicht geregelten Fällen, in denen eine Verletzung der Gesundheitsvorschriften festgestellt wird, gelten deren besondere Regelungen.

8. Kapitel

UNERLAUBTES WAFFENTRAGEN, UNERLAUBTE JAGD- UND FISCHEREIAUSÜBUNG

1. Abschnitt

Unerlaubtes Waffentragen

Art. 253 Wer eine Vorrichtung, welche geeignet ist, eine Sprengung auszulösen, die die Vernichtung von Personen oder Gebäuden bewirken kann, herstellt, einführt, verkauft, verschafft oder verwahrt, wird zu der Strafe des schweren Gefängnisses von acht bis zu zwölf Jahren verurteilt, unbeschadet der Verschärfung, die darauf auf Grund einer Beihilfe zu irgendeinem Verbrechen solcher Art zutreffen kann.

§ 1 Wer ohne Erlaubnis der Verwaltungsbehörden Hieb- oder Feuerwaffen herstellt oder einführt oder verkauft oder verschafft und ebenso, wer sie ohne diese Erlaubnis oder eine sich aus den Gesetzen ergebenden Befugnis gebraucht, wird zu Gefängnis bis zu sechs Monaten und entsprechender Geldstrafe verurteilt.

§ 2 Zu der gleichen Strafe verurteilt werden von dem vorhergehenden Paragraphen nicht erfaßte Personen, denen die diesbezügliche Erlaubnis entzogen worden ist und die gleichwohl fortfahren, sie zu benutzen, wie wenn sie noch gültig wäre.

§ 3 Wer die genannten Waffen lediglich in seiner Wohnung oder an einer anderen Stelle aufbewahrt, wird mit einer Geldstrafe von acht Tagen bis zu einem Monat bestraft.

§ 4 Unter die Bestimmungen dieses Artikels und seiner Paragraphen fallen nicht die Waffen, welche als Kunst- oder Schmuckgegenstände anzusehen sind.

§ 5 In allen anderen Fällen, welche in diesem Artikel und in seinen Paragraphen geregelt worden sind, werden die Waffen beschlagnahmt und zugunsten des Staates eingezogen.

2. Abschnitt

Unerlaubte Jagdausübung[539]) *und unerlaubte Fischereiausübung*[540])

Art. 254 Wer in den Monaten, in denen durch gemeindliche Satzung[541]) oder durch Vorschriften der öffentlichen Verwaltung die Ausübung der Jagd verboten ist, der Jagd nachgeht und wer in den Monaten, in denen sie nicht verboten ist, auf eine Weise jagt, die durch dieselben gemeindlichen Verordnungen oder Verwaltungsvorschriften ebenfalls verboten ist, wird mit Gefängnis von drei bis zu dreißig Tagen und mit entsprechender Geldstrafe bestraft.

Einziger § Mit den gleichen Strafen, jedoch nur im Wege des vom Besitzer eingeleiteten Privatklageverfahrens wird bestraft, wer in einem ummauerten oder eingefriedeten Gelände ohne die Zustimmung des Besitzers jagt.

Art. 255 Mit den gleichen Strafen wird bestraft:

1. wer in den durch gemeindliche Satzung oder durch Verordnungen der Verwaltung verbotenen Monaten der Fischerei nachgeht;
2. wer mit einem Schleppnetz oder mit einem Netz, dessen Maschen enger sind, als dies von der gemeindlichen Verwaltung[542]) festgelegt ist, oder auf sonst eine durch dieselben gemeindlichen Satzungen oder Verwaltungsverordnungen verbotene Weise fischt;
3. wer in Flüsse oder Seen zu irgendeiner Zeit Lorbeerkraut, Eisenkraut, Fischkorn oder Kalk oder einen sonstigen Stoff, mit dem man Fische tötet, wirft.

---

539) Das Jagdwesen ist heute gesetzlich geregelt im D.-L. 23.460 und im D.-L. 23.461 vom 17. 1. 1934. Im letzteren sind detaillierte Strafbestimmungen enthalten.

540) Die Nebengesetzgebung zu den Vorschriften über die unerlaubte Ausübung der Fischerei ist sehr umfangreich. Ihre Bedeutung für Portugal ist erheblich, da die Fischerei einen wesentlichen Erwerbszweig darstellt und Übergriffe nicht selten sind. Wegen der geringen allgemeinen Bedeutung kann hier jedoch darauf verzichtet werden, ihren Inhalt mitzuteilen.

541) „posturas municipais".

542) „câmara municipal".

9. Kapitel

LANDSTREICHEREI, BETTELEI UND VEREINIGUNGEN VON ÜBELTÄTERN

1. Abschnitt

Landstreicherei[543])

Art. 256 *Wer keinen festen Wohnsitz hat und auch keine Mittel zu seinem Unterhalte besitzt noch gewöhnlich einem Berufe oder einem Handwerk oder einem sonstigen Gewerbe nachgeht, mit dem er seinen Lebensunterhalt verdient, wird, wenn er nicht höhere Gewalt nachweist, die ihn in seiner Lage rechtfertigt, von der zuständigen Stelle abgeurteilt und zum Landstreicher erklärt und mit Gefängnis bis zu sechs Monaten bestraft und der Regierung übergeben, damit sie ihm Arbeit verschaffe für die Zeit, die angemessen erscheint.*

Art. 257 *Bietet der Landstreicher nach der Rechtskraft des Urteils die Leistung einer geeigneten Bürgschaft an, so kann die Regierung diese zulassen und ihm an dem Ort, den der Bürge angibt, seinen Wohnsitz zuweisen.*

§ 1 *Die Zulassung der Bürgschaft beendet die Strafvollstreckung.*

§ 2 *Der Bürge kann zu jeder Zeit die Aufhebung der Bürgschaft beantragen, indem er den Landstreicher der zuständigen Behörde übergibt, damit der Rest der im Urteil angeordneten Strafe vollstreckt werde.*

§ 3 *Flieht der Verurteilte von dem Orte, der ihm als Wohnsitz zugewiesen wurde, so hat er die gesamte Strafe zu verbüßen, wie wenn er keine Bürgschaft geleistet hätte.*

Art. 258 *Dringt der Landstreicher ohne einen rechtfertigenden Grund in eine Wohnung oder einen zu dieser gehörenden verschlossenen Raum ein oder wird er in irgendeiner Weise verkleidet angetroffen oder werden bei ihm Gegenstände, deren Wert 10$000 réis übersteigt, gefunden und kann er die Herkunft dieses Besitzes nicht rechtfertigen, so wird er zu Gefängnis von einem bis zu zwei Jahren verurteilt und darauf der Regierung in der im Art. 256 vorgesehenen Weise übergeben, ohne daß die Bürgschaft des Art. 257 geleistet werden kann.*

---

[543]) Die Artikel 256 bis 262 wurden geändert und ersetzt durch Lei vom 20. 7. 1912. Diese wurde widerrufen durch Art. 97 des D.-L. 35.042 vom 20. 10. 1945, in dem dieser Abschnitt in den Art. 23 und 22 geregelt wurde.

Gegenwärtig findet sich diese Materie in dem Art. 71 Ziffer 1 (Landstreicherei) und Ziffer 2 (Bettelei) geordnet.

Art. 259 *Ist der Landstreicher Ausländer, so wird er der Regierung übergeben, damit diese ihn zum Verlassen des portugiesischen Hoheitsgebietes veranlasse, wenn er die Arbeit, die für ihn bestimmt wurde, zurückweist.*

2. Abschnitt

Bettelei[545])

Art. 260 *Jede Person, die in der Lage ist, ihren Lebensunterhalt durch Arbeit zu verdienen, wird, wenn sie der gewohnheitsmäßigen Bettelei überführt ist, als Landstreicher angesehen und entsprechend bestraft.*

Art. 261 *Mit Gefängnis von zwei Monaten bis zu zwei Jahren werden alle Bettler bestraft, welche durch sichtbare Zeichen Krankheiten vortäuschen oder welche Drohungen oder Beleidigungen anwenden oder welche in Gruppen betteln. Dies gilt nicht vom Ehemann und seiner Ehefrau, von Vater oder Mutter mit ihren unmündigen Kindern, von Blinden oder Verkrüppelten, welche sich nicht ohne fremde Hilfe bewegen können, und ihren Begleitpersonen.*

Art. 262 *Auf Bettler sind die Bestimmungen des Art. 258 und die Bestimmung der Polizeigesetze und Polizeiverordnungen anzuwenden.*

3. Abschnitt

Vereinigung von Übeltätern[546])

Art. 263 Wer an einer Vereinigung teilnimmt, welche zur Verübung von Verbrechen gebildet wurde, wird, wenn deren innere Ordnung oder Bestehen sich in einer Vereinbarung oder sonst irgendwelchen Tatsachen äußert, zu schwerem Gefängnis von zwei bis zu acht Jahren verurteilt. Gegen die Gründer[547]) der Vereinigung und ihre Vorstandsmitglieder oder Anführer wird schweres Gefängnis von zwei bis zu acht Jahren[548]) verhängt.

Einziger § Als Gehilfen werden diejenigen Personen bestraft, die diesen Vereinigungen oder ihren Unterabteilungen wissentlich und willentlich Waffen, Munition, Verbrechenswerkzeuge, Schlupfwinkel oder Versammlungsorte gewähren.

---

545) s. Anm. 543 beim 1. Abschnitt.

546) „associação de malfeitores".

547) „autores"; hier nicht im Sinne des Art. 19.

548) Die gleiche Strafdrohung für verschieden schwere Fälle erklärt sich aus der Änderung der Strafrahmen durch die neue Strafrechtsreform von 1954, s. Art. 129 Ziffer 5. Ursprünglich war im 1. Teil des Artikels alternativ zwei- bis achtjähriges Zellengefängnis oder zeitige Verbannung und in dem 2. Teil alternativ zwei- bis achtjähriges Zellengefängnis oder zeitiges festes Gefängnis vorgesehen.

10. Kapitel

GLÜCKSSPIEL, AUSSPIELUNGEN, UNERLAUBTE VEREINBARUNGEN ÜBER ÖFFENTLICHE WERTPAPIERE UND MISSBRÄUCHE IN LEIHHÄUSERN

1. Abschnitt

Glücksspiel[549])

---

[549]) Die Artikel dieses Abschnittes wurden widerrufen durch Art. 63 des Decreto 14.643 vom 3. 12. 1927.

Die Materie ist nunmehr geregelt durch das Decreto 16.416 vom 25. 1. 1929:

„Art. 1 Wer an irgendeiner Stelle außerhalb der Bereiche und der Zeiten, auf welche der Art. 3 und seine Paragraphen des Decreto 14.643 vom 3. 12. 1927 hinweisen, Glücksspiele veranstaltet oder wer mit der Spielleitung beauftragt ist, selbst wenn dies nicht gewohnheitsmäßig geschieht, und ebenso jeder Verwalter, Vorsteher oder Geschäftsführer wird mit Gefängnis bis zu einem Jahr, Geldstrafe bis zu 10.000$00 und Entlassung aus jedem Amte beim Staate und bei den Verwaltungskörperschaften, das er gegebenenfalls innehat, bestraft. Der erste Rückfall wird mit Gefängnis bis zu zwei Jahren und Geldstrafe von 10.000$00 bis zu 20.000$00 und die nachfolgenden Rückfälle mit zwei Jahren Gefängnis und Geldstrafe von 20.000$00 bis zu 30.000$00 bestraft, wobei der Täter zur Verfügung der Regierung bleibt.

§ 1 Die zum Spiel bestimmten Gelder und Wertgegenstände, die Möbel der Wohnung, die zum Betriebe des Spieles bestimmten Gerätschaften, Gegenstände und Werkzeuge werden beschlagnahmt und verfallen zur Hälfte dem Staate, zur anderen Hälfte denjenigen, die die Beschlagnahme vorgenommen haben, und denjenigen, die Anzeige erstattet haben, selbst dann, wenn bei der Beschlagnahmehandlung kein Spiel betrieben wurde.

§ 2 War eine der Personen, auf die sich der Art. 1 bezieht, Eigentümer oder Nießbraucher des Grundstücks oder des Gebäudes, in dem das Spiel betrieben wurde, so verfällt das Gebäude oder die Vorteile des Nießbrauches dem Staate und denjenigen, die die Beschlagnahme vorgenommen oder die Anzeige erstattet haben, in den Anteilen des vorhergehenden Paragraphen.

§ 3 ... (Betrifft zivilrechtliche Folgen für den Eigentümer etc.) ...

§ 4 Der Eigentümer oder der Nießbraucher, welcher in der im vorhergehenden Paragraphen vorgesehenen Form der Ausübung des unerlaubten Glücksspieles zustimmt, verliert das Grundstück oder die Vorteile des Nießbrauches zur Hälfte an den Staat und zur andern Hälfte an diejenigen, die die Beschlagnahme vorgenommen oder Anzeige erstattet haben.

Art. 2 Die Personen, die beim Glücksspiele betroffen werden und nicht unter die im Artikel 1 und seinen Paragraphen erwähnten Gruppen fallen, und alle anderen Personen, die im Spielsaal anwesend sind, außerhalb der Gebiete und der Zeiten, in denen das Spiel gestattet ist, werden mit Gefängnis von sechs Monaten bis zu zwei Jahren und mit Geldstrafe von 5.000$00 bis zu 10.000$00 bestraft.

Art. 264 *Jeder Spieler, der sich vom Glücksspiel erhält, indem er daraus seinen wesentlichen Erwerbszweig macht, wird als Landstreicher abgeurteilt und bestraft.*

Art. 265 *Wer beim Glücksspiel angetroffen wird, wird beim ersten Male mit einem Verweis und beim Rückfall mit Geldstrafe von, je nach seinem Einkommen, 15 Tagen bis zu einem Monat bestraft.*

Art. 266 *Wer mit einem Minderjährigen unter 21 Jahren oder einer unter elterlicher Gewalt stehenden Person[550]) Glücksspiele spielt, wird zu Gefängnis von einem bis zu sechs Monaten und Geldstrafe von einem Monat verurteilt.*

Einziger § *Mit derselben Strafe wird belegt, wer einen Minderjährigen oder eine unter elterlicher Gewalt stehende Person zum Glücksspiel oder zu lasterhaften Angewohnheiten oder zu der Verletzung des ihren Eltern oder ihrem Vormund geschuldeten Gehorsams verlockt, wenn diese Strafklage erheben[551]).*

---

§ 1 Ist eine der Personen, auf die dieser Artikel hinweist, öffentlicher Beamter, sei es des Staates, sei es der Verwaltungskörperschaften, so wird er außerdem aus seinem Amte entlassen.

§ 2 Beim zweiten Rückfall werden die Personen, auf die dieser Artikel hinweist, mit der in demselben Artikel angedrohten, nach den allgemeinen Vorschriften verschärften Geldstrafe bestraft.

Art. 3 Der einfache Besitz oder das einfache Vorhandensein von Gegenständen oder Geräten, welche allein zum Glücksspiel verwendet werden können, läßt je nach der Fallgestaltung die Strafvorschriften des Art. 2 und seiner Paragraphen oder des Art. 1 zur Anwendung kommen.

Einziger § Die Besitzer von Gegenständen und Geräten für Glücksspiele können nach der Veröffentlichung dieses Dekretes der Verwaltungsbehörde — dem Zivilgouverneur oder dem Verwalter des Landkreises — eine Aufstellung dieser Gegenstände oder Geräte vorlegen, damit daraufhin deren Schicksal bestimmt wird. Nur so können sie die Folgen des Art. 3 vermeiden.

Art. 4 Ist irgendein Unternehmen, dem der Spielbetrieb erlaubt worden ist, an der Veranstaltung von Glücksspielen außerhalb der gesetzlich geregelten Spielbanken beteiligt, so unterliegt es den Strafvorschriften des Art. 1 und seiner Paragraphen, welche durch den sofortigen Verlust der Erlaubnis und der Beschlagnahme der Spielbank und der hinterlegten Geldbeträge verschärft werden."

Der Zivilgouverneur („governador civil") ist nach der modernen Verwaltungseinteilung der von der Regierung ernannte Vorsteher der untersten staatlichen Verwaltungseinheit: der Distrikte. Der Verwalter der Landkreise („administrador do concelho") ist der ebenfalls vom Staate ernannte Vorsteher der obersten Selbstverwaltungskörperschaft, der „concelhos". Diese entsprechen jedoch in Größe und Aufgaben nicht den Landkreisen des deutschen Kommunalwesens.

[550]) „menor de vinte-e-um anos ou filho-famílias".

[551]) „se estes acusarem" (vgl. Anm. 205 bei Art. 65).

Art. 267 *Wer an irgendeinem Ort Glücksspiele veranstaltet oder mit der Spielleitung beauftragt ist, wird, selbst wenn dies nicht gewohnheitsmäßig geschieht, mit Gefängnis von zwei Monaten bis zu einem Jahr und mit entsprechender Geldstrafe bestraft. Das gleiche gilt von jedem Verwalter, Vorsteher oder Geschäftsführer.*

Einziger § *Das Geld und sonstige zum Spiel bestimmte Sachen, die Möbel der Wohnung, die zum Betriebe des Spieles bestimmten Gerätschaften, Gegenstände und Werkzeuge werden beschlagnahmt und zur Hälfte zu Gunsten des Staates, zur Hälfte zu Gunsten derjenigen Personen, die beschlagnahmt haben, eingezogen.*

Art. 268 *Wer Gewalt oder Drohungen gebraucht, um einen anderen zum Spiele zu nötigen oder ihm das Spiel zu halten, wird mit Gefängnis von zwei Monaten bis zu einem Jahr und entsprechender Geldstrafe bestraft, unbeschadet einer schwereren Strafe, wenn diese Anwendung findet.*

Art. 269 *Mit den Strafen für Diebstahl wird belegt, wer betrügerische Mittel anwendet, um sich das Spielglück zu sichern.*

2. Abschnitt

Ausspielungen[552])

Art. 270 Jede Ausspielung, welche nicht durch Gesetz erlaubt worden ist, ist verboten. Die Bestimmung des Art. 272 bleibt unberührt.

§ 1 Als Ausspielung gilt und daher verboten ist jedes Angebot an die Öffentlichkeit, welches mit dem Ziele geschieht, die Hoffnung auf einen durch einen Glückszufall zu erlangenden Gewinn entstehen zu lassen.

§ 2 Die Veranstalter, Unternehmer und Vertreter jeder inländischen Ausspielung oder jedes Geschäftsvorganges, der als Ausspielung anzusehen ist, werden je nach ihren Einkommen mit einer Geldstrafe von einem bis zu sechs Monaten bestraft.

§ 3 Die in einer Ausspielung eingesetzten Gegenstände werden beschlagnahmt und verfallen dem Staate.

§ 4 Handelt es sich um die Ausspielung einer unbeweglichen Sache, so wird der Verfall des Gegenstands der Ausspielung zugunsten des Staates durch eine dem Eigentümer aufzuerlegende Geldstrafe ersetzt, welche, je nach den Umständen, bis zum Wert derselben unbeweglichen Sache erhöht werden kann. Dazu tritt die im § 2 bestimmte Geldstrafe.

§ 5 Die besonderen Vorschriften des Gesetzes[553]) vom 28. 7. 1885

---

[552]) „lotarias".

[553]) „carta de lei"; die amtliche Bezeichnung der konstitutionellen Monarchie für Gesetze.

über den Verkauf von Losen und Anteilscheinen ausländischer Ausspielungen bleiben unberührt.

Art. 271 Wer Lose verkauft oder verteilt oder wer durch irgendein Veröffentlichungsmittel eine Ausspielung bekannt macht, wird je nach seinem Einkommen mit einer Geldstrafe von 15 Tagen bis zu drei Monaten bestraft.

Art. 272 Von der Regierung können Ausspielungen über bewegliche Sachen oder Geld gestattet werden, welche ausschließlich wohltätigen Zwecken oder der Förderung der Künste bestimmt sind.

Einziger § Wer die Ausführungsvorschriften der Regierung für diese erlaubten Ausspielungen übertritt, wird mit den Strafen der vorhergehenden Artikel bestraft.

3. Abschnitt

Unerlaubte Vereinbarungen über öffentliche Wertpapiere[554])

Art. 273 Wer den Verkauf oder die Übergabe von Staatspapieren oder ausländischen Wertpapieren oder von Wertpapieren öffentlicher Anstalten oder Aktiengesellschaften vereinbart, wird, wenn er nicht beweist, daß diese Wertpapiere zur Zeit der Vereinbarung zu seiner Verfügung standen oder daß sie zur vereinbarten Zeit der Übergabe hätten zu seiner Verfügung stehen müssen, mit Gefängnis von 15 Tagen bis zu sechs Monaten und mit entsprechender Geldstrafe bestraft.

Einziger § Kannte der Käufer die in diesem Artikel erläuterten Umstände, so wird er mit der Hälfte dieser Strafen bestraft.

4. Abschnitt

Mißbräuche in Leihhäusern

Art. 274 Wer ohne eine von zuständiger Seite erteilte Erlaubnis ein Unternehmen unterhält, in dem gewohnheitsmäßig Darlehen gegen Pfänder gegeben werden, und ebenso wer in einem erlaubten Unternehmen nicht in gehöriger Weise Bücher führt, in denen in richtiger Reihenfolge und ohne Zwischenzeilen die dargeliehenen Geldbeträge oder Gegenstände, die Namen, Wohnungen und der Beruf der Schuldner, die Art, Güte und der Wert der beliehenen Gegenstände enthalten sind, wird mit Gefängnis von 15 Tagen bis zu drei Monaten und mit Geldstrafe von einem Monat bestraft.

---

[554]) „fundos públicos". Nach Figueiredo sind „fundos públicos": „Wertpapiere, die amtlich garantiert sind."

11. Kapitel
MONOPOL UND SCHMUGGEL

1. Abschnitt
Monopol

Art. 275[555]) *Jeder Kaufmann, der zum allgemeinen Verbrauche Güter des notwendigen täglichen Bedarfs verkauft, wird, wenn er seine Vorräte zurückhält oder sich weigert, sie an jeden beliebigen Käufer zu verkaufen, je nach seinem Einkommen, mit einer Geldstrafe von einem bis zu sechs Monaten bestraft.*

Art. 276[555]) *Jegliche Person, die durch eine Täuschungshandlung*[556]) *eine Änderung des Preises bewirkt, der sich aus dem natürlichen und freien Wettbewerb der Waren, Güter, Wertpapiere und sonstiger Sachen, die Gegenstand des Handels sind, ergibt, wird je nach ihrem Einkommen mit einer Geldstrafe von einem bis zu drei Jahren bestraft.*

Einziger § *Besteht die Täuschungshandlung, die zur Begehung dieses Verbrechens gebraucht wird, in einer Verbindung*[557]) *mit anderen Personen, so findet die Strafe Anwendung, sobald ein Beginn der Ausführunghandlungen vorliegt.*

---

[555]) Art. 275 und Art. 276 sind widerrufen durch Art. 32 des Decreto 29.964 vom 10. 10. 1939.

Das portugiesische Wirtschaftsleben ist einer sehr detaillierten gesetzlichen Regelung unterworfen, die — bei grundsätzlicher Anerkennung der marktwirtschaftlichen Prinzipien — die Wirtschaftsfreiheit mit Rücksicht auf die durch bisher ungenügende wirtschaftliche Entwicklung des Landes stets bedrohte Finanz- und Versorgungsstabilität im einzelnen stark beschränkt.

Die Strafbestimmungen sind gegenwärtig im Decreto-Lei 41.204 vom 24. 7. 1957 geregelt: „Das infracções contra a saûde pública e das infracções anti-económicas".

Unter die erste Gruppe (gegen die öffentliche Gesundheit) fallen dabei Schwarzschlachtungen und ähnliche Delikte, welche neben dem Schutz der öffentlichen Gesundheit auch der Vermeidung einer unkontrollierten Marktbefriedigung dienen.

Die eigentlichen Straftaten gegen die Wirtschaftsordnung sind die Warenhortung („açambaramento", Art. 20 ff., etwa vergleichbar dem Art. 275 CP) und das der Spekulation („especulação", Art. 24 ff., etwa vergleichbar dem Art. 276 CP). Als Nebenstrafen kommen (Art. 7) neben den allgemeinen des CP insbesondere in Betracht: Geschäftsschließung, Entziehung der zum Betriebe eines Unternehmens erforderlichen Lizenzen etc.

Neben diesem grundlegenden Gesetz besteht eine nahezu unübersehbare Nebengesetzgebung.

[556]) „meio fraudulento".

[557]) „coligação".

Art. 277[558]) Mit Gefängnis von einem bis zu sechs Monaten und

[558]) Diese Bestimmung ist zur Zeit zwar nicht ausdrücklich widerrufen, jedoch inhaltlich durch das D.-L. 23.870 vom 18. 5. 1934 i. d. F. durch das D.-L. 24.836 vom 2. 1. 1935 überholt. Daher sind in ihm auch die Geldstrafen nicht der modernen Währungseinheit angepaßt worden.

Das D.-L. 23.870 i. d. F. durch das D.-L. 24.836 hat folgenden Wortlaut:

„Art. 1 Das Unternehmen einer Einzelperson oder einer Gesellschaft, das die Arbeit in seinen Betrieben, Verwaltungsräumen oder wirtschaftlichen Unternehmungen ganz oder teilweise stillegt mit dem einzigen Ziele, den ihm unterstellten oder von ihm abhängigen Personen irgendwie geartete Änderungen in den bestehenden Verträgen aufzuzwingen oder die Änderung dieser Verträge zu verhindern oder eine andere Anwendung der Bestimmungen der bestehenden Verträge oder der bestehenden Arbeits- und Betriebsgewohnheiten zu erreichen oder zu verhindern oder Vorteile von den Lieferanten der Rohmaterialien, Fertigwaren oder Hilfsmittel oder vom Staate oder den Verwaltungskörperschaften zu erreichen, wird mit einer Geldstrafe nicht unter 1.000$00 und nicht über 50.000$00 bestraft. Die Geschäftsführer, Vorstandsmitglieder oder Verwalter des Unternehmens werden mit einer Gefängnisstrafe von sechs Monaten bis zu zwei Jahren bestraft.

Art. 2 Die technischen Mitarbeiter, Angestellten und Arbeiter, die in einer Anzahl von mehr als drei Personen gemeinschaftlich die Arbeit verlassen oder sie in einer Weise leisten, die ihre Regelmäßigkeit und Gleichmäßigkeit stören soll, mit dem einzigen Ziele, den Arbeitgebern neue Arbeitsbedingungen oder das Zugeständnis von Verbesserungen in den Arbeitsbedingungen aufzuzwingen oder Widerstand gegen Maßnahmen höheren Ortes, welche mit den gesetzlichen Bestimmungen in Einklang stehen, zu leisten oder sich einer Änderung der bestehenden Verträge zu widersetzen oder eine andere Anwendung der Bestimmungen der geltenden Verträge oder der geltenden Arbeits- und Betriebsgewohnheiten zu erreichen oder zu verhindern, werden mit einer Geldstrafe von 50$00 bis 1.000$00 bestraft.

Einziger § In den in diesem Artikel vorgesehenen Fällen kann die Geldstrafe durch eine Gefängnisstrafe bis zu einem Jahr ersetzt werden.

Art. 3 Das Unternehmen einer Einzelperson oder einer Gesellschaft, die technischen Mitarbeiter, Angestellten oder Arbeiter, die eines der in den vorhergehenden Artikeln vorgesehenen Verbrechen jeweils mit politischen Zielen begehen, werden mit der Strafe der Verbannung von drei bis zu acht Jahren mit Gefängnis am Orte der Verbannung bis zu einem Jahre oder ohne dies und zu einer Geldstrafe bis zu 80.000$00, wenn es sich um das Unternehmen einer Einzelperson oder einer Gesellschaft handelt, oder mit der Strafe der Verbannung von drei bis acht Jahren und Geldstrafe bis zu 2.000$00 bestraft, wenn es sich um technische Mitarbeiter, Arbeiter oder Angestellte handelt.

Einziger § Nimmt eines dieser Verbrechen einen umstürzlerischen Charakter an, so ist die Strafe Verbannung von vier bis zu zehn Jahren mit Gefängnis am Orte der Verbannung von zwei bis zu vier Jahren oder ohne dies und Geldstrafe von 20.000$00 bis zu 100.000$00.

Art. 4 Wird eine der in den Artikeln 1 und 2 vorgesehenen Taten begangen mit dem Ziele, die Behörden zu zwingen, ein bestimmtes Verfahren vorzunehmen oder die Erfüllung ihrer Pflichten zu unterlassen oder mit dem Ziele, auf die Entscheidungen der Behörde Einfluß zu nehmen, so ist die zu verhängende Strafe Gefängnis von zwei bis zu vier Jahren.

Art. 5 Das Unternehmen einer Einzelperson oder einer Gesellschaft, die technischen Mitarbeiter, Angestellten oder Arbeiter, die, abgesehen von den in den vorhergehenden Artikeln vorgesehenen Fällen, eine der in den Artikeln 1 und 2 angegebenen Taten lediglich aus einem Gefühl der Zusammengehörigkeit oder aus Mitgefühl mit den anderen Arbeitgebern oder Arbeitnehmern oder aus Protest begehen, werden mit den dort je nach den Fällen aufgestellten Strafen bestraft."

Art. 6 betrifft Unternehmer mit weniger als drei Arbeitnehmern. Diese werden jeweils mit der Hälfte der vorgesehenen Strafe bestraft.

Art. 7 betrifft Personen, die durch Gewerkschaftspropaganda zum passiven Arbeitswiderstand auffordern. Sie werden mit Gefängnis von sechs Monaten bis zu zwei Jahren und mit Geldstrafe bis zu 10.000$00 bestraft.

Die Artikel 8 bis Art. 10 betreffen Personen, die das Arbeits- und Wirtschaftsleben durch aktive Maßnahmen, nämlich: Besetzung der Arbeitsräume (Art. 8), Zerstörung von Rohmaterialien und Fertigwaren (Art. 9) und Zerstörung von Betrieben (Art. 10), behindern. Die Strafen sind: Gefängnis von sechs Monaten bis zu zwei Jahren und Geldstrafe nicht unter 5.000$00 (Art. 8); Verbannung von drei bis zu acht Jahren und Gefängnis von einem bis zu zwei Jahren am Orte der Verbannung und Geldstrafe nicht unter 30.000$00 (Art. 9); Gefängnis von sechs Monaten bis zu vier Jahren und Geldstrafe nicht unter 10.000$00, soweit keine andere schwerere Strafe Anwendung findet (Art. 10).

Art. 11 betrifft die Nichterfüllung des Arbeitsvertrages von beiden Seiten, soweit dessen Bestimmungen auf einen Kollektivarbeitsvertrag zurückgehen. Die Strafe ist Geldstrafe.

Art. 12 betrifft die Nichtbefolgung eines Urteils eines Arbeitsgerichtes für beide Seiten. Es ist eine Geldstrafe vorgesehen, deren Höhe sich pro Tag der Nichtbefolgung berechnet.

Art. 13 bis Art. 16 betreffen Arbeitsniederlegungen oder Aussperrungen in Versorgungsbetrieben und Betrieben der öffentlichen Hand. Nach Art. 13 wird die gemeinschaftliche Arbeitsniederlegung oder Ausschließung mit Verbannungsstrafe von drei bis acht Jahren mit wahlweisem Gefängnis am Verbannungsorte bis zu zwei Jahren und Geldstrafe bis zu 30.000$00 belegt. Nach Art. 14 wird die nicht gemeinschaftliche Arbeitsniederlegung mit Gefängnis von sechs Monaten bis zu einem Jahr und mit Geldstrafe bis zu 5.000$00 geahndet. Art. 15 betrifft die Personengruppen, die an sich von den Artikeln 13 und 14 erfaßt werden, jedoch an der jeweiligen Arbeitsniederlegung nicht teilnehmen. Sie werden, wenn sie keine Gegenmaßnahmen ergreifen, mit Gefängnis von drei bis zu sechs Monaten und Geldstrafe bis zu 5.000$00 bestraft. Art. 16 betrifft das ebenfalls nicht gemeinschaftliche unzeitige Verlassen des Arbeitsplatzes in Störungsabsicht, welches mit Gefängnis bis zu sechs Monaten und mit Geldstrafe bis zu 5.000$00 bestraft wird.

Art. 17 bringt Strafverschärfungen für Kriegszeiten (jeweils die in den Artikeln vorgesehene Höchststrafe).

Art. 18 sieht für die Anführer jeweils die Höchststrafe vor.

mit einer Geldstrafe von 5$000 bis zu 200$000 réis wird bestraft:

1. jede Verbindung zwischen Personen, welche irgendwelche Arbeitnehmer beschäftigen, die eine mißbräuchliche Verminderung des Lohnes zum Ziele hat, wenn ihr ein Anfang der Ausführung folgt;
2. jede Verbindung zwischen Angehörigen eines Berufes oder von Angestellten in irgendeinem Dienstverhältnis oder von Arbeitern irgendwelcher Art, die die Einstellung oder Behinderung der Arbeit oder auf dem Wege über die Regelung der Arbeitsbedingungen oder auf sonst eine Weise die Durchsetzung von Lohnerhöhungen zum Ziele hat, wenn ein Anfang der Ausführung vorliegt.

Einziger § Wer die Verbindung fördert oder leitet und ebenso wer zur Sicherung ihrer Ausführung Gewalt oder Drohungen anwendet, wird mit Gefängnis von einem bis zu zwei Jahren bestraft. Daneben kann auf Unterstellung unter besondere Polizeiaufsicht erkannt werden, unbeschadet einer schwereren Strafe, wenn die Gewalttaten eine solche verdienen.

Art. 278 Wer bei einer Versteigerung, welche durch Gesetz oder von der Regierung erlaubt worden ist, durch Geschenke oder Versprechungen bewirkt, daß jemand nicht bietet, und ebenso wer mittels Drohungen oder Gewalt die Freiheit des Versteigerungsvorgangs einschränkt oder stört, wird mit Gefängnis von zwei Monaten bis zu zwei Jahren und entsprechender Geldstrafe bestraft, unbeschadet einer schwereren Strafe, wenn die Gewaltanwendung dies verdient.

2. Abschnitt

Schmuggel und Zollhinterziehung

Art. 279 Schmuggel ist die heimliche Einfuhr oder Ausfuhr von Waren, deren Einfuhr oder Ausfuhr unbedingt verboten ist.

Art. 280 Zollhinterziehung ist jede Täuschungshandlung, welche zum Zwecke hat, die Bezahlung der auf Einfuhr, Ausfuhr oder Ver-

---

Art. 19 sieht für Anstiftung und Vorbereitung jeweils ⅓ der vorgesehenen Strafe vor.

Art. 20 bringt Strafverschärfungen für Rückfall und Tatmehrheit.

Art. 21 ordnet für alle Fälle einer Verurteilung auf Grund eines hier vorgesehenen Straftatbestandes als Nebenstrafen den Entzug der staatsbürgerlichen Rechte und die Unfähigkeit zur Bekleidung eines öffentlichen Amtes an.

Art. 22 und 23 enthalten Übergangsbestimmungen.

Zu der Verbannungsstrafe des Art. 3 dieses Dekretes siehe den Artikel 129 und seine Ziffern. Zu den übrigen Strafen s. Anm. 156 und ebenfalls Artikel 129.

brauch von Waren liegenden Zölle oder Abgaben ganz oder teilweise zu vermeiden.

Art. 281 In den Angelegenheiten dieses Abschnittes gelten die Bestimmungen besonderer Gesetze.

12. Kapitel

UNERLAUBTE VEREINIGUNGEN

1. Abschnitt

Wegen fehlender Genehmigung unerlaubte Vereinigungen

Art. 282[559]) Jegliche Vereinigung von mehr als 20 Personen, selbst wenn sie in Untergruppen von geringerer Mitgliedszahl geteilt ist, welche zusammentritt, um religiöse, politische, literarische oder sonst irgendwie geartete Angelegenheiten zu behandeln, ohne daß dem die Erlaubnis der Regierung mit den für angebracht gehaltenen Bedingungen vorausgegangen ist, wird aufgelöst. Ihr Vorstand und ihre Geschäftsführer werden mit Gefängnis von einem Monat bis zu einem Jahr bestraft. Die übrigen Mitglieder werden mit Gefängnis bis zu einem Monat bestraft.

§ 1 Dieselben Strafen werden verhängt, wenn die von der Regierung auferlegten Bedingungen verletzt werden.

§ 2 Die Bewohner des Hauses, in dem die Vereinigung zusammenkommt, gelten nicht als Mitglieder im Sinne dieses Artikels.

§ 3 Als Gehilfe wird bestraft, wer damit einverstanden ist, daß die Versammlung in der seiner Verfügung unterliegenden Wohnung oder in einem ihrer Teile stattfindet.

2. Abschnitt

Geheimvereinigungen

Art. 283[560]) Unerlaubt ist und nicht genehmigt werden kann jegliche Vereinigung, deren Mitglieder sich durch einen Schwur oder ohne Förmlichkeiten verpflichten, den Gegenstand der Vereinsver-

---

[559]) In Art. 8 Ziffer 14 der Constituição Política wird grundsätzlich Vereinsfreiheit gewährt. Die Ausübung der Vereinsfreiheit ist jetzt durch das D.-L. 39.660 vom 20. 5. 1954 in der Fassung durch das D.-L. 40.166 vom 18. 5. 1955 geregelt. Danach ist Vereinsfreiheit gewährt, soweit die Vereinigung nicht ihrer Natur nach geheim ist oder gegen die Rechte Dritter oder gegen die verfassungsmäßige oder sittliche Ordnung der Nation verstößt. Die Bildung einer Vereinigung hängt von der Genehmigung der Vereinssatzung durch den Zivilgouverneur oder den Innenminister ab (Art. 2). Verstöße gegen die Vorschriften dieses D.-L. werden nach dessen Art. 6, einziger § als Verbrechen gegen die innere Sicherheit des Staates angesehen. Vgl. Art. 163 ff. CP.

[560]) S. die Anm. 559. bei Art. 282.

sammlungen und die innere Ordnung der Vereinigung vor der Obrigkeit geheim zu halten. Die Vorstandsmitglieder oder die Geschäftsführer der Vereinigung werden mit Gefängnis von zwei Monaten bis zu zwei Jahren, die übrigen Mitglieder mit der Hälfte dieser Strafen belegt.

§ 1 Die Bestimmung des § 3 des vorhergehenden Artikels über die Beihilfe ist anwendbar.

§ 2 Zeigt ein Mitglied der Vereinigung von sich aus der Obrigkeit an, was es über Gegenstand und Absichten der Vereinigung weiß, so bleibt es straffrei, selbst wenn es die Namen der anderen Mitglieder nicht nennt.

13. Kapitel
VERBRECHEN DER ÖFFENTLICHEN BEDIENSTETEN IN AUSÜBUNG IHRES AMTES

1. Abschnitt
Pflichtverletzung[561])

Art. 284 Jeder Richter, der aus Gunst oder Mißgunst ein offensichtlich ungerechtes endgültiges[562]) Urteil verkündet, wird zu der festen Strafe der Aufhebung seiner staatsbürgerlichen Rechte für 15 Jahre verurteilt.

§ 1 Handelt es sich bei diesem Urteil um eine Verurteilung in einer Strafsache, so wird die im Artikel bezeichnete Strafe verbunden mit schwerem Gefängnis von zwei bis zu acht Jahren.

§ 2 Wurde das Urteil in einer nicht strafrechtlichen Angelegenheit verkündet, so wird die Strafe des Artikels mit einer höheren Geldstrafe verbunden.

§ 3 War das Urteil kein endgültiges Urteil, so ist die Strafe zeitweilige Aufhebung der staatsbürgerlichen Rechte.

§ 4 Mit derselben Strafe wird belegt, wer eine der Parteien über den Streit, der von ihm anhängig ist, berät.

§ 5 Die Bestimmungen dieses Artikels und seiner Paragraphen 2, 3 und 4 sind anzuwenden auf alle Behörden, welche auf Grund ihrer Amtsbefugnisse über irgend welche ihrer Entscheidungsgewalt unterworfenen Streitfälle verhandeln oder entscheiden.

Art. 285 Jeder öffentliche Bedienstete, der nach der Art seines Amtes verpflichtet ist, der vorgesetzten Behörde Gutachten zu erteilen oder Nachrichten zu geben, und dabei vorsätzlich auf der Grundlage unrichtiger[563]) Tatsachen sein Gutachten abgibt oder die

---

561) „prevaricação".
562) „sentença definitiva".
563) „factos falsos".

Nachrichten übermittelt, wird zu Entlassung aus dem Amte und zu Gefängnis bis zu sechs Monaten verurteilt.

Art. 286 Alle Richter oder Verwaltungsbehörden, die sich weigern, den Parteien das Recht zu verschaffen, das sie ihnen auf deren Antrag oder auf einen Hinweis oder eine Anordnung ihrer Vorgesetzten schulden, werden zu Entlassung aus dem Amte verurteilt.

Art. 287 Der öffentliche Bedienstete, der unter Verfehlung gegen seine Amtspflichten es vorsätzlich unterläßt, das Verfahren oder die Strafvollstreckung gegen Gesetzesbrecher voranzutreiben oder die in seinem Amtsbereich liegenden Maßnahmen zu ergreifen, um die Verübung eines Verbrechens zu verhindern oder ihr zuvorzukommen, wird entlassen. Unberührt davon bleibt eine schwerere Strafe im Falle der Hehlerei oder der Beihilfe.

Art. 288 Leitet ein Vertreter der Staatsanwaltschaft ein Strafverfahren gegen eine bestimmte Person ein, obwohl er weiß, daß die Beweise unrichtig sind, so wird er als Täter eines Fälschungsverbrechens[564]), wenn die Unrichtigkeit der Beweismittel sich notwendigerweise aus der Unrichtigkeit der das Beweismittel darstellenden Urkunde ergibt, in allen übrigen Fällen zu Entlassung aus dem Amte und Gefängnis bis zu sechs Monaten verurteilt.

Art. 289 Zu zeitweiliger Amtsenthebung und einer drei Monaten bis zu zwei Jahren entsprechenden Geldstrafe wird verurteilt:

1. der Rechtsanwalt oder Vertreter in Rechtsangelegenheiten, der Geheimnisse seines Auftraggebers, von denen er in Ausübung seines Amtes Kenntnis erlangt hat, preisgibt;
2. wer von einer der Parteien Geld oder eine andere Sache zur Vertretung in einem Zivilprozeß[565]) empfangen hat oder die Vertretung der Partei übernommen und die Geheimnisse der Angelegenheit erfahren hat und sodann öffentlich oder im geheimen die andere Partei in derselben Angelegenheit berät, vertritt oder als Rechtsanwalt unterstützt;
3. wer von der Partei, gegen die er auftritt, etwas annimmt;
4. der Vertreter der Staatsanwaltschaft, der einer der in diesem Artikel erwähnten Strafen unterliegt, wird aus dem Amte entlassen und zu der angeführten Geldstrafe verurteilt, wenn er nicht wegen Bestechung mit einer schwereren Strafe zu belegen ist.

Art. 290 Zu Gefängnis zu sechs Monaten und entsprechender Geldstrafe wird der Beamte verurteilt,

1. der ein Geheimnis preisgibt, das er nur auf Grund seiner amtlichen Aufgaben kannte oder deswegen zu bewahren hatte;

---

[564]) nämlich das des Art. 218; vgl. auch Art. 244.

[565]) „por advogar ou procurar seu feito e demanda".

2. der unberechtigterweise ein Schriftstück oder die Abschrift eines Schriftstückes hergibt, welches nicht an die Öffentlichkeit gelangen darf und ihm anvertraut worden war oder in der betreffenden Behördenabteilung vorhanden war, oder der seinen Inhalt ohne die gehörige Ermächtigung bekannt gibt.

§ 1 Diese Bestimmung ist anzuwenden auf alle Personen, die einen Beruf ausüben, der eine Ernennungsurkunde[566]) erfordert, und auf Grund dieses Berufes Geheimnisse, die ihnen anvertraut worden sind, zu bewahren haben, wenn sie derartige Geheimnisse, die in Ausübung ihres Amtes in ihre Kenntnis gelangt sind, preisgeben.

§ 2 Von den vorhergehenden Bestimmungen unberührt bleibt eine Bestrafung wegen einer üblen Nachrede oder einer Beleidigung[567]), wenn dafür Raum ist[568]).

2. Abschnitt

Mißbrauch der Amtsgewalt[569])

Art. 291 Mit Gefängnisstrafe von drei Monaten bis zu zwei Jahren, die je nach den Umständen durch entsprechende Geldstrafe verschärft werden kann, bestraft wird:

---

566) „título"; vgl. Anm. 462.

567) „pena da injúria ou difamação"; vgl. Art. 407 ff.

568) Die Verletzung des ärztlichen Berufsgeheimnisses ist im einzelnen geregelt im Decreto 32.171 vom 29. 8. 1942:

„Art. 7 Der Arzt, der zum Schaden eines anderen ein Geheimnis, von dem er auf Grund seines Berufes Kenntnis erlangt hat, ohne rechtfertigenden Grund preisgibt, wird zu Gefängnis bis zu sechs Monaten verurteilt.

§ 1 Ein rechtfertigender Grund liegt vor, wenn die Preisgabe des Geheimnisses zum Schutze offensichtlich übergeordneter Belange unumgänglich wird; insbesondere liegt ein rechtfertigender Grund vor:

1. wenn die Preisgabe des Geheimnisses gegenüber einer Behörde gesetzlich angeordnet ist ...;
2. wenn Verdacht auf ein Verbrechen besteht.

§ 2 Der Arzt hat in den im vorhergehenden Paragraphen angegebenen Fällen in einem Strafverfahren kein Zeugnisverweigerungsrecht, wenn es sich nicht darum handelt, daß die unterstützte Person strafgerichtlicher Verfolgung ausgesetzt sein könnte.

§ 3 Wegen des Verbrechens der Preisgabe des Berufsgeheimnisses wird ein Verfahren nur auf die Strafklage des Verletzten eingeleitet."

„Das übergeordnete öffentliche Interesse und das Gesetz fordern gebieterisch, daß Ärzte, die dem Opfer eines Abtreibungsverbrechens Hilfe leisten, mit der notwendigen Ausführlichkeit zur vollständigen Aufklärung der rechtlich erheblichen Tatsachen Zeugenaussagen machen."

Parecer der Procuradoria Geral da República vom 24. 6. 1943, Boletim Oficial do Ministério da Justiça, 3. Bd., S. 366.

569) „abusos de autoridade"; „a." hier im Gegensatz zu „poder" im Titel des 3. Abschnittes; dort ist „Staatsgewalt" gemeint.

1. der öffentliche Bedienstete, der eine Person festnimmt oder auf seinen Befehl festnehmen läßt, ohne daß er die Befugnis zur Festnahme hat[570]);
2. wer diese Befugnis besitzt und sie zu anderen als den gesetzlich bestimmten Fällen oder gegen eine Person ausübt, deren Festnahme ausschließliche Aufgabe einer anderen Behörde ist;
3. wer einen Gefangenen zurückhält, der auf Grund des Gesetzes oder eines rechtskräftigen Urteils, dessen Vollstreckung in die Zuständigkeit des öffentlichen Bediensteten fällt, oder auf Grund einer Anordnung des zuständigen Vorgesetzten in Freiheit gesetzt werden muß;
4. wer in gesetzwidriger Weise die Einzelhaft bei einem Gefangenen anordnet oder verlängert oder einen Gefangenen, den er vorführen soll, verbirgt;
5. der Richter, der sich weigert, eine auf seinen Befehl festgenommene Person über die Gründe der Festnahme, den Ankläger und die Zeugen zu unterrichten, nachdem dies bei ihm beantragt worden ist.

§ 1 Als Festnahme gilt auch jede Haft und jeder Gewahrsam[571]).

§ 2 Unterläßt es der Richter lediglich fahrlässig, der auf seinen Befehl festgenommenen Person die Umstände, die Ziffer 5 dieses Artikels behandelt, innerhalb der gesetzlichen Frist bekanntzugeben, so unterliegt er der Strafe des Tadels, unbeschadet der Verpflichtung zum Ersatze des Schadens, den er durch diese Fahrlässigkeit verursacht haben könnte.

Art. 292 Mit Amtsenthebung bis zu einem Jahr, welche je nach den Umständen durch entsprechende Geldstrafe verschärft werden kann, wird bestraft:

1. jeder öffentliche Bedienstete, der die Festnahme einer Person anordnet oder ausführt, ohne daß dabei die gesetzlich vorgesehenen Förmlichkeiten beachtet werden;
2. wer willkürlich einen Gefangenen außerhalb der staatlichen Gefängnisse oder des durch Gesetz oder von der Regierung bestimmten Platzes zurückhält oder die Zurückhaltung anordnet;
3. wer zuständig ist, Haftbescheinigungen auszustellen oder ausstellen zu lassen, und eine solche ablehnt oder sich weigert, das Haftverzeichnis vorzulegen, wenn dies von zuständiger Seite beantragt wird;
4. wer es als Vertreter der gerichtlichen Polizei oder der Verwal-

---

570) „poder para prender".

571) 1. „prisão", 2. „custódia", 3. „detenção"; über die Gleichstellung dieser drei Begriffe vgl. Art. 2 D.-L. 26.643 vom 28. 5. 1936 (bei Anm. 268 zu Art. 99).

tungspolizei in Kenntnis einer willkürlichen Festnahme unterläßt, der zuständigen höheren Behörde davon Nachricht zu geben;

5. jeder mit der Bewachung eines Gefangenen beauftragte Vertreter der Obrigkeit[572]), der einen Gefangenen ohne schriftlichen Befehl der Obrigkeit zur Bewachung übernimmt.

Art. 293 Jeder mit der Bewachung von Gefangenen beauftragte Vertreter der Obrigkeit, der diesem gegenüber mit unberechtigter Strenge vorgeht, wird mit Gefängnis bis zu sechs Monaten bestraft. Trifft die begangenen Handlungen von Gesetzes wegen eine der höheren Strafen, so wird ihm diese auferlegt.

Art. 294 Jeder öffentliche Bedienstete, der in dieser Eigenschaft und unter Mißbrauch seines Amtes in nicht gesetzlich vorgesehenen Fällen oder ohne die gesetzlich vorgeschriebenen Förmlichkeiten in die Wohnung einer Person ohne deren Zustimmung eindringt, wird mit Gefängnis von einem bis zu sechs Monaten und einer einem Monat entsprechenden Geldstrafe bestraft.

Art. 295 Jeder Bedienstete des Postdienstes, der einen demselben öffentlichen Dienst anvertrauten Brief unterdrückt, entzieht oder öffnet oder hierzu beiträgt, wird zu Gefängnis und entsprechender Geldstrafe verurteilt, unbeschadet derjenigen der höheren Strafen, denen er unterliegt, wenn er durch die Unterdrückung, Entziehung oder Öffnung ein anderes von dem Gesetz besonders bezeichnetes Verbrechen begeht.

§ 1 Wird dies Verbrechen von einem anderen öffentlichen Bediensteten oder Vertreter der Obrigkeit begangen, so übersteigt die im Artikel bezeichnete Gefängnisstrafe nicht die Dauer von einem Jahr.

§ 2 Die Bestimmungen des Artikels und seines § 1 gelten nicht für die Fälle, in denen die zuständige Behörde zur Vorbereitung eines Strafverfahrens unter den im Gesetz vorgeschriebenen Förmlichkeiten die notwendigen Untersuchungen vornimmt.

Art. 296 Jeder öffentliche Bedienstete, der in dieser Eigenschaft und unter Mißbrauch seines Amtes auf irgendeine Weise einen Bürger in der gesetzmäßigen Ausübung seiner staatsbürgerlichen Rechte hindert, wird derselben Rechte für einen Zeitraum nicht unter fünf Jahren enthoben. Unberührt bleiben die in den Fällen des 5. Kapitels dieses Titels vorgesehenen höheren Strafen, welche nach den allgemeinen Bestimmungen zu verhängen sind.

Art. 297 Der öffentliche Bedienstete, der für die Anforderung oder die Anordnung des Einsatzes der bewaffneten Macht zuständig ist und diesen Einsatz anfordert oder anordnet, um die Ausführung

---

572) „agente da autoridade".

eines Gesetzes oder eine ordnungsmäßige Anordnung der Gerichte oder einer gesetzmäßigen Verfügung der Obrigkeit zu verhindern, wird zu Gefängnis bis zu einem Jahr und zu entsprechender Geldstrafe verurteilt.

§ 1 Wird die Hinderung nicht vollendet, hat jedoch die Anforderung oder die Anordnung Erfolg, so ist die Strafe Gefängnis und entsprechende Geldstrafe.

§ 2 Wird die Hinderung vollendet, so ist die Strafe schweres Gefängnis von zwei bis zu acht Jahren, soweit nicht diese Hinderung ein Verbrechen bildet, auf das gesetzlich eine schwerere Strafe anzuwenden ist.

Art. 298 Wird ein öffentlicher Bediensteter beschuldigt, eine der mißbräuchlichen, als Verbrechen bezeichneten Handlungen der vorhergehenden Artikel dieses Abschnittes begangen zu haben, und beweist er, daß derjenige Vorgesetzte, dem er unmittelbar Gehorsam schuldet, ihm im Bereiche seiner Zuständigkeit in der gesetzlich vorgesehenen Weise den Befehl gegeben hat, diese Handlung vorzunehmen, so bleibt er straffrei und die Strafe trifft den Vorgesetzten, der den Befehl gegeben hat.

Art. 299 Jeder öffentliche Bedienstete, der in Ausübung oder gelegentlich der Ausübung seines Amtes ohne rechtmäßigen Grund gegen irgendeine Person Gewalt anwendet oder anwenden läßt, welche zur Ausführung der gesetzmäßigen Handlung, die er vorzunehmen hat, nicht notwendig ist, wird mit Gefängnis von einem bis zu sechs Monaten bestraft, unbeschadet derjenigen der höheren Strafen, der er unterliegt, wenn die Gewaltanwendung als Verbrechen zu bezeichnen ist.

Art. 300 Verbündet sich ein öffentlicher Bediensteter oder eine mit obrigkeitlicher Gewalt begabte Körperschaft auf irgendeine Weise mit anderen Bediensteten oder Körperschaften, indem sie untereinander Maßnahmen absprechen, um die Ausführung eines Gesetzes oder eine Anordnung der ausführenden Gewalt zu verhindern, so wird jeder der Verbrecher zu Gefängnis von einem bis zu sechs Monaten verurteilt und aus dem Amte entlassen.

3. Abschnitt

Überschreitung der Staatsgewalt[573]) *und Ungehorsam*[574])

Art. 301 Zu Entlassung aus dem Amte und je nach der Schwere

[573]) „excesso de poder"; Staatsgewalt ist hier die gesetzgebende Gewalt etc.; gemeint ist also die Verletzung des Prinzips der Gewaltenteilung.

[574]) „desobediência"; hier ebenfalls Ungehorsam wie in den Art. 188 ff., jedoch ist hier der Ungehorsam eines Beamten gemeint, während es sich dort um allgemeinen Ungehorsam handelt.

des Verbrechens außerdem zu der Strafe des schweren Gefängnisses von zwei bis zu acht Jahren oder zu Gefängnis wird verurteilt:

1. jeder öffentliche Bedienstete, der sich in die Ausübung der gesetzgebenden Gewalt einmischt, indem er irgendwelche Gesetze aufhebt oder indem er sich irgendwelche Befugnisse anmaßt, welche ausschließlich den *Cortes*[575]) *mit der Billigung durch den König* zukommen;
2. der Richter, der in Angelegenheiten, welche den Verwaltungsbehörden übertragen sind, Ausführungsvorschriften erläßt oder die Ausführung der Verwaltungsverfügungen verhindert;
3. jeder öffentliche Beamte, der das in der Ziffer 1 des Art. 291 vorgesehene Verbrechen gegen ein Mitglied der gesetzgebenden Gewalt begeht und ebenso derjenige, der gegen dieses Mitglied den Befehl, auf den sich die Ziffer 1 jenes Artikels bezieht, ausführt. Eine Straffreiheit, wie sie im Falle des Art. 289 angeordnet ist, findet nicht statt;
4. der Verwaltungsbeamte, der mit irgendwelchen Befehlen oder Verboten die Ausübung der richterlichen Gewalt zu hindern oder zu stören versucht.

Art. 302 Zu Amtsenthebung bis zu einem Jahr und Geldstrafe bis zu zwei Jahren wird verurteilt:

1. der Richter, der, nachdem im Verfahren die Verfügung[576]) ergangen ist, die nach den Bestimmungen der Gesetze einen positiven Zuständigkeitsstreit zwischen den Gerichten und den Verwaltungsbehörden eröffnet[577]), nicht in allen Angelegenheiten der

---

[575]) Cortes = Reichsstände; die Bezeichnung für das Parlament in der konstitutionellen Monarchie. Die legislative Körperschaft ist heute die „Assembleia Nacional“, deren Arbeiten von einer Billigung durch die Regierung oder den Staatspräsidenten nicht abhängig sind.

[576]) „despacho“ = die innerdienstliche Verfügung in einem Gerichtsverfahren und in jedem Verwaltungsvorgang.

[577]) Dazu Art. 115 ff. des Código de Processo Civil:

„Art. 115 Ein Streit über die Zulässigkeit des Rechtsweges („conflito de jurisdição“) liegt vor, wenn zwei oder mehr Behörden verschiedener Bereiche staatlicher Tätigkeit oder zwei oder mehr Gerichte verschiedener Zweige der Gerichtsbarkeit ihre Befugnis, über ein und dieselbe Frage zu entscheiden, bejahen oder verneinen. Der Streit ist im ersten Fall ein positiver, im zweiten Fall ein negativer.

Ein positiver oder negativer Zuständigkeitsstreit („conflito de competência“) liegt vor, wenn zwei oder mehr Gerichte desselben Zweiges der Gerichtsbarkeit sich für zuständig oder unzuständig halten, über ein und dieselbe Frage zu entscheiden.“

Dazu Art. 36 Ziffer 4 CPP:

„Dem Supremo Tribunal de Justiça obliegt:

4. Die Entscheidung über Zulässigkeits- und Zuständigkeitsstreite zwischen den Gerichtsbehörden der Bezirke verschiedener ‚Relações‘ (Gerichte zweiter Instanz), zwischen den ‚Relações‘, zwischen den Verwaltungs-,

Sache einhält, sowie der Richter, der, nachdem ihm der Verdacht der Befangenheit entgegengehalten worden ist[578]), in der Sache zu verfügen fortfährt, ohne daß das Gesetz ihn dazu ausdrücklich ermächtigt;

2. der Verwaltungsbeamte, der nach der Beschwerde[579]) einer der beteiligten Parteien in einer Angelegenheit, welche in die Zuständigkeit der richterlichen Gewalt fällt, entscheidet, bevor die zuständige Behörde über die Beschwerde entschieden hat oder nachdem sie diese als begründet anerkannt hat.

Art. 303 Die Mitglieder der ordentlichen Gerichte oder diejenigen der Verwaltungsgerichte und die sonstigen Richter, die sich weigern, den Urteilen, Beschlüssen oder Anordnungen, die in der gesetzlichen Form von der übergeordneten Behörde im Rahmen ihrer aus der inneren Rangordnung der Gerichte sich ergebenden Rechtsprechungsgewalt[580]) erlassen worden sind, in gehöriger Weise nachzukommen, werden für einen Zeitraum von drei Monaten bis zu drei Jahren ihres Amtes enthoben.

§ 1 Jeder sonstige öffentliche Bedienstete, der sich weigert, den Befehlen, die ihm der Vorgesetze, dem er unmittelbar Gehorsam[581])

Finanz- oder Wehrbehörden und den Gerichtsbehörden, zwischen besonderen Gerichten und zwischen diesen und den ordentlichen Gerichten;"
und Art. 37 Ziffer 4 CPP:

„Den ‚Relações' obliegt:

4. Die Entscheidung über Zulässigkeits- und Zuständigkeitsstreite zwischen den Gerichtsbehörden desselben Gerichtsbezirkes."

Die Zuständigkeit zur Entscheidung über Zulässigkeitsstreite zwischen ordentlichen Gerichten und Verwaltungsbehörden oder Verwaltungsgerichten ist durch die Art. 8 und 17 des D.-L. 23.185 vom 30. 10. 1933, den Art. 8 des D. 18.019 vom 27. 2. 1930 und durch die Art. 1 und 59 ff. des D. 19.243 vom 16. 1. 1931 dem „Tribunal dos Conflitos" übertragen worden, welches beim „Supremo Tribunal Administrativo" gebildet wird.

Diese Regelung wird bestätigt durch Art. 53 lit. b) Ziffer 3 des Estatuto Judiciário (Gerichtsverfassungsgesetz) = D.-L. 33.547 vom 23. 2. 1944.

Hier heißt es im Text „conflito positivo entre a autoridade administrativa e judicial". Damit ist der Zulässigkeitsstreit gemeint, für den nach den obigen Ausführungen das Tribunal dos Conflitos zuständig ist.

578) „depois de lhe terem sido opostos artigos de suspeição".

579) „reclamação".

580) „... da autoridade superior, dentro dos limites da jurisdição, que tiver na ordem hieráriquica ..."

581) Das Problem, ob der Untergebene seinem Vorgesetzten in gewissen Fällen berechtigt den Gehorsam verweigern darf oder ob er ihm blind zu gehorchen hat, ist im „Estatuto Disciplinar dos Funcionários Civis do Estado" (D.-L. 32.659 vom 8. 2. 1943) geregelt:

„Art. 9 Die Pflicht des Beamten, die in der gesetzlich vorgesehenen Form erteilten Anordnungen und Anweisungen seines rechtmäßigen Vorgesetzten in dienstlichen Angelegenheiten genau, sofort und zuverlässig

schuldet, in gesetzlicher Weise in Angelegenheiten seiner Zuständigkeit erteilt, in gehöriger Weise nachzukommen, wird je nach den Umständen mit Entlassung aus dem Amte oder mit Amtsenthebung bestraft.

§ 2 Handelt es sich um einen Fall, in dem nach dem Gesetze eine Gegenvorstellung[582]) des untergeordneten Bediensteten mit einer aufschiebenden Wirkung für den Befehl besteht, so findet eine Bestrafung nur statt, wenn die Weigerung, den Befehl auszuführen, nach der Ablehnung eines Aufschubes durch den Vorgesetzten und nach der Wiederholung des Befehls liegt.

§ 3 Unberührt bleiben die Bestimmungen der Militärgesetze über soldatischen Ungehorsam, wie dies in den Artikeln 15 § 2 und 16 angeordnet ist.

Art. 304 Jeder öffentliche Bedienstete des zivilen oder militärischen Dienstes, der nach einer gesetzlich zulässigen Aufforderung durch die zuständige Behörde die gebührende Mitwirkung an der Verwaltung der Rechtsangelegenheiten oder die Leistung eines im öffentlichen Interesses liegenden Dienstes verweigert, oder ohne rechtfertigenden Grund nicht bewirkt, wird zu Gefängnis von zwei Monaten bis zu einem Jahr und außerdem, wenn dies Verbrechen einen schweren Schaden für die Verwaltung der Rechtsangelegenheiten oder den öffentlichen Dienst zur Folge hat, zu Entlassung aus dem Amte verurteilt.

Art. 305 Wer sich weigert, ein öffentliches Wahlamt[583]) zu übernehmen, ohne bei der zuständigen Behörde seine Befreiung von diesem Amte aus einem gesetzlich vorgesehenen Grunde zu beantragen oder nachdem dieser Antrag abgelehnt ist, wird mit einer Geldstrafe von 10$000 bis 100$000 réis[584]) und Aufhebung seiner staatsbürgerlichen Rechte für zwei Jahre bestraft.

---

auszuführen, schließt nicht das Recht des Empfängers der Anordnung oder Anweisung zu gehöriger Gegenvorstellung aus, soweit die Vorschriften der folgenden Paragraphen beachtet werden.

§ 1 Wenn eine außergewöhnliche Anordnung gegeben wird, kann der Beamte, um sich vor seiner Verantwortlichkeit zu schützen, in den folgenden Fällen um eine schriftliche Bestätigung der Anordnung bitten:

1. wenn begründete Zweifel an der Echtheit der Anordnung bestehen;
2. wenn sie gesetzwidrig ist;
3. wenn offenbar ist, daß sie auf Grund eines böswilligen Verfahrens oder auf Grund einer falschen Information erteilt wurde;
4. wenn aus ihrer Ausführung schwere Nachteile zu befürchten sind, welche der Vorgesetzte bei seiner Entscheidung vermutlich nicht berücksichtigt hat."

§ 2, § 3 und § 4 betreffen Förmlichkeiten.

582) „representação".

583) „emprego público electivo".

584) In Art. 305 und Art. 306 wurde der Betrag der Geldstrafe durch

4. Abschnitt

Gesetzwidrige Vorwegnahme oder Fortführung amtlicher Befugnisse und gesetzwidrige Aufgabe eines öffentlichen Amtes[585])

Art. 306 Jeder öffentliche Bedienstete, der die Befugnisse eines Amtes ausübt, nachdem er die Ableistung des gesetzlich geforderten Eides willentlich unterlassen hat, wird zu einer Geldstrafe von 2$000 bis 10$000 réis[584]) verurteilt.

Art. 307 Wer in der Ausübung der Befugnisse eines öffentlichen Amtes fortfährt, nachdem ihm amtlich seine Entlassung oder Amtsenthebung mitgeteilt worden ist oder nachdem er in gesetzlicher Weise abgelöst worden ist, wird mit Gefängnis von einem bis zu zwei Jahren bestraft, unbeschadet einer Bestrafung für Fälschungen, wenn diese Anwendung findet.

Einziger § Handelte es sich um Befugnisse einer militärischen Dienststelle, so wird derjenige, der diese Befugnisse unter den im Artikel bezeichneten Umständen oder nach der Entlassung der Streitkräfte oder nach einer sonstigen Auflösung der Dienststelle weiter ausübt, mit Entlassung und mit Gefängnis von einem bis zu zwei Jahren bestraft, unbeschadet der Bestimmungen der Militärgesetze für den Kriegszustand und unbeschadet der Fälle, in denen die gegen Verbrechen gegen die innere und äußere Sicherheit des Staates angedrohten schwereren Strafen zu verhängen sind.

Art. 308 Jeder öffentliche Bedienstete des Gerichts- oder Verwaltungswesens, der seinen Dienst verläßt und sich weigert, seine Amtstätigkeit weiter auszuüben, wird mit der Aufhebung seiner staatsbürgerlichen Rechte für fünf Jahre bestraft.

§ 1 Der Bedienstete, der sich, ohne beurlaubt zu sein, mehr als 15 Tage entfernt oder seinen Urlaub für denselben Zeitraum ohne rechtfertigenden Grund überschreitet, wird je nach den Umständen seiner staatsbürgerlichen Rechte für zwei Jahre enthoben oder zu einer einem Monat entsprechenden Geldstrafe verurteilt.

§ 2 Werden diese Verbrechen begangen, um ein Verbrechen gegen die äußere oder die innere Sicherheit des Staates nicht zu verhindern oder nicht zu unterbinden, so werden sie mit den Strafen für Beihilfe bestraft.

Art. 309 Bei Fahnenflucht[586]) gelten die Bestimmungen der Militärgesetze.

Art. 56 des Decreto 11.191 vom 29. 7. 1926 auf das Zehnfache erhöht; 1$000 réis (1000 réis) = 1$00 (1 Escudo).

[585]) „ilegal antecipação, prolongação e abandono das funções públicas".

[586]) „deserção".

Einziger § Das Verbrechen der Verleitung zur Fahnenflucht[587]) wird, wenn es erfolgreich ist, entweder, wenn der Verleitende nach den allgemeinen gesetzlichen Bestimmungen als Täter anzusehen ist, mit der gleichen Strafe wie die Fahnenflucht oder, wenn er nach denselben Bestimmungen lediglich als Gehilfe anzusehen ist, mit denen für Beihilfe bestraft. Bleibt die Verleitung erfolglos, so wird sie nach den Regeln über den Versuch bestraft.

5. Abschnitt

Siegelbruch und Verschwindenlassen von Schriftstücken, die an öffentlichen Verwahrstellen aufzubewahren sind oder auf Grund eines öffentlichen Amtes anvertraut worden sind

Art. 310 Der mit der Verwahrung von Schriftstücken, Wertpapieren[588]) oder anderen Gegenständen, die auf Anordnung der zuständigen Behörden versiegelt worden sind, betraute öffentliche Bedienstete, der die Siegel öffnet oder zerbricht, wird zu schwerem Gefängnis von zwei bis zu acht Jahren verurteilt.

§ 1 Der unter Siegelbruch von demselben öffentlichen Bediensteten begangene Diebstahl wird mit schwerem Gefängnis von acht bis zu zwölf Jahren bestraft.

§ 2 Begeht eine andere Person, die in diesem Artikel und seinem § 1 bestimmten Verbrechen, so wird sie im ersten Falle zu Gefängnis, im zweiten Fall zu schwerem Gefängnis von zwei bis zu acht Jahren verurteilt.

Art. 311 Zu schwerem Gefängnis von zwei bis zu acht Jahren wird jeder mit der Verwahrung oder Erhaltung von in Archiven, Sammlungen oder sonstigen öffentlichen Verwahrstellen vorhandenen Urkunden[589]) und Schriftstücken betraute öffentliche Bedienstete verurteilt, der eine dieser Urkunden oder Schriftstücke oder einen Teil derselben entzieht[590]), unterdrückt[591]) oder verschwinden läßt[592]).

Einziger § Wird das in diesem und in dem vorhergehenden Artikel beschriebene Verbrechen nicht von einem öffentlichen Bediensteten begangen und wird dem öffentlichen Bediensteten lediglich Fahrlässigkeit zur Last gelegt und nachgewiesen, so ist die Strafe für die Fahrlässigkeit Amtsenthebung bis zu sechs Monaten.

Art. 312 Jeder öffentliche Bedienstete, der willentlich irgendwelche Urkunden oder Wertpapiere oder einen Teil derselben ver-

---

[587]) „aliciação para a deserção".
[588]) „papéis, títulos" (vgl. Anm. 462).
[589]) „documentos" (vgl. Anm. 483).
[590]) „subtrair", vgl. auch Art. 421.
[591]) „suprimir".
[592]) „desencaminhar".

schwinden läßt, vernichtet oder entzieht, wird, wenn ihr Verlust oder ihr Verschwinden einer anderen Person oder dem Staate Schaden bringen kann und wenn sie ihm auf Grund seines Amtes anvertraut[593]) worden sind, zu schwerem Gefängnis von zwei bis zu acht Jahren verurteilt.

§ 1 Die gleiche Strafe wird im Falle dieses Artikels gegen jede Person verhängt, die mit der Aufbewahrung der in ihm aufgeführten Urkunden oder Wertpapiere von einer dazu befugten Behörde oder durch einen Auftrag desjenigen öffentlichen Beamten, dem die genannten Gegenstände anvertraut[593]) wurden, betraut worden ist.

§ 2[594]) Handelte es sich in allen in diesem Abschnitt bezeichneten Fällen um Schriftstücke, Wertpapiere oder einen Teil derselben, die einen veräußerbaren Wert darstellen oder die das Recht auf den vollen oder teilweisen Bezug der in ihnen angegebenen Geldbeträge beinhalten, so ist, wenn die Gesetzesverletzung unter den Voraussetzungen des § 1 von einer Privatperson begangen wird, immer die Strafe zu verhängen, die unmittelbar über derjenigen liegt, die einem unter den gleichen Umständen begangenen Diebstahl entspricht; wird sie von einem öffentlichen Bediensteten begangen, so ist, auch wenn dieser nicht mit der Bewachung der angeführten Wertpapiere oder Schriftstücke betraut ist, die Strafe zu verhängen, die nach der Bestimmung des Art. 437 unmittelbar über derjenigen liegt, die einem unter den gleichen Umständen begangenen Raub entspricht. In beiden Fällen bleibt eine schwerere Bestrafung nach anderen Vorschriften unberührt.

6. Abschnitt

Amtsunterschlagung[595]) *und Erpressung*[596])

Art. 313[597]) Jeder öffentliche Bedienstete[598]), der auf Grund seines Amtes dem Staat oder Privatpersonen gehörende Geldbeträge, Forderungspapiere oder bewegliche Sachen[599]) in seiner Gewalt[600]) hat, um sie zu verwahren, auszugeben oder zu verwalten oder ihnen

---

[593]) „Die Eigenschaften, welche die Tatbestände der Strafbestimmungen der Art. 312 und 313 CP fordern, sind die Strafbarkeit begründende Tatbestandsmerkmale der beiden Verbrechen. Die Straffolgen dieser Artikel sind sowohl auf die tatsächlichen Täter wie auf die geistigen Urheber anzuwenden."

Assento des Supremo Tribunal de Justiça vom 19. 12. 1951. Diário do Governo I, Nr. 3 vom 7. 1. 1952.

[594]) Der § 2 dieses Artikels wurde eingefügt durch das Decreto 20.146 vom 1. 8. 1931.

[595]) „peculato"; vgl. Art. 453.

Rechtsgut des Verbrechens der Amtsunterschlagung ist nach Faveiro, Anm. zu Art. 313 (dort zitiert nach Cavaleiro de Ferreira, Revista da Ordem dos Advogados, 4. Jg., Nr. 3 und 4, S. 64), das das Interesse des Staates am

ihre gesetzliche Bestimmung zu geben, und eine von diesen Sachen stiehlt[601]), böswillig wegnimmt[602]) oder von einem anderen stehlen oder wegnehmen läßt oder sie zu eigenem oder fremden Nutzen verwendet und dadurch die gesetzmäßige Verwendung oder Übergabe unterläßt[603]), wird zu der nach den Bestimmungen des Art. 437 dem Raube entsprechenden Strafe verurteilt.

§ 1 Gibt er das Geld auf Gewinn oder als Darlehen oder zahlt er es vor Fälligkeit oder gewährt er als mit der Einziehung oder Eintreibung einer dem Staate gehörenden Sache beauftragter Beamter

---

Schutz seines Eigentums und seines rechtmäßigen Besitzes an Sachen anderer und dazu das Interesse des Staates an der Ehrlichkeit seiner Beamtenschaft.

„Unterschlagung, nicht Amtsunterschlagung ist das von einem Beamten begangene Verbrechen, der die Gebühren, die er für von ihm ausgegebene amtliche Erlaubnisse erhielt, behält und das Wechselgeld auf die Münzen, in denen die Gebühren bezahlt wurden, nicht herausgibt."

Acordão des Supremo Tribunal de Justiça vom 12. 1. 1932 (Colecção Oficial, 31. Jg., S. 13).

„Nicht das Verbrechen der Amtsunterschlagung nach Art. 313 CP, sondern das des Diebstahls nach Art. 421 Ziffer 4 CP begeht der Beamte der Caixa Geral de Depósitos, Crédito e Previdência (Staatsbank von Portugal), der sich durch Täuschungsmittel Geldbeträge aneignet, die der Kasse gehören, soweit er nicht der Kassierer ist (in dessen Gewahrsam und zu dessen Verfügungsgewalt die Gelder standen) und soweit ihm lediglich die Befugnis zustand, den Prüfungsvermerk auf den Unterlagen für die jeweiligen Abhebungen anzubringen."

Acordão des Supremo Tribunal de Justiça vom 12. 12. 1936 (Jornal do Foro, 1. Jg., Zusammenfassung, S. 67).

„Wenn dem Angeklagten als öffentlichen Bediensteten auf Grund gesetzlicher Zuständigkeitsvorschriften die Verwahrung, der Empfang oder die Bezahlung irgendwelcher Geldbeträge nicht zukommt, sondern er lediglich ‚gewohnheitsmäßig' derartige Beträge entgegennimmt, so begeht er, wenn er die Beträge nicht in der vorgesehenen Weise abführt, da er sie nicht auf Grund seiner Amtsbefugnis in seiner Gewalt hatte, das Verbrechen der Unterschlagung, nicht das der Amtsunterschlagung."

Acordão des Supremo Tribunal de Justiça vom 6. 5. 1949 (Boletim Oficial, 3. Jg., S. 336).

596) „concussão".

597) Fassung des Art. 313 durch Decreto 20.146 vom 1. 8. 1931.

598) S. die Anm. 593 bei Art. 312.

599) „efeitos moveis".

600) „poder".

601) „furtar", vgl. Art. 421 = „furto". Der Begriff überrascht in diesem Zusammenhange, da der Diebstahl im portugiesischen Strafrecht genau wie im deutschen die Wegnahme (= Entziehung) einer fremden Sache voraussetzt. Dabei wird die Wegnahme ebenso wie in der deutschen Strafrechtsdogmatik verstanden. (Vgl. Anm. 718.)

602) „levar".

603) „faltando à aplicação ou entrega legal".

dem Schuldner Aufschub oder Zahlungsfrist, so wird er zu der dem Diebstahl je nach dem Wert der Sache entsprechenden Strafe verurteilt.

§ 2 Gibt er öffentlichen Geldern eine andere Bestimmung zur öffentlichen Verwendung als vorgesehen war, so wird er bis zu sechs Monaten seines Amtes enthoben und zu einer Geldstrafe von 500$00 bis 3.000$00 verurteilt.

§ 3 Die Bestimmungen dieses Artikels und seiner Paragraphen gelten für alle Personen, die von der rechtmäßigen Behörde als Treuhänder[604]), Steuereinnehmer oder Steuererheber eingesetzt worden sind, in Hinsicht auf diejenigen Angelegenheiten, für die sie Treuhänder, Steuereinnehmer oder Steuererheber sind.

Art. 314 Jeder öffentliche Bedienstete, der einer anderen Person für sich oder einen anderen Geld, Dienstleistungen oder sonst eine Sache, die ihm nicht geschuldet wird, unter Anwendung von Gewalt oder Drohungen abnötigt, wird mit schwerem Gefängnis von 16 bis zu 20 Jahren bestraft.

Einziger § Diese Strafe kann jedoch gemildert werden, indem sie nach den Umständen durch Gefängnis, selbst durch einfaches Gefängnis ersetzt wird.

Art. 315 Jeder öffentliche Bedienstete, der ohne gesetzliche Ermächtigung willkürlich eine Abgabe[605]) auferlegt, einen beliebigen Betrag davon selbst oder durch einen anderen mit Bestimmung für den öffentlichen Dienst entgegennimmt, und ebenso jeder mit der Einziehung oder Eintreibung von Steuern[606]), Entgelten, Geld oder einer sonstigen dem Staat oder öffentlichen Anstalten zukommenden Sache beauftragte öffentliche Bedienstete, der zu demselben Zweck etwas entgegennimmt, das nicht oder mehr als geschuldet war, wird, wenn er das weiß, mit Amtsenthebung von einem bis zu drei Jahren und entsprechender Geldstrafe bestraft.

§ 1 Begehen Personen, die von den in diesem Artikel behandelten öffentlichen Bediensteten mit der Einziehung beauftragt sind, das im selben Artikel aufgeführte Verbrechen, so werden sie mit einer Geldstrafe von einem bis zu zwei Jahren bestraft.

§ 2 Werden die Sachen, die, ohne geschuldet zu sein, entgegengenommen, eingezogen oder eingetrieben wurden, von dem Verbrecher in eigenen Vorteil verwandelt, so wird er unter Berücksichtigung des Wertes dieser Sachen mit den Strafen des Art. 313 und seines § 1 belegt.

---

604) „depositário público“.

605) „contribuição“.

606) „impostos“.

Art. 316 Die vom Gesetz nicht zur Erhebung von Gebühren[607]) oder Dienstentgelten[608]) bei den Parteien ermächtigten öffentlichen Bediensteten und ebenso diejenigen, die nur die gesetzlich festgelegten Gebühren und Dienstentgelte zu erheben ermächtigt sind, werden, wenn sie böswillig für eine in ihren Amtsbereich fallende Handlung einen nicht zulässigen oder einen höheren als zulässigen Betrag erheben, auch wenn die Parteien zur Zahlung des Betrages bereit sind, je nach den Umständen mit Amtsentlassung oder Amtsenthebung und mit einer Geldstrafe von einem Monat bis zu drei Jahren bestraft, unbeschadet einer Bestrafung wegen Bestechung, wenn diese Anwendung findet.

Art. 317 Jeder öffentliche Bedienstete, der in Angelegenheiten oder Geschäften, mit deren Behandlung, Verwaltung, Überprüfung, Beaufsichtigung oder Überwachung er befaßt ist oder in der er auf dieselbe Weise beauftragt ist, eine Einziehung, Eintreibung, Tilgung oder Bezahlung vorzunehmen oder vornehmen zu lassen, für sich oder einen anderen durch Kauf oder durch sonst ein Rechtsgeschäft oder auf sonst eine Weise einen persönlichen Vorteil wahrnimmt, wird mit Gefängnis von einem bis zu zwei Jahren und entsprechender Geldstrafe bestraft.

§ 1 Das gleiche gilt in Hinsicht auf denjenigen, der im Auftrage oder auf Grund einer zulässigen Ernennung durch den öffentlichen Bediensteten oder die zuständige Behörde mit einem der Gegenstände, die dieser behandelt, beauftragt wird.

§ 2 Mit den gleichen Strafen belegt werden amtlich ernannte Sachverständige, Schätzer, Schiedsrichter, Verteiler[609]), Treuhänder und ebenso Vormünder, Pfleger, Testamentsvollstrecker, die die Bestimmungen dieses Artikels verletzen in Hinsicht auf Sachen oder Angelegenheiten, bei denen sie ihr Amt auszuüben haben.

7. Abschnitt

Bestechung[610])

Art. 318 Jeder öffentliche Bedienstete, der ein Bestechungsverbrechen begeht, indem er selbst oder durch eine Zwischenperson auf seine Anregung oder mit seiner Billigung[611]) eine Zuwendung[612]) oder ein Geschenk[613]) annimmt, um eine in seinen Amtsbereich einschla-

---

607) „emolumentos".

608) „salários".

609) „partidor".

610) „peita, suborno e corrupção"; alle drei Begriffe sind gleichbedeutend.

611) „com sua autorização ou ratificação".

612) „dádiva".

613) „presente".

gende Handlung vorzunehmen[614]), wird, wenn diese Handlung rechtswidrig ist und ausgeführt wird, mit der Strafe des schweren Gefängnisses von zwei bis zu acht Jahren und mit Geldstrafe bis zu einem Jahr bestraft. Wurde diese Handlung jedoch nicht ausgeführt, so wird der Bedienstete zu Amtsenthebung von einem bis zu drei Jahren und derselben Geldstrafe verurteilt.

§ 1 Bildet die rechtswidrige und ausgeführte Amtshandlung ein Verbrechen, welches das Gesetz mit schwererer Strafe bedroht, so findet die Strafe Anwendung, welche nach dem Gesetz zu verhängen ist.

§ 2 Handelt es sich um eine rechtmäßige Amtshandlung, die der Bedienstete vorzunehmen verpflichtet ist, so wird er bis zu einem Jahr seines Amtes enthoben und zu einer einem Monat entsprechenden Geldstrafe verurteilt.

§ 3 Hatte die Bestechung zum Ziele, die Unterlassung einer Amtshandlung desselben Bediensteten zu bewirken, so ist die Strafe je nach den Umständen Entlassung aus dem Amte oder Amtsenthebung von einem bis zu drei Jahren und entsprechende Geldstrafe.

§ 4 Die Annahme des Angebotes oder der Versprechungen wird unter Beachtung der allgemeinen Bestimmungen über den Versuch bestraft; jedoch findet, wenn die Handlung rechtswidrig war und ausgeführt wurde, immer die Strafe der Entlassung Anwendung.

§ 5 Hat der Bedienstete aus freien Stücken das Angebot oder die Versprechungen, die er angenommen hatte, zurückgewiesen oder die Zuwendung oder das Geschenk, das er erhalten hatte, zurückgegeben und hat er aus freien Stücken den Vollzug der rechtswidrigen Amtshandlung unterlassen, ohne daß er daran von einem von seinem Willen unabhängigen Grunde gehindert wurde, so findet die Bestimmung dieses Artikels keine Anwendung.

---

[614]) „Die in den Art. 318 und 321 aufgeführten Elemente bilden das Verbrechen der aktiven und der passiven Bestechung. Daher genügt jede in sein Amt einschlagende Handlung des Bestochenen, die darauf abzielt, das Ziel der Absichten des Bestechenden zu erreichen oder zu sichern, zur Erfüllung des zentralen Tatbestandsmerkmals dieses Deliktes. Bei der Beschreibung der aktiven Bestechung wird nicht von den Aufgaben des Bestochenen gesprochen (Art. 321), und dessen Verantwortlichkeit ist die gleiche, ob eine ausdrückliche Zweckbestimmung der Angebote, Versprechungen, Geschenke oder Zuwendungen erfolgt (Art. 318) oder nicht erfolgt (Art. 322). Die Rechtmäßigkeit oder Rechtswidrigkeit der Handlung des Bestochenen ist belanglos für das Bestehen der Käuflichkeit, welche sich in der Annahme der Geschenke etc. durch den Beamten für ein Vorgehen i. S. der Absichten des Bestechenden äußert; die Rechtswidrigkeit der Handlung kann nur auf das Strafmaß einen Einfluß ausüben."

Acordão des Supremo Tribunal de Justiça vom 1. 10. 50; Processo 27.424.

§ 6 Die Bestimmungen dieses Artikels und seiner Paragraphen finden Anwendung auch in den Fällen, in denen der öffentliche Bedienstete sich vorsätzlich die Befugnis, irgendeine Amtshandlung vorzunehmen, anmaßt oder vortäuscht und für den Vollzug oder das Unterlassen dieser Amtshandlung ein Angebot oder eine Versprechung oder eine Zuwendung oder ein Geschenk annimmt, unbeschadet einer schwereren Bestrafung wegen einer Fälschung, wenn diese Anwendung findet.

§ 7 Die Bestimmungen dieses Artikels und seiner Paragraphen finden auch auf Schiedsrichter Anwendung.

§ 8 Die in den vorhergehenden Artikeln bestimmten Strafen werden angewendet gegen Sachverständige und alle anderen Personen, die einen Beruf ausüben, in Hinsicht auf diejenigen ihrer Handlungen, zu welchen sie entsprechend dem Gesetz zur Erfüllung einer im öffentlichen Interesse liegenden Dienstleistung aufgefordert werden, ausgenommen, wenn das Gesetz sie ermächtigt, ihre Entlohnung mit den Parteien zu regeln.

§ 9 In den Fällen der beiden letzten vorhergehenden Paragraphen wird die Strafe der Entlassung aus dem Amte oder der Amtsenthebung ersetzt durch das Verbot der Berufsausübung oder durch die Aufhebung der staatsbürgerlichen Rechte für einen Zeitraum nicht unter zwei Jahren, unbeschadet der Bestimmung des Art. 241 und unbeschadet einer schwereren Strafe, der sie auf Grund der angeführten Handlungen unterlegen sein können.

Art. 319 Richter und Geschworene, die bestochen werden, damit sie in einer Strafsache vor oder nach der Anklage zu Gunsten oder zu Ungunsten einer Person verfahren[615]), verfügen[616]) oder verkünden[617]), werden zu schwerem Gefängnis von acht bis zu zwölf Jahren und zu einer Geldstrafe von 1.000$000 réis[618]), welche auf alle Mitschuldigen zu verteilen ist, verurteilt.

Art. 320 Ergeht infolge der Bestechung eine Verurteilung zu einer schwereren Strafe als sie im vorhergehenden Artikel angedroht ist, so wird der Richter oder Geschworene, der sich bestechen läßt, mit dieser schwereren Strafe und mit der im vorhergehenden Artikel angedrohten Geldstrafe belegt.

Art. 321 Jede Person, die mit Zuwendungen, Geschenken, Angeboten oder Versprechungen einen öffentlichen Bediensteten besticht[619])

---

615) „julgar".

616) „ordenar".

617) „pronunciar".

618) Der Betrag der Geldstrafe wurde auf das Zehnfache erhöht durch Art. 56 des Decreto 11.991 vom 30. 7. 1926. Er beträgt daher jetzt 10.000$00.

619) „Der Versuch der Bestechung eines Beamten ist nur strafbar, wenn der Beamte die Versprechung oder das Angebot angenommen hat:

und eine rechtswidrige Handlung begehrt, eine Wahlstimme kauft oder durch die Bestechung das Ziel irgendwelcher Ansprüche[620]) zu sichern sucht, wird mit denselben Strafen wie der bestochene Bedienstete bestraft mit der Maßgabe, daß die Strafe der Amtsentlassung oder Amtsenthebung durch die Aufhebung der staatsbürgerlichen Rechte für einen Zeitraum nicht unter zwei Jahren ersetzt wird.

Einziger § Wird die Bestechung in einer Strafsache zu Gunsten des Angeklagten von ihm selbst, von seinem Ehegatten, von einem Verwandten in auf- oder absteigender Linie oder einem seiner Geschwister oder von einer im selben Grade verschwägerten Person ausgeübt, so ist die Strafe Geldstrafe von einem bis zu sechs Monaten.

Art. 322 Nimmt ein öffentlicher Bediensteter selbst oder durch einen anderen ein Geschenk oder eine Versprechung von einer Person an, die bei ihm einen bestimmten amtlichen Bescheid beantragt hat oder die ein Geschäft oder einen Anspruch zu besorgen hat, dessen Erledigung von einer Amtshandlung desselben Bediensteten abhängt, so werden gegen den Bediensteten die Bestimmungen des Art. 318 und seiner Paragraphen angewendet.

Art. 323 Die als Bestechung empfangenen Sachen oder deren Gegenwert verfallen immer dem Staate.

8. Abschnitt

Allgemeine Bestimmungen

Art. 324 Jeder öffentliche Bedienstete, der in Kenntnis eines von einem ihm untergebenen Beamten, der ihm unmittelbar Gehorsam schuldet, begangenen Verbrechen nicht die Mittel, die das Gesetz ihm bietet, anwendet, um ihn seiner Bestrafung zuzuführen, wird als Gehilfe angesehen und nach den allgemeinen Bestimmungen über die Beihilfe bestraft.

Art. 325 In den Fällen, in denen das Gesetz ein von einem öffentlichen Bediensteten begangenes Verbrechen irgendwelcher Art nicht besonders unter Strafe stellt, wird der öffentliche Bedienstete, der auf irgendeine der im Art. 22 erläuterten Arten Beihilfe zu einem Ver-

---

§ 4 des Art. 318. Daher begeht dies Verbrechen nicht der Rechtsanwalt, der dem Richter in einer von ihm vertretenen Rechtsangelegenheit schriftlich eine bestimmte Summe anbietet, wenn der Klage stattgegeben werde, wenn die Antwort des Richters darin besteht, daß er die Briefe dem Vorsitzenden des Conselho Superior Judiciário vorlegt. Jedoch begeht er das Verbrechen des Art. 181 CP."

Acordão des Supremo Tribunal de Justiça vom 15. 5. 1936 (Colecção Oficial, 35. Jg., S. 138 = Revista de Legislação e Jurisprudência, 69. Jg., S. 103).

[620]) „pretensões".

brechen leistet, dessen Begehung zu verhüten oder entgegenzuwirken oder zu dessen Bestrafung beizutragen sein Amt ist, mit der verschärften Strafe für das Verbrechen belegt.

Art. 326 In allen in diesem Kapitel nicht bezeichneten Fällen, in denen die Gesetze oder die Dienstvorschriften der öffentlichen Bediensteten bei Verletzung oder Nichtbeachtung ihrer Bestimmungen Besserungs- oder Sonderstrafen anordnen, sind diese Strafen mit den folgenden Maßgaben anzuwenden:

1. Handelt der Bedienstete lediglich fahrlässig, so ist seine Zuwiderhandlung nicht mit der Strafe der Entlassung aus dem Amte zu belegen; diese Strafe wird durch die der Amtsenthebung ersetzt.
2. Wird ein Bediensteter, der zweimal verurteilt worden ist, in irgendeinem Falle und zu irgendeiner Zeit zum zweiten Male rückfällig, so ist er zu entlassen.
3. Die vorstehenden Bestimmungen gelten für Taten, welche einem Dienststrafverfahren unterliegen.

Art. 327 Im Sinne der Bestimmungen dieses Kapitels ist öffentlicher Bediensteter[621]) jede Person, die unmittelbar auf Grund einer gesetzlichen Ermächtigung oder auf Grund einer Ernennung durch allgemeine Wahl oder durch *den König* oder durch die zuständige Behörde ein ziviles öffentliches Amt irgendeiner Art wahrnimmt oder an seiner Wahrnehmung teilhat.

4. Titel

Verbrechen gegen Personen

1. Kapitel

VERBRECHEN GEGEN DIE PERSÖNLICHE FREIHEIT

1. Abschnitt

Gewalttaten gegen die Freiheit

Art. 328 Wer einen freien Menschen der Knechtschaft[622]) unter-

[621]) „Ist eine Unterscheidung zulässig zwischen der tatsächlichen Situation desjenigen, der öffentliche Befugnisse ausübt, und seiner rechtlichen Situation, welche ihm die Eigenschaft eines öffentlichen Bediensteten versagt, da er nicht in Übereinstimmung mit den Gesetzen in sein Amt eingeführt worden ist, für eine Anwendbarkeit der Bestimmungen über Angestellte, die ein Bestechungsverbrechen begehen? Eine solche Unterscheidung ist nicht zulässig. Öffentlicher Bediensteter ist diejenige Person nicht, die vom Präsidenten einer Câmara municipal ohne weitere Förmlichkeiten als Angestellter verpflichtet wurde und weder in ihr Amt eingeführt wurde noch einen Diensteid abgelegt hat.“

Acordão des Supremo Tribunal de Justiça vom 10. 11. 1942 (Boletim Of. do Min. da Just., Bd. 2, S. 326).

[622]) „cativeiro“ = Knechtschaft i. S. von Sklaverei.

wirft, wird zu schwerem Gefängnis von zwei bis zu acht Jahren und zum Höchstmaß der Geldstrafe verurteilt.

Art. 329 Jede Privatperson, die ohne rechtmäßige Erlaubnis einen körperlichen Angriff[623]) gegen einen anderen vornimmt, um ihn zu zwingen, etwas zu tun, oder zu hindern, etwas zu tun, wird zu Gefängnis von einem Monat bis zu einem Jahr verurteilt; daneben kann sie auch zu entsprechender Geldstrafe verurteilt werden.

2. Abschnitt

Freiheitsberaubung[624])

Art. 330 Jede Privatperson, die eine Freiheitsberaubung begeht, indem sie selbst oder durch einen anderen jemanden bis zu 24 Stunden als Gefangenen in einem Hause oder an einer anderen Stelle, wo er festgehalten werden soll, festhält und ihn derartig unter Bewachung hält, daß er nicht im Besitze seiner ganzen Freiheit ist, wird, auch wenn es sich dabei nicht um ein Gefängnis handelt, zu Gefängnis von einem Monat bis zu einem Jahr verurteilt.

§ 1 Einfaches Festhalten für einen kürzeren Zeitraum gilt als Körperverletzung und wird nach den für solche Fälle bestehenden gesetzlichen Vorschriften bestraft.

§ 2 Dauert das Festhalten länger als 24 Stunden, so wird der Verbrecher zu Gefängnis von drei Monaten bis zu zwei Jahren verurteilt.

§ 3 Gibt der Verbrecher innerhalb von drei Tagen dem Festgehaltenen die Freiheit wieder, ohne daß er irgendein Ziel, das er sich mit dem Festhalten vorgenommen hatte, erreicht hätte und bevor mit irgendwelchen Maßnahmen gegen ihn begonnen worden ist, so wird die Strafe gemildert.

§ 4 Dauert das Festhalten jedoch mehr als 20 Tage, so ist die Strafe schweres Gefängnis von zwei bis zu acht Jahren und das Höchstmaß der Geldstrafe.

Art. 331 In jedem Falle, in dem das Verbrechen der Freiheitsberaubung festgestellt wird, ist die Strafe schweres Gefängnis von zwei bis zu acht Jahren und das Höchstmaß der Geldstrafe, sobald eine der folgenden Voraussetzungen vorliegt:

1. wenn der Verbrecher das Verbrechen begeht, indem er sich in irgendeiner Weise als Obrigkeit ausgibt;
2. wenn das Verbrechen von Drohungen mit dem Tode oder mit Folterungen oder mit einer sonstigen Körperverletzung, welcher nicht eine schwerere Strafe entspricht, begleitet wird.

---

623) „actos de ofensa corporal", vgl. Art. 359.

624) „cárcere privado", wörtlich „Privatgefängnis".

Art. 332 Weist derjenige, der das Verbrechen der Freiheitsberaubung begangen hat, nicht nach, daß er dem Verletzen die Freiheit wiedergegeben hat oder wo dieser sich befindet, so wird er zu schwerem Gefängnis von 16 bis zu 20 Jahren verurteilt.

Art. 333 Die Bestimmungen der vorhergehenden Artikel sind anzuwenden auf öffentliche Bedienstete, die das Verbrechen außerhalb ihres Amtsbereiches begehen.

Art. 334 Unbeschadet der Fälle, in denen das Gesetz Privatpersonen die Festnahme eines anderen gestattet, wird jeder, der eine Person festnimmt, um sie den Behörden vorzuführen, mit Gefängnis von drei bis zu 30 Tagen bestraft.

Art. 335 Werden in den Fällen, in denen das Gesetz Privatpersonen die Festnahme einer Person gestattet, Gewalttätigkeiten angewandt, welche vom Gesetz als Verbrechen bezeichnet werden, so sind diese Gewalttätigkeiten mit den entsprechenden Strafen zu bestrafen.

2. Kapitel
VERBRECHEN GEGEN DEN PERSONENSTAND[625])

1. Abschnitt
Anmaßung eines Personenstandes, Scheinehe[626]) *und unzulässige Ehe*[627])

Art. 336 Wer vorsätzlich sich den Personenstand eines anderen anmaßt oder wer sich, um die Rechte eines anderen zu schädigen, mittels einer falschen Eheschließung eheliche Rechte anmaßt oder wer sich zu demselben Zweck als verheiratet ausgibt oder sich sonst irgendwelche Familienrechte anmaßt, wird zu schwerem Gefängnis von zwei bis zu acht Jahren verurteilt.

Art. 337 Jeder Mann oder jede Frau, die eine zweite oder weitere Ehe eingehen, ohne daß die vorhergehende rechtmäßig aufgelöst ist, werden mit schwerem Gefängnis von zwei bis zu acht Jahren und mit dem Höchstmaß der Geldstrafe bestraft.

Art. 338 Haben der Mann oder die Frau, die eine Ehe eingehen, Kenntnis davon, daß die Person, mit der sie die Ehe eingehen, verheiratet ist, so werden sie nach den Bestimmungen über die Beihilfe bestraft.

Art. 339 Die Sondervorschriften, die die geltenden Gesetze

---

625) „estado civil".
626) „matrimónio suposto".
627) „matrimónio ilegal".

treffen in Hinsicht auf unzulässige Ehen und auf Zuwiderhandlungen gegen die Ausführungsvorschriften über die Personenstandsvorgänge, gelten in allen Beziehungen, die nicht in diesem Gesetzbuche geordnet sind.

2. Abschnitt

Vorgetäuschte[628]) *Geburten*

Art. 340 Jede Frau, die, ohne geboren zu haben, eine fremde Geburt als ihre eigene ausgibt, oder die nach der Geburt eines lebenden oder toten Kindes dieses durch ein anderes ersetzt, wird zu schwerem Gefängnis von zwei bis zu acht Jahren verurteilt.

§ 1 Mit derselben Strafe wird der Ehemann belegt, der davon weiß und zustimmt.

§ 2 Wer zu diesem Verbrechen Hilfe leistet, wird nach den allgemeinen Vorschriften als Täter oder Gehilfe bestraft.

Art. 341 Mit schwerem Gefängnis von zwei bis zu acht Jahren und mit Geldstrafe bestraft wird die unrichtige Erklärung der Eltern eines Kindes, welche mit oder ohne dessen Einverständnis vor der zuständigen Behörde und mit dem Ziele, die Rechte eines anderen zu schädigen, abgegeben wird, und ebenso die mit demselben Ziele vor derselben Behörde abgegebene Erklärung der Geburt oder des Todes eines Kindes, das nie gelebt hat.

3. Abschnitt

Entziehung[629]) *und Verheimlichung*[630]) *von Kindern*

Art. 342 Wer mit Gewalt oder durch Täuschung ein Kind unter sieben Jahren aus dem Hause oder von der Stelle, wo es sich mit der Erlaubnis der mit seiner Beaufsichtigung oder Erziehung betrauten Personen befindet, wegbringt[631]) oder wegbringen läßt, wird zu schwerem Gefängnis von zwei bis zu acht Jahren bestraft.

Art. 343 Wer einen Minderjährigen unter 21 Jahren mit Gewalt zwingt oder durch Täuschung veranlaßt, das Haus seiner Eltern oder seines Vormundes oder der Personen, die mit der Sorge für seine Person betraut sind, oder die Stelle, an der er sich auf deren Anweisung aufhält, zu verlassen, oder ihn wegbringt, wird zu Gefängnis verurteilt, unbeschadet einer höheren Strafe wegen einer Freiheitsberaubung, wenn eine solche Anwendung findet.

---

[628]) „partos supostos".

[629]) „subtracção".

[630]) „ocultação".

[631]) „tirar ou levar"; gleichbedeutend.

Einziger § Ist der Minderjährige weniger als 17 Jahre alt, so ist die Strafe das Höchstmaß des Gefängnisses.

Art. 344 Wer einen Minderjährigen unter 7 Jahren verbirgt oder verbergen läßt oder vertauscht oder vertauschen läßt oder selbst oder durch einen anderen verschwinden läßt[632]), wird zu schwerem Gefängnis von zwei bis zu acht Jahren verurteilt.

§ 1 Ist der Minderjährige sieben, aber keine 18 Jahre alt, so wird der Verbrecher zu schwerem Gefängnis von zwei bis zu acht Jahren verurteilt, unbeschadet einer höheren Strafe für eine Freiheitsberaubung, wenn eine solche Anwendung findet.

§ 2 In allen bisher in diesem Abschnitt angeführten Fällen wird derjenige, der nicht angibt, wo sich der Minderjährige befindet, zu schwerem Gefängnis von 16 bis zu 20 Jahren verurteilt.

§ 3 Wer mit der Sorge für die Person eines Minderjährigen betraut ist und diesen nicht denjenigen bringt[633]), die das Recht haben, es zu verlangen, noch sein Verschwinden rechtfertigt, wird zu schwerem Gefängnis von zwei bis zu acht Jahren verurteilt, es sei denn, er unterliegt den Bestimmungen des Artikels.

4. Abschnitt

Aussetzung und Verlassen[634]) von Kindern

Art. 345 Wer einen Minderjährigen unter sieben Jahren an einer Stelle, die nicht die zur Aufnahme von Findelkindern bestimmte öffentliche Anstalt ist, aussetzt oder verläßt, wird zu Gefängnis und entsprechender Geldstrafe verurteilt.

§ 1 Geschieht die Aussetzung oder das Verlassen an einem einsamen Orte, so wird der Verbrecher zu schwerem Gefängnis von zwei bis zu acht Jahren verurteilt.

§ 2 Wird das Verbrechen begangen von dem gesetzlichen Vater oder der Mutter oder vom Vormund oder einer anderen mit der Aufsicht oder der Erziehung des Minderjährigen betrauten Person, so wird die Strafe durch das Höchstmaß der Geldstrafe verschärft.

§ 3 Wird durch die Aussetzung oder das Verlassen das Leben des Minderjährigen in Gefahr gebracht oder hat sie eine Verletzung oder seinen Tod zur Folge, so ist die Strafe acht Jahre schweres Gefängnis.

Art. 346 Wer ein neugeborenes Kind an irgendeiner Stelle ausgesetzt auffindet oder wer an einer einsamen Stelle einen verlassenen

---

632) „desencaminhar ou fazer desencaminhar".

633) „apresentar".

634) „exposição e abandono".

Minderjährigen unter sieben Jahren findet, wird, wenn er ihn nicht der nächsten Verwaltungsbehörde zuführt, zu Gefängnis von einem Monat bis zu zwei Jahren verurteilt.

Art. 347 Wer einen Minderjährigen unter sieben Jahren, dessen Pflege oder Erziehung er übernommen hat, ohne das Einverständnis derjenigen Personen, die ihm den Minderjährigen anvertraut haben, oder der zuständigen Behörde einer öffentlichen Anstalt oder einer anderen Person übergibt, wird zu Gefängnis von einem Monat bis zu einem Jahr und zu entsprechender Geldstrafe verurteilt.

Art. 348 Die gesetzlichen Eltern, die, obwohl sie die Mittel zum Unterhalt ihres Kindes besitzen, es in betrügerischer Absicht[635]) in der zur Aufnahme von Findelkindern bestimmten öffentlichen Anstalt aussetzen, werden zu Geldstrafe von einem Monat bis zu einem Jahr bestraft.

3. Kapitel
VERBRECHEN GEGEN DIE SICHERHEIT DER PERSON

1. Abschnitt
Einfache oder schwere willentliche Tötung von Menschen[636]) *und Vergiftung*

Art. 349 Jede Person, die willentlich eine andere tötet, wird mit schwerem Gefängnis von 16 bis zu 20 Jahren bestraft[637]).

Art. 350 Je nach den Umständen werden als Tötungsversuch oder als fehlgeschlagene Tat alle in Tötungsabsicht zugefügten Verwundungen, Mißhandlungen oder Körperverletzungen bestraft, wenn der Tod nicht eintrat oder wenn er infolge eines zufälligen Umstandes eintrat, der nicht die Folge der Tat des Verbrechers ist.

Art. 351 Mit schwerem Gefängnis von 20 bis zu 24 Jahren bestraft wird das Verbrechen der willentlichen Tötung, wie es in dem Art. 349 unter Strafe gestellt ist, wenn einer der nachfolgenden Umstände vorliegt:

1. vorherige Überlegung;
2. wenn Martern oder Grausamkeiten angewendet wurden, um den Angegriffenen mehr leiden zu lassen;
3. wenn das Verbrechen selbst die Vorbereitung oder die Erleichte-

---

635) „fraudulentamente".

636) „homicídio voluntário" (zu voluntário vgl. Anm. 4 bei Art. 1).

637) „Im Sinne der Rückfallsbestimmungen haben die vorsätzlichen Verbrechen der Tötung eines Menschen und der Körperverletzung nicht dieselbe Eigenart."

Assento des Supremo Tribunal de Justiça vom 12. 7. 1949, Diário do Governo I, Nr. 163 vom 26. 7. 1949.

rung oder die Ausführung eines anderen Verbrechens oder die Sicherung seiner Straflosigkeit zum Gegenstande hatte;

4. wenn vorher, gleichzeitig oder nachher ein anderes Verbrechen begangen wurde, welches mit einer schärferen Strafe als zwei Jahre Gefängnis bedroht ist.

5. Die Verbrechen, die vom Gesetz als Verbrechen gegen die innere oder die äußere Sicherheit des Staates bezeichnet werden, fallen, soweit sie kein anderes Verbrechen darstellen, nicht unter die in den beiden vorhergehenden Ziffern genannten Verbrechen.

Art. 352 Vorherige Überlegung besteht in dem mindestens 24 Stunden vor dem Handeln gefaßten Plan, gegen die Person eines bestimmten Menschen oder auch desjenigen, der vorgefunden oder angetroffen werden würde, einen Anschlag auszuführen, selbst wenn dieser Plan von einem Umstand oder einer Voraussetzung abhängig ist oder wenn sich der Täter später bei der Ausführung des Verbrechens über die Person dieses Menschen täuscht oder irrt.

Art. 353 Wer das Verbrechen der Vergiftung begeht, wird mit schwerem Gefängnis von 20 bis zu 24 Jahren bestraft.

Einziger § Als Verbrechen der Vergiftung wird jeder Anschlag gegen das Leben einer Person bezeichnet, der mit Mitteln ausgeführt wird, die den mehr oder weniger sofortigen Tod herbeiführen können, in welcher Art auch immer diese Mittel angewendet oder verabfolgt sein mögen und welcher Art auch immer die Folgen sein mögen.

Art. 354 Mit Gefängnis wird bestraft, wer einer Person Hilfe leistet, sich selbst zu töten.

Einziger § Geht er mit dem Ziele, Hilfe zu leisten, so weit, daß er selbst die Tötungshandlung vornimmt, so ist die Strafe schweres Gefängnis von acht bis zu zwölf Jahren.

2. Abschnitt

Durch die Eigenschaft der Personen erschwerte willentliche Tötung eines Menschen

Art. 355 Wer willentlich seinen natürlichen oder gesetzlichen Vater oder seine natürliche oder gesetzliche Mutter oder einen seiner gesetzlichen Verwandten aufsteigender Linie tötet, wird als Vatermörder mit schwerem Gefängnis von 20 bis zu 24 Jahren bestraft.

§ 1 Liegt keine vorherige Überlegung vor, so kann, wenn eine Herausforderung nachgewiesen wird, die Strafe in der im Art. 375 angegebenen Weise gemildert werden.

§ 2 Liegt vorherige Überlegung vor, so kann kein Umstand die Strafe des Vatermörders mildern.

§ 3 Der Versuch des Vatermordes mit vorheriger Überlegung wird mit schwerem Gefängnis von 12 bis zu 16 Jahren bestraft.

Art. 356 Wer das Verbrechen der Kindestötung begeht, indem er willentlich ein Kind während des Geburtsvorganges oder innerhalb von acht Tagen nach der Geburt tötet, wird mit schwerem Gefängnis von 20 bis zu 24 Jahren bestraft.

Einziger § Wird die Kindestötung von der Mutter begangen, um ihre Schande, oder von den Eltern der Mutter, um die Schande der Mutter zu verbergen, so ist die Strafe schweres Gefängnis von zwei bis zu acht Jahren.

Art. 357 Liegen in einem der in diesem und in dem vorhergehenden Abschnitt bestimmten Fälle andere erschwerende Umstände vor, so gelten die allgemeinen Vorschriften.

3. Abschnitt

Abtreibung

Art. 358 Wer vorsätzlich[638]) bei einer schwangeren Frau abtreibt[639]), indem er zu diesem Zweck Gewalt oder Getränke oder Arzneien oder irgendein Mittel anwendet, wird, wenn das Verbrechen ohne das Einverständnis der Frau begangen wurde, zu schwerem Gefängnis von zwei bis zu acht Jahren verurteilt.

§ 1 Wird das Verbrechen mit dem Einverständnis der Frau begangen, so wird es mit schwerem Gefängnis von zwei bis zu acht Jahren bestraft.

§ 2 Mit derselben Strafe wird die Frau bestraft, welche einverstanden ist und von den verabfolgten Mitteln Gebrauch macht oder die willentlich[640]) die Abtreibung an sich selbst vorzunehmen sucht, wenn diese Erfolg hat.

§ 3 Begeht jedoch im Falle des vorhergehenden Paragraphen die Frau das Verbrechen, um ihre Schande zu verbergen, so ist die Strafe Gefängnis.

§ 4 Der Arzt, Wundarzt oder Apotheker, der unter Mißbrauch seines Berufes willentlich zu der Ausführung dieses Verbrechens beigetragen hat, indem er die Mittel angegeben oder verabfolgt hat, unterliegt jeweils denselben, nach den allgemeinen Vorschriften verschärften Strafen[641]).

---

[638]) „de propósito".

[639]) „fazer abortar" = bewirken, daß die Leibesfrucht abgeht.

[640]) „voluntàriamente".

[641]) Dazu Decreto 32.171 vom 28. 7. 1942:

„Art. 10 Die Strafverschärfung des § 4 des Art. 358 CP für die Abtreibung erfaßt alle Personen, die medizinische Hilfsberufe ausüben."

4. Abschnitt

Verwundungen[642]), Quetschungen[643]) und andere willentliche Körperverletzungen[644])

Art. 359[645]) Wer willentlich[646]) durch eine Verletzung des Körpers eine Person mißhandelt, wird, wenn keiner der in den folgenden Artikeln aufgezählten Umstände hinzukommt, auf die Strafklage[647]) des Verletzten zu Gefängnis bis zu drei Monaten verurteilt[648]).

Einziger § Ist der Verletzte unter 16 Jahre alt oder geschäftsunfähig, so wird das Strafverfahren auf eine einfache Mitteilung[649]) des Verletzten selbst oder seines gesetzlichen Vertreters eingeleitet.

Art. 360[650]) Die willentliche Körperverletzung, welche eine Krankheit oder Berufsunfähigkeit oder sonstige Arbeitsunfähigkeit als notwendige Folge der Körperverletzung nach sich zieht, wird bestraft:

1. wenn die Krankheit oder Arbeitsunfähigkeit nicht länger als zehn Tage dauert, mit Gefängnis bis zu sechs Monaten und mit Geldstrafe bis zu einem Monat;
2. wenn die Krankheit oder Arbeitsunfähigkeit sich über zehn Tage hinaus verlängert, aber 20 Tage nicht übersteigt oder eine wenig auffallende Verunstaltung bewirkt, mit Gefängnis bis zu einem Jahr und Geldstrafe bis zu zwei Monaten;
3. wenn die Krankheit oder Arbeitsunfähigkeit sich über 20 Tage hinaus verlängert, aber 30 Tage nicht übersteigt oder eine auffallende Verunstaltung bewirkt, mit Gefängnis und Geldstrafe;
4. wenn die Krankheit oder Arbeitsunfähigkeit sich über 30 Tage hinaus verlängert, mit Gefängnis nicht unter 18 Monaten und Geldstrafe nie unter einem Jahr;
5. hat die Körperverletzung die Abtrennung, den Verlust, die Verstümmelung oder Unbrauchbarkeit[651]) eines Gliedes oder eines

---

642) „ferimentos".

643) „contusões".

644) „ofensas corporais voluntárias" (zu „ofensa" vgl. Anm. 303 und 308).

645) Art. 359 in der Fassung durch D.-L. 41.074 vom 17. 4. 1957.

646) „voluntàriamente" (vgl. Anm. 4 bei Art. 1).

647) „acusação do ofendido" (vgl. Anm. 205 bei Art. 65).

648) „Im Sinne der Rückfallsbestimmungen haben die vorsätzlichen Verbrechen der Tötung eines Menschen und der Körperverletzung nicht dieselbe Eigenart."

Assento des Supremo Tribunal de Justiça vom 12. 7. 49. Diàrio do Governo I, Nr. 163 vom 26. 7. 1949.

649) „participação" (vgl. Anm. 205 bei Art. 65).

650) Fassung des Art. 360 durch D.-L. 41.074 vom 17. 4. 1957.

651) „Der Art. 360 Ziffer 5 CP umfaßt die teilweise Unbrauchbarkeit, sobald diese eine erhebliche und merkliche Verringerung der normalen Funktion des Organes oder des Gliedes des Körpers darstellt."

Organes des Körpers zur Folge, mit schwerem Gefängnis von zwei bis zu acht Jahren.

Einziger § In den in der Ziffer 1 vorgesehenen Fällen findet ein gerichtliches Verfahren nur auf eine Mitteilung des Verletzten statt, außer wenn die Körperverletzung das Leben des Verletzten gefährdet hat oder mit verbotenen Waffen oder mit Feuerwaffen oder mit anderen besonders gefährlichen Mitteln begangen wurde.

Art. 361 Wird der Verletzte infolge der Körperverletzung notwendigerweise seiner Verstandeskräfte beraubt oder bleibt er notwendigerweise für das ganze Leben arbeitsunfähig, so ist die Strafe schweres Gefängnis von zwei bis zu acht Jahren.

Einziger § Die gleiche Strafe wird verschärft verhängt, wenn die Körperverletzung willentlich, aber ohne Tötungsabsicht begangen wurde, jedoch den Tod herbeigeführt hat[652]).

Art. 362 War die Verwundung, die Mißhandlung[653]) oder die Verletzung nicht tödlich und erschwerte oder bewirkte sie auch nicht die zum Tode führende Krankheit oder wird nachgewiesen, daß ein zufälliger, vom Willen des Verbrechers unabhängiger Umstand, der auch nicht die Folge seiner Tat war, die Ursache des Todes war, so wird die Strafe für das Verbrechen durch die Todesfolge nicht verschärft.

Art. 363[654]) Der Schuß aus einer Feuerwaffe, der Gebrauch einer Wurfwaffe[655]) gegen eine Person gilt, auch wenn keine dieser Handlungen als Tötungsversuch zu bezeichnen ist und auch wenn sie keine Verwundungen oder Quetschungen zur Folge haben, als Körperverletzung. Das gleiche gilt von der Drohung mit einer der genannten Waffen, wenn diese sich in verwendungsbereitem Zustande befinden[656]) oder wenn sie ausgeübt wird von drei oder mehr Personen, welche bereit sind, ein unmittelbares Übel zu verursachen[657]). Es werden bestraft:

Assento des Supremo Tribunal de Justiça vom 9. 5. 1958, Diário do Governo I, Nr. 110 vom 23. 5. 1958.

652) „ocasionar".

653) „espancamento".

654) Fassung des Art. 363 durch D.-L. 41.074 vom 17. 4. 1957.

655) „arma de arremesso"; im juristischen Sinne gilt als Wurfwaffe nicht nur diejenige, die allein durch Werfen gebraucht werden kann, vielmehr fallen unter diesen Artikel alle Waffen, die unabhängig von einer anderen Möglichkeit der Verwendung durch Werfen eine Verletzung herbeiführen können. Deswegen kann auch ein Messer eine Wurfwaffe sein. (Faveiro, Anm. zu Art. 363 nach Revista de Legislação e Jurisprudência, Jg. 46, S. 282).

656) „em disposição de ofender".

657) „em disposição de causar um mal imediato".

1. der Schuß aus einer Feuerwaffe oder der Gebrauch einer Wurfwaffe mit Gefängnis bis zu sechs Monaten;
2. die Drohung mit einer Feuerwaffe oder mit irgendeiner Wurfwaffe in verwendungsbereitem Zustand oder ausgeübt von mehr als drei Personen in Bereitschaft, ein unmittelbares Übel zu verursachen, mit Gefängnis bis zu drei Monaten.

Einziger § Die Einleitung des Strafverfahrens wegen einer einfachen Drohung mit einer Waffe oder einem Angriffsmittel, die nicht im letzten Teil des einzigen Paragraphen des Art. 360 erwähnt sind, hängt von der Mitteilung des Verletzten ab.

Wird mit einer Körperverletzung gedroht, deren Strafverfolgung von einer Strafklage des Verletzten abhängt, so hängt die gerichtliche Verfolgung der Drohung in gleicher Weise von einer solchen Klage ab.

Art. 364 Die Bestimmungen der vorhergehenden Artikel dieses Abschnittes sind anzuwenden gegen diejenigen, die vorsätzlich und mit der Absicht, ein Übel anzurichten, einem anderen auf irgendeine Weise Mittel zuführen, die infolge ihrer natürlichen Beschaffenheit im allgemeinen zwar nicht todbringend, jedoch schädlich für die Gesundheit sind.

Art. 365 Wird eines der in den vorhergehenden Artikeln dieses Abschnittes bestimmten Verbrechen gegen den gesetzlichen oder natürlichen Vater oder gegen die gesetzliche oder natürliche Mutter oder gegen einen gesetzlichen Verwandten aufsteigender Linie begangen, so wird der Schuldige verurteilt:

1. wenn das Strafmaß für das Verbrechen Gefängnis nicht über drei Monate ist, zu Gefängnis nicht unter einem Jahr;
2. zu schwerem Gefängnis von zwei bis zu acht Jahren in allen sonstigen Fällen, in denen das Strafmaß für das Verbrechen Gefängnis ist;
3. wenn das Strafmaß für das Verbrechen das der vorigen Ziffer ist, zu der gleichen, jedoch verschärften Strafe und nicht unter sechs Jahren;
4. wenn das Strafmaß für das Verbrechen schweres Gefängnis von zwei bis zu acht Jahren ist[658]), zu derselben, jedoch verschärften

---

[658]) Zur verschiedenen Verschärfungsfolge bei gleichem Strafmaß für das nichtqualifizierte Verbrechen (in Ziffer 3 und 4 dieses Artikels wird schweres Gefängnis von zwei bis zu acht Jahren vorausgesetzt) vgl. Art. 129 Ziffer 5, welcher verschiedene der durch die Strafrechtsform von 1954 abgeschafften Strafarten durch schweres Gefängnis von zwei bis acht Jahren ersetzt; ursprünglich war in Ziffer 3 des Art. 365 die Strafe des Grundverbrechens festes Zellengefängnis von zwei bis zu acht Jahren oder zeitige Verbannung und in der Ziffer 4 festes Zellengefängnis von zwei bis zu acht Jahren oder zeitiges festes Gefängnis.

Strafe und nicht unter der Hälfte oder zu schwerem Gefängnis von acht bis zu zwölf Jahren, je nach den Umständen.

Art. 366 Beraubt jemand einen anderen der Fortpflanzungsfähigkeit[659]), indem er ihm ein zur Zeugung notwendiges Organ abnimmt, so wird er zu schwerem Gefängnis von zwei bis zu acht Jahren verurteilt.

Einziger § Tritt infolge der hervorgerufenen Verletzungen innerhalb von 40 Tagen nach dem Verbrechen der Tod des Verletzten ein, so ist die Strafe schweres Gefängnis von 16 bis zu 20 Jahren.

Art. 367[660]) *Wer sich willentlich und um untauglich für den Wehrdienst zu werden, verstümmelt, wird zu Gefängnis von drei Monaten bis zu einem Jahr verurteilt.*

Einziger § *Ist der Gehilfe Arzt, Wundarzt oder Apotheker, so wird er zur gleichen Strafe und entsprechender Geldstrafe verurteilt.*

5. Abschnitt

Ungewollte[661]) *Tötung eines Menschen, ungewollte Verwundungen und andere ungewollte Körperverletzungen*

Art. 368 Wer infolge seiner Unerfahrenheit, Unbedachtheit, Nachlässigkeit, Ungeschicktheit[662]) oder infolge der Nichtbeachtung

---

[659]) „... cometer o crime de castração"; der Wortlaut des Tatbestandes umfaßt auch die Begehung des Verbrechens an weiblichen Personen.

[660]) Diese Materie ist jetzt durch Art. 77 der Lei 1.961 vom 1. 9. 1937 geregelt:

„Personen, die sich absichtlich zeitweilig oder dauernd für den Militärdienst untauglich machen mit dem Ziel, sich den durch das vorliegende Gesetz auferlegten Verpflichtungen zu entziehen, werden zu Friedenszeiten mit Gefängnis von einem bis zu zwei Jahren und dem Entzug der bürgerlichen Rechte bis zu 15 Jahren bestraft.

In Kriegszeiten werden sie nach den Bestimmungen des Militärgesetzbuches abgeurteilt und wegen Feigheit angeklagt."

[661]) „involuntário" (vgl. den Art. 1 und Art. 2 und die dortige Anm. 4). Die Verwendung des Begriffes „voluntário" im CP ist nach Faveiro (Anm. B 2 zu Art. 2) nicht einheitlich. Hier bezeichne „involuntário" das Nichtwollen einer Tat, sei also gleichbedeutend mit Fahrlässigkeit.

[662]) „imperícia, inconsideração, negligência, falta de destreza ..."; nach Faveiro, Anm. zu Art. 368, sind hiermit alle Gestaltungsformen der „negligência" des Art. 2 (s. dortige Anm. 7) erfaßt. Es bedeuten:

„imperícia" = Unerfahrenheit: „Mangel der regelmäßig notwendigen beruflichen Kenntnisse oder ihre Anwendung entgegen den Regeln, woraus die schuldhafte Vornahme einer nicht ordnungsgemäßen Handlung oder einer Handlung in nicht gehöriger Form oder die schuldhafte Unterlassung einer Handlung, die hätte vorgenommen werden müssen, resultieren;"

„falta de destreza" = Ungeschicklichkeit: „scheint sich nach dem Sinn-

einer Vorschrift[663]) ungewollt einen Menschen tötet oder Ursache seines Todes ist, wird mit Gefängnis von einem Monat bis zu zwei Jahren und entsprechender Geldstrafe bestraft.

Einziger § Die ungewollte Tötung eines Menschen, welche Folge einer unerlaubten Handlung oder einer zwar erlaubten, jedoch zu unerlaubter Zeit, an unerlaubter Stelle oder auf unerlaubte Weise ausgeübten Handlung ist, erleidet dieselbe Strafe, wenn nicht gegen die unerlaubte Handlung eine schwerere Strafe zu verhängen ist, welche in diesem Falle allein anzuwenden ist.

Art. 369[664]) Verübt oder verursacht jemand aus denselben Gründen und unter denselben Umständen ungewollt eine Verwundung oder eine der in dem vorhergehenden Abschnitt bestimmten Folgen einer Körperverletzung, so wird er je nach den Umständen mit Gefängnis von drei Tagen bis zu sechs Monaten bestraft oder lediglich zum Schadenersatze verpflichtet, unbeschadet der Strafe für eine Übertretung, wenn eine solche Anwendung findet.

§ 1 Haben die Körperverletzungen keine schwereren Folgen als die in der Ziffer 1 des Art. 360 angeführten, so findet eine Strafverfolgung nur nach einer Mitteilung durch den Verletzten statt.

§ 2 Bei Fehlen dieser Mitteilung bleibt jedoch eine etwa begangene Übertretung strafbar.

---

zusammenhang des Código Penal zu beziehen auf die eigentliche Ausführung einer Handlung, welche eine sachliche Fehlerhaftigkeit einschließt, auf den Mangel der Sorgfalt in der Art des Gebrauches eines Werkzeuges oder der Behandlung eines Werkstückes, jedoch ohne irgendeine Beziehung auf eine berufliche Unwissenheit;“

„inconsideração“ = Unbedachtheit: den „Mangel der gehörigen Aufmerksamkeit, den Mangel derjenigen Sorgsamkeit und derjenigen Vorsichtsmaßregeln, die zu ergreifen auf Grund der allgemeinen Pflicht zur Umsichtigkeit dem Täter hätte ratsam sein können oder müssen;“

„negligência“ = Nachlässigkeit: den „Mangel der Sorgsamkeit, vorherzusehen, was hätte vorhergesehen werden müssen, oder, falls der Erfolg vorhergesehen wurde, soweit dies dann nicht Vorsatz darstellt, den Mangel der Sorgfalt, die geeigneten Maßnahmen zu ergeifen, um den Erfolg zu verhindern.“
(Faveiro a. a. O.)

[663]) „Die das Verbrechen der ungewollten Tötung verursachenden Übertretungstaten können nicht Gegenstand besonderer Bestrafung sein.“

Assento des Supremo Tribunal de Justiça vom 23. 7. 1952, Diário do Governo I, Nr. 172 vom 6. 8. 1952.

[664]) Art. 369 in der Fassung durch Art. 2 des Descreto 41.218 vom 6. 8. 1957.

6. Abschnitt

Strafmilderungsgründe bei den Verbrechen der willentlichen Tötung eines Menschen, der willentlichen Verwundung oder anderen willentlichen Körperverletzungen

Art. 370 Wird die willentliche Tötung oder die Verwundung oder die Mißhandlung oder die sonstige Körperverletzung ohne vorherige Überlegung begangen und sind sie durch Schläge oder andere schwere Gewalttätigkeiten gegen die Person hervorgerufen worden, so werden die Strafen in der folgenden Weise gemildert:

1. Ist die Strafe für das Verbrechen schweres Gefängnis von 20 bis zu 24 Jahren oder sonst eine feste Strafe, so wird sie verringert auf Gefängnis von einem bis zu zwei Jahren und entsprechende Geldstrafe;
2. jede zeitige Strafe wird verringert auf Gefängnis von sechs Monaten bis zu zwei Jahren;
3. die Besserungsstrafe wird auf Gefängnis von drei Tagen bis zu sechs Monaten verringert.

Art. 371 Die im vorhergehenden Artikel vorgeschriebene Strafmilderung findet Anwendung, wenn die dort bezeichneten Taten am Tage bei der Abwehr eines Einstiegs oder eines Einbruches in ein Wohnhaus oder in dessen Nebengebäude, welche einen Zugang zu demselben Hause bieten können, oder eines Diebes oder Eindringlings, der sich eingeschlichen hat, verübt werden.

Art. 372 Der verheiratete Mann, der seine Frau bei einem Ehebruche antrifft, den anzuklagen ihm nach den Bestimmungen des Art. 404 § 2 nicht verwehrt ist, und der bei dieser Handlung entweder sie oder den Ehebrecher oder beide tötet oder ihnen eine der in den Art. 360, Ziffern 3 bis 5, Art. 361 und Art. 366 bezeichneten Körperverletzungen zufügt, wird für sechs Monate aus dem Gerichtsbezirk verbannt.

§ 1 Handelt es sich um geringere Verletzungen, so erleidet er keine Strafe.

§ 2 Die gleichen Bestimmungen finden Anwendung auf die verheiratete Frau, welche bei der in diesem Artikel bezeichneten Handlung die vom Ehemanne in der ehelichen Wohnung gehaltene oder ausgehaltene Beischläferin oder den Ehemann oder beide tötet oder ihnen die angeführten Körperverletzungen zufügt.

§ 3 Dieselben Bestimmungen finden unter denselben Umständen ebenfalls Anwendung auf die Eltern in Hinsicht auf ihre unter 21 Jahre alten Töchter und auf deren Verführer, solange erstere unter elterliche Gewalt stehen, es sei denn, die Eltern selbst haben die Verführung hervorgerufen, begünstigt oder erleichtert.

Art. 373 Die Strafe für das Verbrechen des Art. 366 kann nach dem Art. 370 nur gemildert werden, wenn die schwere Gewalttätigkeit in einer heftigen Verletzung des Schamgefühls[665]) besteht.

Art. 374 Beleidigungen[666]) mit Worten, üble Nachreden[667]) oder beleidigende Unterstellungen[668]) sowie Drohungen, die im Art. 363 nicht besonders bezeichnet sind, gelten im Sinne der im Art. 370 vorgeschriebenen besonderen Strafmilderung, unbeschadet der Bestimmungen des Art. 39 Ziffer 4, nicht als eine Herausforderung.

Einziger § In den in diesem Artikel bestimmten Fällen und ebenso in allen anderen, in denen mildernde Umstände festgestellt werden, gelten die allgemeinen Vorschriften über die Strafmilderung.

Art. 375 Auf das Verbrechen des Vatermordes findet die im Art. 370 dieses Abschnittes vorgeschriebene Strafmilderung keine Anwendung, jedoch kann die Strafe, wenn keine vorherige Überlegung vorliegt und eine Herausforderung festgestellt wird und das Leben des Verbrechers im Augenblicke des Verbrechens auf Grund der Gewalttätigkeiten des Verwandten aufsteigender Linie in Gefahr gewesen ist, nach den allgemeinen Vorschriften gemildert werden.

7. Abschnitt

Tötungen, Verwundungen und andere Gewalttaten, die keine Verbrechen sind

Art. 376 Keine Verbrechen sind: die Tötung eines Menschen, die Verwundungen oder Mißhandlungen oder andere Gewalttaten, die stattfinden, während die in einem der beiden Ziffern des Art. 41 in Verbindung mit den Bestimmungen der Art. 43 bis 46 bestimmten Umstände vorliegen.

Art. 377 Die im Art. 44 Ziffer 5 aufgestellte Vorschrift erfaßt die Fälle, in denen die Tötung oder die Verwundung oder die Mißhandlung begangen wird oder sonstige Gewaltmittel angewandt werden:

1. bei der Abwehr eines nächtlichen Einstiegs oder eines nächtlichen Einbruches in ein Wohnhaus oder seine Nebengebäude, welche einen Zugang zu demselben Haus bieten können;
2. bei der Verteidigung gegen den Täter[669]) eines Raubes oder einer unter Gewalttätigkeiten vorgenommenen Sachbeschädigung.

---

665) „ultraje violento contra o pudor"; vgl. auch Art. 390.

666) „injúrias verbais" (vgl. Anm. 303 und Art. 407 ff.).

667) „difamações"; vgl. Art. 407.

668) „imputações injuriosas".

669) „autor"; vgl. Art. 19.

Art. 378 Überschreitet jemand im Falle der Ziffer 5 des Art. 44 die im Art. 46 bezeichnete Grenze, so wird er nach Art und Umständen der Überschreitung entweder mit Gefängnis bestraft oder freigesprochen, indem er wegen seines Fehlers lediglich den bürgerlich-rechtlichen Schadensersatzverpflichtungen unterworfen bleibt.

8. Abschnitt

Bedrohung[670]) *und Hausfriedensbruch*[671])

Art. 379[671a]) Wer durch ein unterschriebenes oder namenloses Schriftstück oder mündlich einem anderen androht, ihm ein Übel zuzufügen, das ein Verbrechen darstellt, wird, unabhängig davon, ob er ihm einen Befehl erteilt oder eine Bedingung setzt, zu Gefängnis bis zu drei Monaten und zu einer Geldstrafe bis zu einem Monat verurteilt.

§ 1 Wer durch irgendein Mittel[672]) einen anderen bedroht oder ihm Furcht einflößt, um ihn zu einem Tun oder Unterlassen zu nötigen, zu dem er gesetzlich nicht verpflichtet ist, wird zu Gefängnis bis zu zwei Monaten verurteilt, soweit er nicht der Bestimmung dieses Artikels unterliegt noch dem angewandten Mittel auf Grund besonderer Bestimmung eine schwerere Strafe entspricht.

§ 2 Die Strafverfolgung der in diesem Artikel und seinem § 1 vorgesehenen Täter hängt von einer Mitteilung des Verletzten ab.

Handelt es sich bei dem Übel, auf das sich die Drohung bezieht, um eine Gesetzesverletzung, deren Strafverfolgung von einer Privatklage abhängt oder die kein Verbrechen darstellt, so hängt die Strafverfolgung von einer Privatklage ab.

Art. 380 Wer außer den Fällen, in denen das Gesetz dies gestattet, in die Wohnung einer Person gegen deren Willen eindringt, wird zu Gefängnis bis zu sechs Monaten verurteilt.

§ 1 Liegt Gewalt oder Drohung vor oder sind Einsteigen, Einbrechen oder falsche Schlüssel angewandt worden, so ist die Strafe Gefängnis.

§ 2 Im Falle des vorhergehenden Paragraphen ist der Versuch immer, und zwar nach den allgemeinen Vorschriften, zu bestrafen.

---

670) "ameaças".

671) „introdução em casa alheia".

671a) Art. 379 in der Fassung durch D.-L. 41.071 vom 17. 4. 1957.

672) Es ist nicht erforderlich, daß das Mittel unerlaubt ist. Es kommt darauf an, daß der Genötigte zu einem Tun veranlaßt werden soll, zu dem er nicht verpflichtet ist. Die Drohung, eine begangene Straftat anzuzeigen, fällt daher unter § 1, wenn damit der frühere Täter zu einem Tun genötigt werden soll, zu dem er nicht verpflichtet ist. (Faveiro Anm. zu Art. 379 nach Rev. d. Leg. e Jur., 70. Jg., S. 293.)

§ 3 Wer außer den Fällen, in denen das Gesetz dies gestattet, darauf besteht, in der Wohnung einer Person gegen deren Willen zu verbleiben, ohne das in diesem Artikel und seinem § 1 aufgeführte Verbrechen begangen zu haben, wird, wenn Gewalt oder Drohung nicht vorliegt, zu Gefängnis bis zu drei Monaten, andernfalls bis zu sechs Monaten verurteilt.

§ 4[673]) Liegt bei den in diesem Artikel und seinen Paragraphen vorgesehenen Verbrechen keiner der im § 1 angeführten Umstände vor, so findet eine Strafverfolgung nur mittels einer Strafklage des Verletzten statt.

9. Abschnitt

Zweikampf

Art. 381 Die Herausforderung zum Zweikampf wird mit Gefängnis von einem bis zu drei Monaten und Geldstrafe bis zu einem Monat bestraft.

Art. 382 Mit der gleichen Strafe bestraft werden diejenigen, die öffentlich eine Person verächtlich machen[674]) oder beleidigen[675]), weil sie einen Zweikampf abgelehnt hat.

Art. 383 Wer einen anderen dazu reizt, sich in einem Zweikampf zu schlagen, und ebenso wer durch eine Beleidigung Anlaß zu einer Herausforderung zu einem Zweikampf gibt, wird mit Gefängnis von einem Monat bis zu einem Jahr und entsprechender Geldstrafe bestraft.

Art. 384 Wer in einem Zweikampf von seinen Waffen gegen seinen Gegner Gebrauch macht, ohne daß dies eine Tötung oder eine Verwundung zur Folge hat, wird mit Gefängnis von zwei Monaten bis zu einem Jahr und entsprechender Geldstrafe bestraft.

Art. 385 Tötet einer der Kämpfer im Zweikampf den anderen, so wird er mit Gefängnis von einem bis zu zwei Jahren und dem Höchstmaß der Geldstrafe bestraft, wobei der Zeitraum des Gefängnisses mit der alleinigen Wirkung des Freiheitsentzuges auf das Doppelte erhöht werden kann.

§ 1 Zieht der Zweikampf eine der in den Ziffern 3 bis 5 des Art. 360 und im Art. 361 erläuterten Folgen nach sich, so ist die Strafe Gefängnis von sechs Monaten bis zu zwei Jahren und entsprechende Geldstrafe.

§ 2 Entstehen außer den im vorhergehenden Paragraphen be-

---

[673]) § 4 des Art. 380 eingefügt durch D.-L. 41.074 vom 17. 4. 1957.

[674]) „desacreditar".

[675]) „injuriar".

stimmten Fällen Verwundungen, so ist die Strafe Gefängnis von drei bis zu 18 Monaten und entsprechende Geldstrafe.

Art. 386 Die Sekundanten werden, wenn sie nicht nach den allgemeinen Vorschriften als Täter oder Gehilfen des Verbrechens zu bestrafen sind, mit Gefängnis bis zu sechs Monaten und Geldstrafe bis zu einem Monat bestraft.

Art. 387 Hat der Zweikampf eine Tötung oder Verwundungen zur Folge, so sind in den folgenden Fällen immer die vom Gesetz allgemein angedrohten Strafen zu verhängen:

1. wenn der Zweikampf ohne den Beistand von Sekundanten stattfand;
2. wenn dabei eine Täuschung oder Unehrlichkeit vorgekommen ist;
3. gegen jede Person, die wegen eines Geldvorteils zu einem Zweikampf herausfordert oder aufreizt oder willentlich Anlaß gibt.

Art. 388 Ist einer der Verbrecher ein öffentlicher Bediensteter, so kann je nach den Umständen die Strafe der Entlassung aus dem Amte hinzutreten.

10. Abschnitt

Gemeinsame Bestimmung zu den Abschnitten dieses Kapitels

Art. 389 Verheimlicht oder versteckt jemand im Falle der Tötung eines Menschen oder einer Verwundung, Mißhandlung oder sonstigen Körperverletzung mit Todesfolge, wie sie in diesem Kapitel behandelt werden, die Leiche der verstorbenen Person, so wird er mit Gefängnis von drei Monaten bis zu zwei Jahren bestraft, wenn nicht wegen einer Beteiligung am Verbrechen eine höhere Strafe Anwendung findet.

4. Kapitel

VERBRECHEN GEGEN DIE SITTLICHKEIT[676])

1. Abschnitt

Öffentliche Verletzung des Schamgefühls[677])

Art. 390 Die durch ein Tun[678]) begangene öffentliche Verletzung des Schamgefühls wird, mag die Öffentlichkeit sich aus dem Orte oder aus anderen Umständen, die das Verbrechen begleiten, ergeben, mit Gefängnis bis zu sechs Monaten und Geldstrafe bis zu einem

---

[676]) „honestidade".

[677]) „ultraje público ao pudor".

[678]) „acção"; hierin liegt nach Beleza dos Santos (Rev. de Leg. e Jur., 59. Jg., S. 177) der Unterschied zu Art. 420 (entnommen aus Faveiro Anm. zu Art. 390).

Monat bestraft, auch wenn kein Einzelangriff gegen die Ehre einer Person vorliegt.

2. Abschnitt

Angriff gegen das Schamgefühl[679]*), willentliche Schändung*[680]*) und Vergewaltigung*[681]*)*

Art. 391[682]) Jeder Angriff gegen das Schamgefühl einer Person des einen oder des anderen Geschlechtes, der zur Befriedigung unzüchtiger Leidenschaften oder aus einem anderen Grunde mit Gewalt begangen wird, wird mit Gefängnis bestraft.

Einziger § Ist die angegriffene Person unter 16 Jahre[683]) alt, so ist, selbst wenn die Gewaltanwendung nicht nachgewiesen wird, die Strafe in allen Fällen dieselbe.

Art. 392 Wer eine über 12 Jahre und unter 18 Jahre alte Jungfrau mittels Verführung[684]) schändet[685]), erleidet die Strafe des schweren Gefängnisses von zwei bis zu acht Jahren.

Art. 393 Wer einer Frau gegen deren Willen durch Anwendung körperlicher Gewalt, heftiger Einschüchterung oder durch eine Täuschung, die keine Verführung darstellt, oder zu einem Zeitpunkt,

---

679) „atentado ac pudor".

680) „estupro voluntário"; entspricht im Unrechtsgehalt der Verführung des deutschen Strafrechtes. Dieser Begriff wird jedoch im Art. 392 bei der Beschreibung des Deliktes verwendet.

681) „violação" erfaßt die Notzucht, aber auch die Erschleichung des außerehelichen Beischlafes durch Täuschungsmittel.

682) Art. 391 in der Fassung durch Art. 1 des D.-L. 36.387 vom 1. 7. 1947.

683) „Wer einer Minderjährigen unter 16 Jahren mit deren Einwilligung oder ohne diese beiwohnt, begeht, wenn dies nicht das Verbrechen der Schändung oder der Vergewaltigung bildet, das Verbrechen des Angriffes gegen das Schamgefühl einer Person, wie es im einzigen § des Art. 391 CP i. V. m. dem Art. 27 des Gesetzes vom 20. 6. 1912 vorgesehen ist."

Assento des Supremo Tribunal de Justiça vom 1. 5. 1936, Diário do Governo I vom 21. 5. 1936.

Der Art. 27 des erwähnten Gesetzes von 1912 entspricht dem jetzigen einzigen Paragraphen des Art. 391. Dies Gesetz wurde zwischenzeitlich durch das D.-L. 35.042 vom 20. 10. 1945, Art. 97, aufgehoben. Die Bestimmung ist jedoch das D.-L. 36.387 wieder in den CP eingeführt worden.

684) „sedução"; nach dem Supremo Tribunal de Justiça (Acordão vom 19. 4. 1940; Colecção Oficial, 39. Jg., S. 166) liegt eine Verführung nur vor, wenn vom Täter Betrug oder Täuschung angewandt werden. Dem widersprechen Beleza dos Santos und auch verschiedene Instanzgerichte (so die Relação von Lissabon im Urteil vom 20. 2. 1943; Boletim Oficial do Min. da Just., 3. Bd., S. 272), welche für die Verführung irgendwelche Handlungen, die die sexuelle Begierde erregen, genügen lassen. (Faveiro Anm. 3 zu Art. 392.)

685) „estuprar" (vgl. Anm. 680).

da die Frau sich nicht im Besitze ihrer Verstandeskräfte oder ihres Bewußtseins befindet, unerlaubt beiwohnt, begeht das Verbrechen der Vergewaltigung und erleidet die Strafe schweren Gefängnisses von zwei bis zu acht Jahren.

Art. 394 Wer eine Minderjährige unter 12 Jahren vergewaltigt, wird, selbst wenn keiner der im vorhergehenden Artikel bestimmten Umstände nachgewiesen wird, zu schwerem Gefängnis von acht bis zu zwölf Jahren verurteilt.

Art. 395 Wer eine Frau in unsittlicher Absicht mittels körperlicher Gewalt, heftiger Einschüchterung oder durch irgendeine Täuschung, die keine Verführung darstellt, oder zu einem Zeitpunkt, da die Frau sich nicht im Besitze ihrer Verstandeskräfte oder ihres Bewußtseins befindet, entführt[686]), wird nach den Bestimmungen über den Angriff gegen das Schamgefühl mittels Gewalt bestraft, wenn die Schändung oder Vergewaltigung nicht vollendet ist. Beim vollendeten Verbrechen wird die Entführung als erschwerender Umstand angesehen.

§ 1 Die Entführung einer Minderjährigen unter 12 Jahren in unsittlicher Absicht gilt immer als gewaltsam.

§ 2 Ist wegen eines Verbrechens der Freiheitsberaubung oder wegen eines anderen Verbrechens der Täter mit schwererer Strafe zu belegen, so ist diese zu verhängen.

Art. 396 Als erschwerender Umstand bei der Schändung gilt die Entführung einer über 12 und unter 18 Jahre alten Jungfrau aus dem Hause oder von der Stelle, wo sie sich mit der gehörigen Erlaubnis aufhielt, welche mit ihrem Einverständnis begangen wird. Wird die Schändung jedoch nicht vollendet, so wird die Entführung durch Verführung mit Gefängnis bis zu einem Jahr bestraft.

Art. 397 In allen Fällen, in denen eine Entführung vorliegt, ist die Bestimmung des Art. 332 und des § 2 des Art. 344 anzuwenden.

Art. 398 Bei den Verbrechen, die dieser Abschnitt behandelt, werden die Strafrahmen durch die jeweils nächsthöheren ersetzt, wenn der Verbrecher:

1. Verwandter in aufsteigender Linie oder Bruder der verletzten Person ist;
2. Vormund, Pfleger oder Lehrmeister dieser Person ist oder aus irgendeinem Rechtsgrunde[687]) Gewalt über sie ausübt oder wenn er mit der Erziehung, Leitung oder Aufsicht beauftragt ist oder wenn er Geistlicher oder Diener irgendeiner Glaubensgemeinschaft oder öffentlicher Bediensteter ist, von dessen Amtsbefug-

[686]) „o rapto de qualquer mulher ... será punido".

[687]) „por qualquer título" (vgl. Anm. 462).

nissen eine Angelegenheit oder ein Antrag der verletzten Person abhängt;
3. wenn er Diener oder Hausangestellter der verletzten Person oder ihrer Familie ist oder auf Grund seines Berufes einen Einfluß auf dieselbe verletzte Person ausübt;
4. wenn er die verletzte Person mit einer syphilitischen Krankheit oder einer anderen Geschlechtskrankheit angesteckt hat.

Art. 399 Bei den in den vorhergehenden Artikeln vorgesehenen Fällen findet eine Strafverfolgung ohne vorherige Anzeige[688]) des Verletzten oder seiner Eltern oder seiner Großeltern, des Ehegatten, der Geschwister, des Vormundes oder des Pflegers nur in den folgenden Fällen statt:
1. wenn die verletzte Person unter 12 Jahre alt ist;
2. wenn eine vom Gesetz als Verbrechen bezeichnete Gewalttätigkeit begangen wurde, deren Anklage nicht von einer Anzeige oder einer Privatklage durch die verletzte Partei abhängt;
3. wenn die Person arm ist oder sich in der Obhut einer Wohlfahrtsanstalt befindet.

Einziger § Nach der Abgabe der Anzeige und der Einleitung des Strafverfahrens hindert die Parteiverzeihung[689]) oder der Parteiverzicht[690]) das Strafverfahren nicht.

Art. 400 In den Fällen der Schändung und der Vergewaltigung einer Jungfrau ist der Verbrecher immer verpflichtet, der Verletzten eine Aussteuer zu gewähren, selbst wenn er sich mit ihr verheiratet, wobei der Betrag der Aussteuer von dem Gericht, das über die strafrechtliche Verantwortlichkeit des Angeklagten entscheidet, festgesetzt wird.

§ 1 In jedem der Fälle, auf den sich dieser Artikel bezieht, und in allen in den vorhergehenden Artikeln vorgesehenen Fällen setzt die Eheschließung der vom verletzten Teil angestrengten Privatklage[691]) und der Untersuchungshaft ein Ende, indem das Verfahren auf öffentliche Klage in Abwesenheit des Angeklagten bis zum Abschlusse durchgeführt wird[692]).

---

[688]) „denúncia" (vgl. Anm. 205).

[689]) „perdão da parte" (vgl. Anm. 205).

[690]) „desistência" (vgl. Anm. 205).

[691]) „acusação da parte" (vgl. Anm. 205).

[692]) § 1, § 2 und § 3 dieses Artikels eingefügt durch D. 18.588 v. 10. 7. 1930. Vorher endete das Strafverfahren, wenn der Täter die Verletzte heiratete. Die Änderung wurde eingeführt, weil viele Täter diese Möglichkeit benutzten, um sich der Bestrafung zu entziehen, indem sie die Verletzte heirateten, sich jedoch alsbald wieder scheiden ließen oder die gerichtliche Trennung bewirkten. (§ 1, § 2.)

§ 2 Im Falle einer Verurteilung wird die Strafe lediglich ausgesetzt und nur aufgehoben, wenn fünf Jahre nach der Eheschließung keine Scheidung oder gerichtliche Trennung auf Grund von Tatsachen, welche allein dem Ehemann zuzurechnen sind, stattgefunden hat; weil nämlich der Verurteilte, wenn solche Tatsachen vorhanden sind, die Strafe zu verbüßen hat.

§ 3 Wird die Genehmigung zur Eheschließung unter diesen Umständen von demjenigen, dessen Recht sie ist, abgelehnt, so obliegt es dem in der Hauptsache zuständigen Richter, diese Genehmigung zu ersetzen.

3. Abschnitt

Ehebruch[693])

Art. 401 Der Ehebruch *der Frau* wird *mit schwerem Gefängnis von zwei bis zu acht Jahren* bestraft.

§ 1 Der mitschuldige Ehebrecher, der weiß, daß die Frau ver-

Andererseits versuchten die Eltern der Verletzten vielfach, diesen Umstand kommerziell zu nutzen, und verweigerten deswegen aus im übrigen unverständlichen Gründen die erforderliche Einwilligung in die Eheschließung. (§ 3.)

(Faveiro Anm. zu Art. 400.)

[693]) Die Bestimmungen über den Ehebruch sind geändert durch Lei do divórcio (Scheidungsgesetz; Decreto vom 3. 11. 1910), welches insoweit bestimmt:

„Art. 61 Der Ehebruch des Ehemannes oder der Frau gilt als verbrecherisch nur, wenn er sich während des Zusammenlebens der Ehegatten ereignet. Er wird nach den Bestimmungen der Art. 401 bis 404 des Código Penal mit den folgenden Änderungen bestraft:

§ 1 Der Ehebruch des Ehemannes wird dem der Ehefrau in Art und Schwere angeglichen, das Strafmaß darf jedoch für keinen der beiden noch für den jeweiligen Mitschuldigen das Höchstmaß der Gefängnisstrafe überschreiten. Die Tatbestände und Strafvorschriften der Art. 401 bis 404 sind auf diese Weise geändert.

§ 2 Die Paragraphen 2 und 4 des Art. 401 werden widerrufen.

§ 3 Das Recht des verletzten Ehegatten zur Erhebung der Strafklage verjährt in sechs Monaten.

§ 4 Der verletzte Ehegatte hat sich zu entscheiden zwischen der Strafklage für Ehebruch oder der auf den Ehebruch gestützten Zivilklage auf Scheidung oder Trennung. In keinem Falle kann er beide Klagen erheben noch sich bei einer von ihnen der Ergebnisse bedienen, die in den die andere vorbereitenden Untersuchungen der Verwaltungs- oder Gerichtsbehörden gewonnen worden sind.

§ 5 Ist die Strafklage erhoben und mit dem Freispruch des Angeklagten abgeschlossen worden, so kann dieser, auch wenn er der Ehegatte ist, allein auf Grund des freisprechenden Urteils verlangen, daß die Güter-

heiratet ist, wird mit derselben Strafe bestraft und ist zum Ersatze des Schadens verpflichtet, der in gehöriger Form festgestellt wird.

§ 2 *Gegen den mitschuldigen Ehebrecher sind nur Beweise aus frischer Tat und solche, die aus Briefen oder anderen von ihm geschriebenen Urkunden hervorgehen, zulässig.*

§ 3 Eine Bestrafung wegen des Verbrechens des Ehebruches kann nur auf Grund einer Strafklage[694]) des verletzten Ehemannes erfolgen.

§ 4 *Der Ehemann kann, solange beide Mitschuldige leben, nur gegen beide Strafklage erheben.*

Art. 402 Der Ehegatte kann keine Klage erheben[695]), wenn er einem der Mitschuldigen verziehen hat oder sich mit seiner Ehefrau versöhnt hat.

Einziger § Jedes Verfahren endet mit der Rücknahme der Klage des Ehegatten. In gleicher Weise endet bei beiden Mitschuldigen die Wirkung einer Verurteilung, wenn der Ehegatte einem von ihnen verzeiht oder das gemeinsame Leben mit der Ehefrau wieder aufnimmt.

Art. 403 *Das rechtskräftige Urteil in einer auf Ehebruch gestützten Scheidungsklage wirkt, wenn es klagabweisend ist, in allen Beziehungen auf die Strafsache.*

Einziger § *Gibt es der Klage statt, so beeinträchtigt es die Strafsache nicht.*

Art. 404 *Der verheiratete Mann, der in der ehelichen Wohnung eine Beischläferin hält, wird mit Geldstrafe von drei Monaten bis zu drei Jahren bestraft.*

§ 1 Wegen der in diesem Artikel bestimmten Verbrechen kann nur die Ehefrau Strafklage erheben.

§ 2 Der dieses Verbrechens oder des Verbrechens der Verleitung zur Unzucht an seiner Frau nach Maßgabe des § 1 des Art. 405 überführte Ehemann kann wegen ihres Ehebruches keine Strafklage erheben.

§ 3 Die Bestimmungen des *§ 4 des Art. 401* und des Art. 402 und *403* finden auf den Fall dieses Artikels Anwendung.

---

trennung und die Herausgabe derjenigen Güter, welche ihm gehören, im Wege der Zwangsvollstreckung durchgeführt werde.

§ 6 In diesem Falle spricht das freisprechende Urteil mit rechtskräftiger Wirkung je nach dem Antrage des Angeklagten die Scheidung oder das Recht zum Getrenntleben aus, wobei im Falle des Schweigens die Trennung als beantragt gilt ..."

Zu dem Begriff der Strafklage in § 3 („queixa e acusação") vgl. Anm. 205.

[694]) „querela e acusação" (vgl. Anm. 205).

[695]) „querelar" (vgl. Anm. 205).

4. Abschnitt

Kuppelei[696])

Art. 405 Wer zur Befriedigung der unsittlichen Wünsche eines anderen die gewerbsmäßige Unzucht[697]) oder sittliche Verderbtheit[698])

---

[696]) „lenocínio"; s. dazu die ergänzenden Bestimmungen des Decreto 20.431 vom 24. 10. 1931:

„Art. 25 Der Vater, die Mutter der Vormund oder andere mit der Aufsicht über einen Minderjährigen beauftragte Personen, die verursacht oder, obwohl sie dazu in der Lage waren, nicht verhindert haben, daß diese zu Gesetzesbrechern oder Trinkern oder sonst lasterhaft werden, oder die in irgendeiner Weise zur sittlichen Verkommenheit, Entartung oder zur Verwahrlosung derselben Minderjährigen beigetragen haben, unterliegen einer Gefängnisstrafe bis zu einem Jahr und entsprechender Geldstrafe, wenn sie mit Absicht vorgegangen sind, oder lediglich einer Geldstrafe bis zu 1000$00, wenn sie fahrlässig gehandelt haben.

Einziger § Gefängnisstrafe bis zu sechs Monaten wird verhängt gegen alle sonstigen Personen, die absichtlich eine der Taten verüben, auf die dieser Artikel sich bezieht.

Art. 26 Das vorbereitende Verfahren und das Hauptverfahren beim Verbrechen der Kuppelei in Hinsicht auf Minderjährige unter 21 Jahre, welches im Código Penal vorgesehen und unter Strafe gestellt ist, gehört in die Zuständigkeit der Jugendgerichte."

Der Begriff „lenocínio" ist weiter als der des deutschen StGB, er erfaßt nicht nur die Vermittlung einer Gelegenheit zur Unzucht, sondern bestimmte Formen allgemeiner sittlicher Verderbnis überhaupt. Das Gesetz unterscheidet Begehung durch Autoritäts- oder Erziehungspersonen (Art. 405) und durch sonstige Personen (Art. 406). Geschützt sind in beiden Artikeln Minderjährige (vgl. dazu die Anm. 698), andere Personen nur unter den Voraussetzungen des Art. 405. Volljährige Personen genießen demnach keinen Schutz gegen auch gewohnheitsmäßige Ausbeutung und Anleitung zu unsittlicher Tätigkeit. Gegen Zuhälter und Kuppler können dann nur die Sicherungsmaßnahmen nach Art. 71 Ziffer 7 ergriffen werden.

Zu den im Text des D 20.431 verwendeten Begriffen: „sittliche Verkommenheit" („desmoralização"), „Entartung" („perversão"), „Verwahrlosung" („desamparo") vgl. die Anm. 698.

[697]) „prostituição" (vgl. Anm. 698).

[698]) „corrupção" ist nach Faveiro (Anm. vor 1 zu Art. 406) ein umfassender Begriff, der sowohl die gewerbliche Unzucht des Art. 405 als auch den liederlichen Lebenswandel des Art. 406 als auch die einzelnen Tatbestandsmerkmale des angemerkten Art. 25 des D. 20.431 erfasse. Hieraus könnte geschlossen werden, daß durch Art. 25 die Bestimmungen des Art. 405 und 406 CP, soweit sie die Begehung des Verbrechens an Minderjährigen betreffen, überholt seien. Dieser Ansicht ist Beleza dos Santos (Rev. de Leg. e Jur., 60. Jg., S. 97, und 71. Jg., S. 2 ff., mitgeteilt bei Faveiro a. a. O.) im Hinblick auf das die gleiche Materie behandelnde vom D. 20.431 abgelöste Decreto vom 27. 5. 1911. Demgegenüber meint Faveiro (a. a. O.), Art. 26 des D.20.431 zeige, daß die Bestimmungen des CP weiter bestehen. Der Unterschied zwischen ihnen und dem Art. 25 liege darin, daß letzterer

eines Abkömmlings hervorruft, begünstig oder erleichtert, wird zu Gefängnis von einem bis zu zwei Jahren und entsprechender Geldstrafe verurteilt und seiner staatsbürgerlichen Rechte für 12 Jahre enthoben.

§ 1 Der Ehegatte, der dasselbe Verbrechen im Hinblick auf seine Ehefrau begeht, wird zu dem Höchstmaß der Verbannung und zu Geldstrafe von drei Monaten bis zu drei Jahren seines Einkommens verurteilt und seiner staatsbürgerlichen Rechte für 12 Jahre enthoben.

§ 2 Der Vormund oder eine sonstige mit der Erziehung, Leitung oder Aufsicht eines Minderjährigen unter 21 Jahren beauftragte Person, die dasselbe Verbrechen in Hinsicht auf diesen Minderjährigen begeht, wird mit Gefängnis von sechs Monaten bis zu zwei Jahren und entsprechender Geldstrafe bestraft. Daneben wird ihm für 12 Jahre das Recht aberkannt, Vormund oder Mitglied eines Familienrates zu sein oder in irgendeiner Unterrichtsanstalt zu lehren, sie zu leiten oder an der Leitung mitzuwirken.

---

nicht voraussetze, daß die Tat zur „Befriedigung der unsittlichen Wünsche eines anderen" geschehen sei. Somit enthalte nur der CP eigentliche Bestimmungen über die Kuppelei, während das D. 20.431 die Verletzungen elterlicher oder sonstiger Schutzpflichten bestrafe.

Die Systematik der gegen Minderjährige begangenen Delikte sei daher die folgende (Faveiro Anm. a—e vor Anm. 1 zu Art. 406):

1. Eltern und sonst Erziehungsberechtigte, wenn sie die sittliche Verderbnis zur Befriedigung unsittlicher Wünsche Dritter herbeiführen: Art. 405 CP bzw. Art. 405 § 2 CP;
2. die gleichen Personen, jedoch ohne überschießende Innentendenz: Art. 25 1. Alternative D. 20.431;
3. die gleichen Personen, das gleiche Verhalten, jedoch aus Fahrlässigkeit: Art. 25 2. Alternative D. 20.431;
4. sonstige Personen, die gleiche Wirkung, zur Befriedigung unsittlicher Wünsche Dritter, jedoch nur wenn gewohnheitsmäßig: Art. 406 CP;
5. sonstige Personen, lediglich vorsätzlich, also ohne überschießende Innentendenz, und auch wenn nicht gewohnheitsmäßig: Art. 25 Einziger § (ebenso: sonstige Personen, zur Befriedigung unsittlicher Wünsche Dritter, jedoch nicht gewohnheitsmäßig);
6. sonstige Personen; fahrlässig: straflos.

Dem entspricht auch die Schwere der Strafdrohung:

Fall 1: Gefängnis von 1 bis 2 Jahren, Geldstrafe, 12 Jahre Aufhebung der staatsbürgerlichen Rechte;

Fall 2: Gef. bis zu einem Jahr und Geldstrafe;

Fall 3: Geldstrafe;

Fall 4: Gef. von drei Monaten bis zu einem Jahr, Geldstrafe, Entzug der staatsbürgerlichen Rechte für fünf Jahre;

Fall 5: Gef. bis zu sechs Monaten.

Dadurch wird die verschiedene Schwere nach den Tätergruppen einerseits (1—3 und 4—5) und der verbrecherischen Intensität andererseits (1 + 4 mit Absicht, 2 + 5 mit Vorsatz) herausgestellt.

Art. 406 Jede Person, die gewohnheitsmäßig den liederlichen Lebenswandel[699]) oder die sittliche Verderbnis[698]) eines Minderjährigen unter 21 Jahren hervorruft, begünstigt oder erleichtert, um die unsittlichen Wünsche eines anderen zu befriedigen, wird mit Gefängnis von drei Monaten bis zu einem Jahr und entsprechender Geldstrafe und Aufhebung der staatsbürgerlichen Rechte für fünf Jahre bestraft.

5. Kapitel

VERBRECHEN GEGEN DIE EHRE, ÜBLE NACHREDE, VERLEUMDUNG UND BELEIDIGUNG[700])

Art. 407 Wer einem anderen[701]) öffentlich übel nachredet[702]) [703]), indem er ihm mit lauter Stimme, einer schriftlichen oder gezeichneten Veröffentlichung oder sonst einem Veröffentlichungsmittel eine seine Ehre und sein Ansehen verletzende Tatsache unterstellt oder diese Unterstellung wiederholt, wird zu Gefängnis bis zu vier Monaten und Geldstrafe bis zu einem Monat verurteilt.

Art. 408 Ein Beweis der Wahrheit der unterstellten Tatsachen ist nur in den beiden folgenden Fällen zulässig:

1. wenn einem öffentlichen Bediensteten im Rahmen seines Aufgabenbereiches eine Tatsache, für die er die Verantwortung trägt, unterstellt wird;
2. wenn einer Privatperson oder einem öffentlichen Bediensteten außerhalb seines Amtsbereiches eine verbrecherische Tat unterstellt wird, über die ein noch nicht vollstrecktes Urteil oder ein

---

[699]) „desvassidão" (vgl. Anm. 698).

[700]) „crimes contra a honra, difamação, calúnia e injúria".

[701]) „Kollektivpersonen können bei dem Verbrechen der üblen Nachrede und dem der Beleidigung passiv Betroffene sein."

Assento des Supremo Tribunal de Justiça vom 24. 2. 1960, processo n° 30.057

„Handelsgesellschaften mit Rechtspersönlichkeit können passiv Betroffene des Verbrechens der üblen Nachrede sein. Sie sind daher prozeßfähig, um die Strafverfolgung zu bewirken."

Acordão des Supremo Tribunal de Justiça vom 23. 6. 1942; Bol. do Min. da Justiça, 2. Jg., S. 221.

[702]) „difamar".

[703]) Bestritten ist, ob die Beleidigungsdelikte ein besonderes subjektives Element in Form eines „animus injuriandi" erfordern (Faveiro, Anm. zu Art. 407). Eine Meinung stützt sich auf Art. 407, der dies nicht erfordere. Nach allgemeinen Regeln, insbesondere dem Assento des STJ v. 20. 3. 1936 (vgl. Anm. 6 bei Art. 2) sei daher auch fahrlässige Begehung strafbar. Die andere Meinung beruft sich auf Art. 414, der die Begehung „maliciosamente" vorschreibe. Dieser letzten Meinung folgt die Rspr. (So Acordão des STJ vom 2. 2. 1940, Jornal do Foro, 5. Bd., S. 63; vgl. auch die in Anm. 704 zit. Entscheidungen.)

anhängiges Verfahren vorliegt; jedoch ist in beiden Fällen als Beweismittel allein das rechtskräftige Strafurteil zulässig. Im Falle des schwebenden Verfahrens wird das Verfahren wegen der üblen Nachrede bis zur Entscheidung über die verbrecherische Tat unterbrochen.

Einziger § Ausschließlich im Sinne der Bestimmung dieses Artikels sind öffentlichen Bediensteten die verantwortlichen Mitglieder jeder Körperschaft, die obrigkeitliche Gewalt ausübt, gleichgestellt.

Art. 409 Beweist der Angeklagte in einem der im vorhergehenden Artikel bestimmten Fälle die Wahrheit der unterstellten Tatsachen in der dort vorgeschriebenen Weise, so bleibt er straffrei. Beweist er die Wahrheit der Unterstellungen nicht, so wird er als Verleumder mit Gefängnis bis zu einem Jahr und entsprechender Geldstrafe bestraft.

Art. 410 Das Verbrechen der Beleidigung, bei dem keine bestimmte Tatsache unterstellt wird, ist, wenn es öffentlich durch Gebärden, mit lauter Stimme, durch eine zeichnerische oder schriftliche Veröffentlichung oder durch sonst ein Veröffentlichungsmittel begangen[704]) wird, mit Gefängnis bis zu zwei Monaten und Geldstrafe bis zu einem Monat zu ahnden.

Einziger § Bei der Anklage wegen einer Beleidigung ist der Beweis der Wahrheit irgendeiner Tatsache, auf die die Beleidigung sich beziehen kann, nicht zulässig.

Art. 411 Werden die in den Art. 407 und 410 bestimmten Verbrechen gegen eine Körperschaft begangen, die obrigkeitliche Gewalt ausübt, so ist im ersten Falle die Strafe Gefängnis bis zu sechs Monaten und im zweiten Falle die des Art. 407.

Einziger § Werden sie gegen eine der gesetzgebenden Kammern begangen, so ist die Strafe Gefängnis bis zu sechs Monaten und Geldstrafe bis zu einem Monat.

Art. 412 Liegt bei dem in den vorhergehenden Artikeln vorgesehenen Verbrechen keine Öffentlichkeit vor, so ist die Strafe Geldstrafe bis zu zwei Monaten.

---

[704]) „Zur Verwirklichung des Verbrechens der Beleidigung ist die beleidigende Absicht — der ‚animus injuriandi' — erforderlich. Er liegt nicht vor, wenn der ‚animus jocandi et defendendi' vorhanden ist."

Acordão des S. T. J. vom 27. 2. 1931; Colecção Oficial, 30. Jg., S. 47.

„Beim Verbrechen der Beleidigung äußert sich der ‚animus injuriandi' in der Kenntnis des Angeklagten von der beleidigenden Bedeutung der Handlung."

Acordão der Relação von Porto vom 22. 5. 1929; Boletim da Faculdade de Direito de Coimbra, 11. Jg., S. 303.

Art. 413 Wird eine Körperverletzung öffentlich gegen eine Person in der Absicht begangen, sie zu beleidigen, so wird sie wie eine üble Nachrede unter erschwerenden Umständen bestraft, wenn ihr nicht eine schwerere Strafe entspricht, welche in diesem Falle verhängt wird, wie wenn dabei ebenfalls erschwerende Umstände vorgelegen hätten.

Art. 414 Die Strafe für eine üble Nachrede wird auch gegen denjenigen verhängt, der böswillig[705]) eine Tat, welche das der Obrigkeit gebührende Ansehen verletzt, in beleidigender Absicht begeht, wenn nicht die Verletzung[706]) durch das Gesetz mit schwererer Strafe bedroht ist, welche in diesem Falle verhängt wird, wie wenn dabei erschwerende Umstände vorgelegen hätten.

Art. 415 Die in diesem Kapitel erläuterten Verbrechen werden, wenn sie gegen den gesetzlichen oder natürlichen Vater oder gegen die gesetzliche oder natürliche Mutter oder gegen einen gesetzlichen Verwandten aufsteigender Linie begangen werden, immer mit dem Höchstmaß der Strafe geahndet, unbeschadet der Vorschrift des Art. 365.

Einziger § Wird dasselbe Verbrechen von anderen erschwerenden Umständen begleitet, so gelten die allgemeinen Vorschriften.

Art. 416 Ein Gerichtsverfahren findet wegen der üblen Nachrede oder der Beleidigung gegenüber einer Privatperson oder eines persönlich betroffenen öffentlichen Bediensteten nur statt, wenn die betroffene Partei das Verfahren einleitet[707]). Dies gilt nicht in den im zweiten Kapitel des 3. Titels dieses Buches bestimmten Fällen.

Einziger § Die Vorschrift dieses Artikels findet keine Anwendung, wenn das Verbrechen in Gegenwart der Obrigkeit oder Geistlicher bei Ausübung ihres Dienstes oder in öffentlichen oder für den öffentlichen Dienst oder für Glaubenshandlungen bestimmten Gebäuden oder in den königlichen Palästen begangen wird.

Art. 417 Das Verbrechen der üblen Nachrede oder der Beleidigung an einer schon verstorbenen Person wird bestraft, wenn ein Verwandter auf- oder absteigender Linie oder der Ehegatte oder der Bruder oder die Schwester oder der Erbe dieser Person es anklagen[708]).

Art. 418 Straffrei bleibt, wer vor Gericht eine befriedigende Gegenerklärung zu der üblen Nachrede oder der Beleidigung abgibt, deren er angeklagt ist, sofern der Verletzte diese Genugtuung annimmt.

---

705) „maliciosamente" (vgl. Anm. 703).
706) „ofensa"; bezieht sich auf „facto ofensivo da consideração ..."
707) „a requerimento da parte" (vgl. Anm. 205).
708) „acusar" (vgl. Anm. 205).

Art. 419 Wenn vor Gericht vorgetragene Ausführungen oder dort vorgelegte Schriftsätze eine üble Nachrede oder Beleidigung enthalten, können die Richter, vor denen die Sache anhängig ist, die Anwälte oder Parteivertreter, die die üble Nachrede oder Beleidigung begangen haben, bis zu sechs Monaten und beim Rückfall für die doppelte Zeit des Amtes entheben. Sie können auch anordnen, daß der beleidigende Ausdruck in dem Schriftsatz gestrichen wird.

Einziger § Beziehen sich diese Ausdrücke auf Tatsachen, die keine Beziehung zur Sache haben, oder ist die üble Nachrede oder Beleidigung solcher Art oder von solchen Umständen begleitet, daß den Richtern eine schwerere Strafe notwendig erscheint, so ordnen sie vorläufig die in diesem Artikel bestimmte Amtsenthebung an und verweisen die Parteien an das zuständige Gericht.

Art. 420 Die öffentlich durch Worte begangene Verletzung des öffentlichen Anstandes[709]) wird mit Gefängnis bis zu drei Monaten und Geldstrafe bis zu einem Monat bestraft.

Einziger § Wird das Verbrechen durch eine zeichnerische oder schriftliche Veröffentlichung oder durch sonst ein Veröffentlichungsmittel begangen, so ist die Strafe Gefängnis bis zu sechs Monaten und Geldstrafe bis zu einem Monat.

5. Titel

Verbrechen gegen das Eigentum

1. Kapitel

DIEBSTAHL[710]) UND RAUB[711]) UND ANMASSUNG EINER UNBEWEGLICHEN SACHE[712])

1. Abschnitt

Diebstahl

Art. 421[713]) Wer das Verbrechen des Diebstahls begeht[714]), indem

---

[709]) „ultraje à moral pública"; der Unterschied zu Art. 390 liegt nach Beleza dos Santos (vgl. Anm. 678) in der hier vorgesehenen Begehung durch Worte oder schriftliche Veröffentlichungen, während in Art. 390 ein tatsächliches Verhalten gemeint sei. (Vgl. die Bemerkungen des gleichen Autors in der Einleitung S. 8.)

[710]) „furto".

[711]) „roubo".

[712]) „usurpação da coisa imóvel".

[713]) Die §§ 1 und 2 des Art. 421 sind durch Art. 3 der Strafrechtsform von 1954 (D.-L. 39.688 vom 5. 3. 1954) gestrichen worden; der ehemalige § 3 ist zum einzigen § geworden.

Die Werte in den einzelnen Ziffern des Art. 421 in der Fassung durch Art. 9 des D.-L. 35.978 vom 23. 11. 1946.

er absichtlich[715]) eine Sache[716]), die ihm nicht gehört[717]), entzieht[718]), wird verurteilt:

1. zu Gefängnis bis zu sechs Monaten und Geldstrafe bis zu einem Monat, wenn der Wert der gestohlenen Sache 1.000$00 nicht übersteigt;
2. zu Gefängnis bis zu einem Jahr und Geldstrafe bis zu zwei Monaten, wenn der Wert diese Summe übersteigt, aber nicht über 5.000$00 liegt;

---

[714]) Dazu Art. 3 einziger § Lei vom 3. 4. 1896:

„Der Versuch des Diebstahls ist immer strafbar; wenn dem Diebstahl eine Besserungsstrafe entspricht, ist auf den Diebstahlsversuch die Strafe zu verhängen, die auf das vollendete Verbrechen anzuwenden wäre, wenn dabei mildernde Umstände vorgelegen hätten."

„Die Bestimmung des Art. 3 einziger § Lei vom 3. 4. 1896, wonach der Diebstahlsversuch immer strafbar ist, hat volle Gültigkeit."

Assento des Supremo Tribunal de Justiça vom 29. 5. 1934; Diário do Governo I vom 6. 6. 1934.

Die Bestrafung des Versuches ist heute den Art. 105 und 104 (n. F.) zu entnehmen.

[715]) „fraudulentamente":

„Beim Art. 421 CP bedeutet ‚fraudulentamente', daß der Handelnde weiß, daß die Sache ihm nicht gehört. Daher verbindet es sich mit dem subjektiven Element: der Absicht. ‚Fraude' ist der böse Glaube, der Vorsatz, den der Handelnde in sein Tun legt. Daher heißt ‚fraudulentamente' entziehen, es absichtlich tun."

Acordão des Supremo Tribunal de Justiça vom 5. 4. 1940; Jornal do Foro, Bd. 5, Zusammenfassung, S. 99.

[716]) Art. 369 des Código Civil bestimmt:

„Sache ist im Recht alles, was der Persönlichkeit entbehrt."

[717]) „Die ihm nicht gehört" ist als „fremd" auszulegen; die Entwendung einer herrenlosen Sache ist nicht strafbar. (Faveiro Anm. 3 zu Art. 421.)

[718]) „subtrair": Die Entziehung besteht „in der Verletzung der tatsächlichen Gewalt des Inhabers, über den Gegenstand des Verbrechens zu wachen oder zu verfügen, und in deren Ersatz durch die tatsächliche Gewalt des Täters" (Beleza dos Santos, Rev. de Leg. e Jur., 68. Jg., S. 252).

Es genügt, daß die gestohlene Sache sich in der tatsächlichen Gewalt des vom Diebstahl passiv Betroffenen befindet, es ist nicht erforderlich, daß dieser auch Eigentümer ist. (Faveiro, Anm. 1 zu Art. 421.)

„Der Diebstahl ist durch Entziehung gekennzeichnet, was die Vorstellung ‚aus der Gewalt eines anderen wegnehmen', d. h. die Entziehung der tatsächlichen Verfügungsmöglichkeiten, einschließt.

Kennzeichen der Unterschlagung ist, daß die Sache oder der Gegenstand sich unerlaubter Weise in der Gewalt des Angeklagten befindet.

Einen Diebstahl begeht der Geistliche nicht, der aus der Kirche seiner Gemeinde ein Bild wegnimmt, um es zu verkaufen, da die in der Kirche vorhandenen, dem Gottesdienste bestimmten Bilder und Gegenstände in seinem Gewahrsam (‚guarda') und daher in seiner Gewalt standen."

Acordão des Supremo Tribunal de Justiça vom 25. 5. 1937; Jornal do Foro, 2. Bd., S. 19.

3. zu Gefängnis bis zu zwei Jahren und Geldstrafe bis zu sechs Monaten, wenn der Wert 5.000$00 übersteigt, aber nicht über 20.000$00 liegt;
4. zu schwerem Gefängnis von zwei bis zu acht Jahren und Geldstrafe bis zu einem Jahr, wenn der Wert 20.000$00 übersteigt, aber nicht über 500.000$00 liegt;
5. zu schwerem Gefängnis von acht bis zu zwölf Jahren, wenn er über 500.000$00 liegt.

Einziger § Die Gesamtsumme der von demselben Täter derselben Person, wenn auch zu verschiedenen Zeiten, weggenommenen Teilbeträge gilt als ein einziger Diebstahl.

Art. 422 Mit den Strafen für Diebstahl ist derjenige zu belegen, der absichtlich[719]) eine Sache entzieht, die ihm zwar gehört, sich jedoch als Pfand oder Hinterlegungssache im Besitze eines anderen befindet, oder sie zerstört oder verschwinden läßt, wenn sie sich nach einer gerichtlich angeordneten Pfändung oder Verwahrungsmaßnahme noch in seinem eigenen Besitz befindet.

Art. 423 Wer einen einem anderen gehörenden Gegenstand gefunden hat und es absichtlich[719]) unterläßt, ihn seinem Eigentümer auszuhändigen oder die gesetzlich vorgeschriebenen Maßnahmen zu ergreifen, wenn der Eigentümer der gefundenen Sache unbekannt ist, wird zu den Strafen für Diebstahl, jedoch gemildert, verurteilt.

Art. 424 Wer Verfahrensunterlagen oder einen Teil derselben, ein amtliches Verzeichnis[720]) oder einen Teil desselben oder irgendeine Urkunde[721]) stiehlt, wird mit schwerem Gefängnis von zwei bis zu acht Jahren und Geldstrafe bis zu einem Jahr bestraft.

§ 1 Dieselbe Bestimmung ist auf denjenigen anzuwenden, der eine einen Rechtsanspruch verbriefende Urkunde, sei es eine Beweisurkunde oder ein Stück eines Verfahrens[722]), welche vor Gericht in irgendeiner Angelegenheit vorgelegt worden ist[723]), entzieht.

§ 2 Handelt es sich bei dem Verfahren um ein Strafverfahren, in dem ein Verbrechen verhandelt wird, welches das Gesetz mit einer der höheren Strafen belegt, so wird der Diebstahl mit schwerem Gefängnis von zwei bis zu acht Jahren und Geldstrafe bis zu einem Jahr, und, wenn die Strafe keine der höheren Strafen ist, mit Gefängnis bis zu zwei Jahren und Geldstrafe bis zu drei Monaten bestraft.

§ 3 Handelt es sich um einen Diebstahl von Schriftstücken oder

---

[719]) „fraudulentamente" (vgl. Anm. 715).

[720]) „livro de registo".

[721]) „documento" (vgl. Anm. 483).

[722]) „título (vgl. Anm. 462), ou documento (vgl. Anm. 483) ou peça de processo".

[723]) „tiver produzido em juizo".

sonstigen Gegenständen, die in öffentlichen Verwahrstellen oder sonstigen Anstalten, welche von Gesetzes wegen zur Verwahrung dieser Gegenstände berufen sind, hinterlegt worden sind, so ist die Strafe nach den allgemeinen Vorschriften zu verschärfen.

§ 4 Die Bestimmungen dieses Artikels und seiner Paragraphen finden Anwendung auf denjenigen, der die angeführten Schriftstücke oder Gegenstände vernichtet oder verschwinden läßt.

Art. 425[724]) Mit der jeweils nächsthöheren Strafe des Art. 421 werden bei gleichem Wert bestraft:

1. die Dienstboten, die eine ihren Herren gehörige Sache stehlen;
2. die Dienstboten, die eine Sache stehlen, die einer Person im Hause ihrer Herren oder in dem Hause, in dem sie sich zur Zeit des Diebstahls als Begleiter ihrer Herren befinden, gehört;
3. jeder Lohndiener oder jede Person, die gewöhnlich in der Wohnung, Werkstatt oder dem Unternehmen arbeiten, wo der Diebstahl begangen wird;
4. die Gastwirte oder sonstige Personen, die andere gegen Geld aufnehmen oder beherbergen, oder ihre Angestellten, die Schiffsführer, Fuhrunternehmer oder sonstige Transportunternehmer oder ihre Angestellten, die das ihnen in dieser Eigenschaft anvertraute Gut ganz oder teilweise stehlen.

§ 1 Der Diebstahl im Werte der Ziffer 5 des Art. 421 wird mit schwerem Gefängnis von 12 bis zu 16 Jahren bestraft.

§ 2 Werden im Falle eines Diebstahls von zur Beförderung anvertrauten Gegenständen diese mit gesundheitsschädlichen Stoffen verändert, so ist *ebenfalls Gefängnis am Orte der Deportation für einen den Richtern angemessen erscheinenden Zeitraum zu verhängen*[725]).

---

[724]) Fassung des Art. 425 durch Decreto 20.146 vom 1. 8. 1931.

[725]) Die Strafvorschrift des § 2 war, wie vom Supremo Tribunal de Justiça im Assento vom 3. 7. 1950 (Diário do Governo I vom 22. 7. 1950) verbindlich festgestellt wurde, vor der Reform von 1954 mit Rücksicht auf die Reforma Prisional von 1936 (vgl. Anm. 156) in ihrer Verschärfung in der gesetzlich vorgesehenen Form nicht mehr durchführbar. Sie ist bei der Reform von 1954 nicht abgeändert worden, weil der § 2 auch früher eine außerordentliche Verschärfung enthielt. Die Höchststrafe des Art. 421 nach dem alten Strafsystem (der Ziffer 5) war vierjähriges Zellengefängnis, gefolgt von achtjähriger Deportation oder alternativ 15 Jahre Deportation (die Strafe der Ziffer 4 des Art. 56 a. F.; vgl. Anm. 156). Die nächsthöhere Strafe, welche anzuwenden der Art. 425 anordnet, also die der Ziffer 3 des Art. 56 a. F., sah ebenfalls kein Gefängnis am Orte der Deportation vor (vgl. Anm. 156). Eine solche Maßnahme bestand vielmehr nur bei der Höchststrafe des Art. 56 a. F. (vgl. Anm. 156). Eine Umstellung auf die neuen Strafmaße konnte deshalb bei dieser Vorschrift auch nicht im Rahmen der Bestimmung des Art. 129 n. F. CP erfolgen. Correia/Furtado

Art. 426 Der schwere Diebstahl wird nach den Bestimmungen der folgenden Artikel bestraft. Der Diebstahl ist erschwert, wenn nach den Vorschriften dieser Artikel einer oder mehrere der folgenden Umstände hinzutreten:

1. wenn der Verbrecher oder einer der Verbrecher im Augenblicke des Verbrechens sichtbar oder verborgen Waffen trägt;
2. wenn der Diebstahl des Nachts oder an einer einsamen Stelle begangen wird;
3. wenn er von zwei oder mehr Personen ausgeführt wird;
4. wenn er in einem bewohnten oder zum Wohnen bestimmten Hause, in einem öffentlichen oder zu Glaubenshandlungen bestimmten Gebäude oder auf einem Friedhofe begangen wird;
5. wenn er auf der Straße oder einem öffentlichen Wege begangen wird und sich gegen auf diesen beförderte Gegenstände richtet;
6. wenn er unter Anmaßung einer Amtsbezeichnung oder einer Amtskleidung oder der Kennzeichen eines öffentlichen zivilen oder militärischen Bediensteten oder unter Berufung auf einen falschen hoheitlichen Befehl begangen wird;
7. wenn er mittels Einbrechens, Einsteigens oder Verwendung falscher Schlüssel in einem nicht bewohnten und auch nicht zum Wohnen bestimmten Hause begangen wird[726]).

Art. 427[727]) Wird der Diebstahl unter einem der in den Ziffern 6 und 7 des vorhergehenden Artikels bezeichneten Umständen begangen, so wird er mit der Strafe der Ziffer 2 des Art. 421 bestraft, wenn der Wert der gestohlenen Sache der in der Ziffer 1 desselben Artikels bestimmte ist:

1. mit der der Ziffer 3, wenn es der der Ziffer 2 ist;
2. mit der der Ziffer 4, wenn es der der Ziffer 3 ist;
3. mit der der Ziffer 5, wenn es der der Ziffer 4 ist;
4. mit schwerem Gefängnis von 12 bis zu 16 Jahren, wenn es der der Ziffer 5 ist.

Art. 428[727]) Der Diebstahl, der des Nachts begangen wird entweder in einem bewohnten oder zum Wohnen bestimmten Hause oder in einem öffentlichen oder einem zum Dienste einer Glaubensgemeinschaft bestimmten Gebäude oder auf einem Friedhofe oder auf einer Straße oder einem öffentlichen Wege an dort beförderten Gegenständen, wird, wenn außerdem einer der anderen im Art. 426 aufgezählten Umstände hinzutritt, bestraft[728]):

---

dos Santos geben an, die Strafverschärfung sei jetzt nach allgemeinen Vorschriften vorzunehmen.

[726]) Die Worte „und auch nicht zum Wohnen bestimmten Hause“ wurden durch das Decreto 20.146 vom 1. 8. 1931 eingefügt.

[727]) Art. 427 und 428 in der Fassung durch D. 20.146 vom 1. 8. 1931.

1. mit der Strafe der Ziffer 3 des Art. 421, wenn der Wert der gestohlenen Sache der in der Ziffer 1 desselben Artikels bezeichnete ist;
2. mit der der Ziffer 4, wenn es der in der Ziffer 2 bezeichnete ist;
3. mit der der Ziffer 5, wenn es der in der Ziffer 3 bezeichnete ist;
4. mit schwerem Gefängnis von 12 bis zu 16 Jahren, wenn es der der Ziffer 4 ist;
5. mit schwerem Gefängnis von 16 bis zu 20 Jahren, wenn es der der Ziffer 5 ist.

Einziger § Die Bestimmungen dieses Artikels sind anzuwenden auf einen Diebstahl, der von zwei oder mehr Personen unter Hinzutreten von zwei oder mehr der übrigen im Art. 426 aufgezählten Umstände begangen wird.

Art. 429 Die allgemeinen Vorschriften finden immer Anwendung, wenn in irgendeinem der in den vorhergehenden Artikeln bestimmten Fälle einer oder mehrere erschwerende Umstände vorliegen.

Art. 430[729]) In allen in diesem Abschnitte bestimmten Fällen, in denen der Diebstahl die Summe von 100$00 nicht übersteigt und auch nicht gewohnheitsmäßig ist, findet eine Bestrafung nur auf Strafklage[730]) des Verletzten statt.

§ 1 Wer in ein fremdes Grundstück eindringt, um dort Früchte zu pflücken und an derselben Stelle zu essen, wird auf Strafklage des Verletzten[730]) mit einem Verweis bestraft.

§ 2 Wer auf die gleiche Weise in ein fremdes Grundstück eindringt, um Ähren zu suchen oder zu sammeln, wenn die Früchte noch

---

[728]) „Der des Nachts in einem nicht bewohnten Hause von einer Person mittels Einbrechens oder Verwendung falscher Schlüssel begangene Diebstahl ist als einfacher Diebstahl und nicht als qualifizierter Diebstahl zu bestrafen."

Acordão des Supremo Tribunal de Justiça vom 26. 5. 1948; Boletim Nr. 7, S. 138.

„Der des Nachts in einem bewohnten oder zum Wohnen bestimmten Hause mittels Verwendung falscher Schlüssel begangene Diebstahl ist als einfacher Diebstahl zu bestrafen, wenn er nicht von einem der qualifizierenden Umstände des Art. 426 CP, abgesehen von dem der Ziffer 7, der sich auf nichtbewohnte und nicht zum Wohnen bestimmte Gebäude bezieht, begleitet wird."

Acordão der Relação von Porto vom 27. 5. 1944; Boletim Oficial, 4. Bd., S. 520.

[729]) Fassung des Art. 430 durch D. 20.146 vom 1. 8. 1931.
Der im Artikel angegebene Wert der gestohlenen Sache von 100$00 wurde durch Art. 9 einziger § des D.-L. 35.978 vom 23. 11. 1946 festgesetzt; vorher betrug er 25$00.

[732]) „queixa do ofendido" (vgl. Anm. 205).

nicht geerntet sind, wird auf Strafklage des Verletzten[730]) bis zu sechs Tagen gefangen gesetzt.

§ 3 In den Fällen der beiden vorhergehenden Paragraphen ist die Strafe Gefängnis, wenn der zweite Rückfall vorliegt oder die dort bestimmten Verbrechen gewohnheitsmäßig begangen werden.

Art. 431 Ein Strafverfahren findet nicht statt bei Entwendungen, die begangen werden:

1. von einem Ehegatten zum Nachteil des anderen, es sei denn, daß eine richterliche Trennung von Tisch und Bett[731]) besteht;
2. von einer Person zum Nachteil ihrer Abkömmlinge.

§ 1 Jede andere Person, die in diesen Fällen an der Tat beteiligt ist, ist nach der Art ihrer Beteiligung strafrechtlich verantwortlich.

§ 2 Ein Gerichtsverfahren findet ohne eine Strafklage des Verletzten[732]) nicht statt, wenn der Diebstahl von dem Verbrecher gegen einen Verwandten aufsteigender Linie, gegen seine Geschwister, Schwäger, Schwiegereltern oder Schwiegerkinder, Stiefväter, Stiefmütter, Stiefkinder, Vormünder oder Lehrmeister begangen wird. Das Verfahren endet, sobald die Geschädigten es beantragen.

2. Abschnitt

Raub

Art. 432 Als Raub wird die Entziehung einer fremden Sache bezeichnet, die mit Gewalt oder Drohungen gegen Personen begangen wird.

Einziger § Eindringen in ein bewohntes Haus mittels Einbrechens, Einsteigens oder Verwendung falscher Schlüssel gilt als Gewalt gegen Personen, wenn bei dieser Gelegenheit in dem Hause tatsächlich Personen waren.

Art. 433 Wird bei dem Raub oder dem Raubversuch ein Tötungsverbrechen begangen[733]), so wird gegen den Verbrecher die Strafe des schweren Gefängnisses von 20 bis zu 24 Jahren verhängt.

Art. 434 Die Strafe des schweren Gefängnisses von 12 bis zu 16 Jahren wird verhängt, wenn bei dem Raub das Verbrechen der Freiheitsberaubung oder der Vergewaltigung oder eine der im Art. 361 und seinen Paragraphen bestimmten Körperverletzungen begangen wird.

§ 1 Wird der Raub an einer einsamen Stelle von zwei oder mehr Personen, die sichtbar oder verborgen Waffen tragen, begangen, so

---

731) „separação de pessoas e bens".

732) „queixa do ofendido" (vgl. Anm. 205).

733) „concorrendo o crime de homicídio".

wird jeder der Verbrecher, wenn die Gewaltanwendung eine Verwundung, Quetschung oder die Spur einer Verwundung[734]) nach sich zieht, je nach der Schwere der Folgen der Gewaltanwendung mit schwerem Gefängnis nicht unter fünf Jahren und vier Monaten oder mit schwerem Gefängnis von acht bis zu zwölf Jahren bestraft.

§ 2 Der Raubversuch in den in diesem Artikel und seinem § 1 vorgesehenen Fällen wird wie ein vollendetes Verbrechen unter mildernden Umständen bestraft.

Art. 435 Die Strafe des schweren Gefängnisses von zwei bis zu acht Jahren wird verhängt:

1. wenn der Raub von einer Person allein mit Waffen an einem einsamen Platze begangen wird;
2. wenn der Raub von zwei oder mehr Personen begangen wird, abgesehen von den im vorhergehenden Artikel und seinem § 1 bestimmten Fällen.

Art. 436 Der Mitschuldige, der die anderen zusammengerufen oder verführt oder ihnen zum Raube Anleitungen gegeben hat oder dessen Ausführung geleitet hat, wird verurteilt:

1. im Falle des Art. 433 zu der Strafe des schweren Gefängnisses von 20 bis zu 24 Jahren in dem Höchstmaß ihrer Verschärfung;
2. im Falle des Art. 434 zu der Strafe des schweren Gefängnisses von 16 bis zu 20 Jahren, jedoch verschärft;
3. im Falle des § 1 des Art. 434 zu der Strafe des schweren Gefängnisses von acht bis zu zwölf Jahren oder zu der Strafe des schweren Gefängnisses von 12 bis zu 16 Jahren, je nach der Schwere der Folgen der Gewaltanwendung;
4. im Falle des § 2 des Art. 434 zu den Strafen des vollendeten Verbrechens;
5. im Falle des § 2 des Art. 435 zu schwerem Gefängnis nicht unter fünf Jahren und vier Monaten.

Art. 437[735]) Außer den in den Artikeln 433 bis 436 bezeichneten Fällen ist der Strafrahmen anzuwenden, der unter Berücksichtigung des Wertes der Sache jeweils unmittelbar über der entsprechenden Strafe für Diebstahl liegt.

Art. 438 Die Bestimmung des Art. 431 und seiner Ziffern und Paragraphen gilt, soweit anwendbar, auch für das Verbrechen des Raubes.

Art. 439 Stiehlt oder raubt ein Gläubiger eine seinem Schuldner gehörige Sache, damit die Schuld bezahlt werde, so rechtfertigt dieser Umstand die verbrecherische Tat nicht, wird jedoch als ein mildernder Umstand gewertet.

---

[734]) „vestígio de qualquer ferimento".

[735]) Fassung des Art. 437 durch Decreto 20.146 vom 1. 8. 1931.

Art. 440 Wer durch Gewalt oder Drohung einem anderen die Unterschrift oder die Herausgabe eines Schriftstückes[736]) oder einer Urkunde[737]) abnötigt[738]), die eine Verpflichtung oder eine Verfügung oder eine Befreiung von einer Schuld enthalten oder bewirken, wird mit den je nach den Umständen der Tat für das Verbrechen des Raubes angeordneten Strafen bestraft.

Art. 441 Werden Sachen aus einem dem Gottesdienst bestimmten Gebäude oder bei einer Glaubenshandlung gestohlen oder geraubt und handelt es sich um geweihte Gegenstände, so werden die jeweiligen Strafen für Raub oder Diebstahl im Höchstmaße ihrer Verschärfung verhängt.

Art. 442 Einbrechen[739]) ist das vollständige oder teilweise Aufbrechen, Zerbrechen oder Zerstören jeglicher Vorrichtung, die dazu dient, von außen oder von innen den Zugang zu einem Hause oder einem zugehörigen verschlossenen Raum oder zu beweglichen Sachen, die zur Verwahrung irgendwelcher Gegenstände bestimmt sind, zu verschließen oder zu hindern. Einsteigen[740]) ist das Eindringen in ein Haus oder in einen zugehörigen verschlossenen Raum über Dächer, Türen, Mauern oder sonst irgendwelche Vorrichtungen, die dazu dienen, den Zugang oder Durchgang zu verschließen, hinweg und ebenso das Eindringen durch eine unterirdische Öffnung, welche nicht als Zugang gedacht ist. Als falsche Schlüssel gelten: 1. die nachgemachten, gefälschten oder geänderten; 2. die richtigen, die sich zufällig oder erschlichenermaßen nicht in der Gewalt desjenigen befinden, der das Recht hat, sie zu benutzen; 3. die Nachschlüssel oder sonstige Werkzeuge, die zum Öffnen von Schlössern dienen können.

Einziger § Die Entziehung einer verschlossenen beweglichen Sache, die zur Sicherung der Wertgegenstände dient, die sie enthält, gilt, wenn sie innerhalb eines Hauses oder Gebäudes begangen wird, als unter Einbrechen verübt, selbst wenn die bewegliche Sache an einem anderen Orte geöffnet oder aufgebrochen wird.

Art. 443 Soweit keine schwerere Strafe für das begangene Verbrechen Anwendung findet, wird verurteilt:

1. zu Gefängnis bis zu drei Monaten und Geldstrafe bis zu einem Monat derjenige, bei dem ein Nachschlüssel oder eine andere künstliche Vorrichtung zur Öffnung irgendwelcher Schlösser gefunden wird;

---

[736]) „escrito".

[737]) „título".

[738]) „extorquir".

[739]) „arrombamento".

[740]) „escalamento".

2. zu Gefängnis bis zu einem Jahr und Geldstrafe bis zu zwei Monaten derjenige, der zu irgendjemandes Nachteil von diesem Nachschlüssel oder dieser künstlichen Vorrichtung Gebrauch gemacht hat.

Art. 444 Wer Nachschlüssel oder die angeführten künstlichen Vorrichtungen, wie z. B. Fälschung oder Änderung von Schlüsseln, herstellt, wird zu Gefängnis nicht unter einem Jahr und Geldstrafe bis zu sechs Monaten verurteilt.

Einziger § Ist er von Beruf Schlosser, so erleidet er das Höchstmaß der Gefängnisstrafe und Geldstrafe bis zu sechs Monaten.

3. Abschnitt

Anmaßung einer unbeweglichen Sache und Herausreißen von Grenzsteinen

Art. 445 Besetzt jemand mittels Gewalt oder Drohungen gegen eine Person eine unbewegliche Sache, indem er sich das Eigentum[741]) oder den Besitz[742]) oder den Gebrauch[743]) anmaßt, ohne daß sie ihm zustehen, so wird er mit Gefängnis von drei Tagen bis zu zwei Jahren bestraft.

Art. 446 Jede Person, die ohne gerichtliche Ermächtigung oder ohne Zustimmung der berechtigten[744]) Parteien Grenzsteine herausreißt, welche als Kennzeichnung auf ein Grundstück gesetzt worden sind, oder sie auf irgendeine Weise unterdrückt oder ändert, wird zu Gefängnis von einem Monat bis zu einem Jahr und entsprechender Geldstrafe verurteilt.

Einziger § Als Grenzsteine gelten jegliche Vorrichtungen oder Zeichen, die dazu bestimmt sind, die Grenzen zwischen verschiedenen Grundstücken herzustellen, und ebenso die zu dem gleichen Zweck angepflanzten und anerkannten Bäume.

2. Kapitel

BANKROTT, BETRUG UND ANDERE TÄUSCHUNGEN

1. Abschnitt

Bankrott[745])

Art. 447[746]) *Diejenigen, die überführt werden, das Verbrechen*

---

[741]) „domínio".

[742]) „posse".

[743]) „uso".

[744]) „a que pertencer" = welchen dies (= die Zustimmung oder die Grenzsteine etc.) zusteht.

[745]) „quebra".

[746]) Der Art. 447 ist durch den Código das Falências von 1935 widerrufen worden. Gegenwärtig ist die Materie geregelt im Código de Processo Civil:

des betrügerischen Bankrotts in den im Código Comercial vorgesehenen Fällen begangen zu haben, werden mit schwerem Gefängnis von acht bis zwölf Jahren bestraft.

§ 1 *Wird der Bankrott für fahrlässig gehalten, so ist die Strafe Gefängnis von drei Tagen bis zu zwei Jahren.*

§ 2 *Die gleiche Strafe wird gegen die Gehilfen verhängt.*

Art. 448 Der Makler, der verurteilt wird, das Verbrechen des betrügerischen Bankrotts oder der betrügerischen Zahlungseinstel-

---

„Art. 1300 Der Konkurs wird je nach den Umständen als zufällig, fahrlässig oder betrügerisch bezeichnet.

Art. 1302 Der Konkurs ist fahrlässig, wenn er die Folge offensichtlicher Sorglosigkeit, Unklugheit oder Verschwendung des Gemeinschuldners ist, wenn dieser einen beträchtlichen Teil seines Vermögens im Glücksspiel verbraucht hat und wenn der Gemeinschuldner es unterlassen hat, die Vorschriften des Gesetzes über eine regelmäßige Buchführung und über ordnungsgemäße Handelsgeschäfte zu erfüllen, soweit nicht in diesem Falle der geringe Umfang des Handelsgeschäfts und die unausgebildeten Schriftkenntnisse des Gemeinschuldners ihn von der Erfüllung dieser Bestimmungen befreien.

§ 1 Der Bankkaufmann, der die Zahlungen einstellt, wird als in fahrlässigem Konkurs befindlich vermutet.

§ 2 Die Vermutung der Fahrlässigkeit, welche sich auf das Unterlassen der freiwilligen Anzeige bei Gericht innerhalb des im Art. 1139 vorgesehenen Zeitraumes von zehn Tagen gründet, kann durch den Nachweis eines rechtfertigenden Hinderungsgrundes widerlegt werden.

Art. 1303 Der Konkurs ist betrügerisch nicht nur im Falle des Art. 1250, sondern auch, wenn der Gemeinschuldner in Kenntnis seiner Unfähigkeit, die eingegangenen Verpflichtungen zu erfüllen, beliebigen Gläubigern Zahlungen leistet oder ihnen Mittel bietet, die ihnen Vorteile vor den anderen bringen; wenn er erfundene Forderungen angibt oder Aktivposten in den Bilanzen vorsätzlich ausgelassen hat; wenn er mit dem Ziele, den Konkurs zu verzögern oder zu vermeiden, Waren eingekauft hat in der Absicht, sie vor der Bezahlung zu einem unter dem üblichen liegenden Preise weiter zu verkaufen, und ein solcher Weiterverkauf tatsächlich ausgeführt wurde; und im allgemeinen, wenn das Konkursverfahren vorgetäuschte, falsch datierte oder auf sonst irgendeine Weise von dem Gemeinschuldner bösgläubig zum Nachteil seiner Gläubiger vorgenommene Rechtshandlungen oder Verträge ergibt.

Einziger § Der Konkurs eines Maklers wird immer als betrügerisch vermutet.

Art. 1304 Das Verbrechen des betrügerischen Bankrotts wird mit der Strafe des schweren Gefängnisses von zwei bis zu acht Jahren und mit Geldstrafe bis zu einem Jahr bestraft; das des fahrlässigen Bankrotts wird mit Gefängnis von drei Tagen bis zu zwei Jahren bestraft.

Art. 1325 Wird der Konkurs einer Gesellschaft mit beschränkter Haftung als fahrlässig oder betrügerisch angesehen, so werden die Vorstände, Geschäftsführer oder Verwalter sowie deren Gehilfen angezeigt und nach den Vorschriften der Art. 1309 ff. abgeurteilt."

lung begangen zu haben, wird mit der verschärften Strafe des schweren Gefängnisses von acht bis zu zwölf Jahren bestraft.

Art. 449[747]) *Jeder Schuldner, der nicht Kaufmann ist, wird, wenn er sich zahlungsunfähig stellt, indem er böswillig sein Vermögen verbirgt oder veräußert, mit Gefängnis von drei Monaten bis zu zwei Jahren bestraft.*

2. Abschnitt

Betrug[748])

Art. 450 Mit Gefängnis von mehr als sechs Monaten, welches durch eine Geldstrafe verschärft werden kann, und mit Aufhebung der staatsbürgerlichen Rechte für zwei Jahre wird je nach den Umständen bestraft:

1. wer, indem er sich als Herr einer Sache ausgibt[749]), diese veräußert, vermietet, belastet oder verpfändet;
2. wer eine Sache zweimal an verschiedene Personen verkauft, sei die verkaufte Sache bewegliches oder unbewegliches Gut;
3. wer insbesondere eine Sache an zwei Personen verpfändet, wobei zur Zeit der zweiten einzelnen Belastung die Forderung des ersten Gläubigers noch nicht oder noch nicht genügend getilgt ist, um beide zu befriedigen, wenn ein betrügerischer Vorsatz[750]) vorliegt;

---

[747]) Nunmehr geregelt in Art. 1355 ff. des CPC:

„Art. 1367 ... Der betrügerische Bankrott der Nichtkaufleute wird mit Gefängnis von einem bis zu zwei Jahren bestraft."

[748]) „burla"; das Wort „burla" schließt die Existenz eines Vertrages oder eines Geschäftes ein, in dem der eine Teil den anderen über Gegenstand oder Zweck des Vertrages in der Weise täuscht, daß der getäuschte Teil Vorteile gewährt, die er nicht gewährt hätte, wenn er nicht getäuscht worden wäre (Faveiro, Anm. zu Art. 450).

„Wer sich eines Taxis bedient und den jeweiligen Preis am Ende der Fahrt zu bezahlen verspricht, ohne daß er dazu in der Lage ist, begeht das Verbrechen des Betruges (burla)."

Acordão der Relação von Lissabon vom 8. 3. 1933; Rev. de Justiça, 19. Jg., S. 137.

Diese Entscheidung überrascht mit Rücksicht auf den engeren Wortlaut sowohl des Art. 450 als auch des Art. 451.

[749]) „Der Dieb, der die gestohlene Sache verkauft, ist nicht gleichzeitig für Diebstahl und Betrug verantwortlich."

Acordão des Supremo Tribunal de Justiça vom 22. 5. 1945; Boletim Oficial, 5. Bd., S. 205.

A. A. Faveiro (Anm. zu Art. 451) mit Rücksicht darauf, daß das Rechtsgut des Art. 450 der Schutz des Vertragspartners sei, von der Rspr. aber einseitig die Sicherheit des Eigentümers in den Vordergrund gestellt werde; wie er auch Acordão der Relação von Lissabon v. 17. 2. 1945; Rev. de Just., 30. Jg., S. 152.

[750]) „fraudulento propósito".

4. wer auf irgendeine Weise eine Sache, die in bestimmter Weise an einen anderen rechtlich gebunden ist, als unbelastet veräußert, indem er böswillig die Bindung verheimlicht.

Einziger §[751]) Auf die in diesem Artikel vorgesehenen Gesetzesverletzungen sind die auf den Diebstahl bezüglichen Bestimmungen der Art. 430 und 431 und seiner Paragraphen anzuwenden.

Art. 451 Mit den Diebstahlsstrafen belegt wird, je nach dem Wert der gestohlenen Sache oder des verursachten Schadens, derjenige, der einen anderen täuscht[752]), indem er bewirkt, daß ihm Geld oder bewegliche Sachen oder irgendwelche Staatspapiere oder Wertpapiere[753]) auf eine der folgenden Weisen ausgehändigt werden:

1. indem er sich eines falschen Namens oder einer Eigenschaft, die ihm nicht zukommt, bedient;
2. indem er ein gefälschtes Schriftstück verwendet;
3. indem er einen betrügerischen Kunstgriff anwendet, um das Bestehen eines nichtvorhandenen Unternehmens oder von Vermögen,

---

[751]) Der einzige § des Art. 450 wurde eingefügt durch das D.-L. 41.074 vom 17. 4. 1957.

[752]) „defraudar"; nach Beleza dos Santos (Rev. de Leg. e Jur., 68. Jg., S. 252) besteht diese Begehungsform darin, daß die Sache durch Übergabe aus dem Besitz des Besitzers in den eines anderen infolge einer Täuschungshandlung des Betrügers übergeht. Der Besitzer ist mit der Übergabe einverstanden, jedoch ist sein Wille „bestimmt durch den vom Täter absichtlich hervorgerufenen oder gebilligten Irrtum." Andrerseits: „Zum richtigen Verständnis der Systematik der Betrugsdelikte muß man den Artikel 451 mit dem Art. 456 vergleichen. ‚Dieser Vergleich zeigt, daß der Art. 451 Ziffer 3, der von der Vorspiegelung erfundener Vermögenswerte spricht, sich nicht auf eine Täuschung bezieht, die darin besteht, daß der Erwerber über die Natur der ihm übergebenen Sache, für welche er den vereinbarten Gegenwert entrichtet hat, getäuscht wird. Diese Täuschungshandlung wird im Art. 456 — in allerdings äußerst ungenauer Ausdrucksweise — unter Strafe gestellt.'" (Faveiro, Anm. zu Art. 451 mit Zitat Beleza dos Santos in Rev. de Leg. e Jur., 65. Jg., S. 130).

[753]) „quaisquer fundos e títulos".

„Der Ausdruck ‚quaisquer títulos' im Art. 451 CP umfaßt alle Urkunden, welche ein Eigentumsrecht, sei es bezüglich beweglichen, sei es bezüglich unbeweglichen Gutes, beweisen."

Assento des Supremo Tribunal de Justiça; Diário do Governo I, Nr. 157 vom 20. VII. 1954.

Nach dem Acordão des gleichen Gerichtes vom 17. 1. 1930 (Col. Of., S. 17) sind ‚fundos e títulos' die nach dem Art. 362 Cod. Com. selbständig veräußerbaren Wertpapiere.

Art. 362 lautet: „Handelsgeschäfte sind die Bankgeschäfte, die mit dem Ziele, einen Gewinn zu machen, mit ... öffentlichen Papieren (‚fundos públicos') oder selbständig veräußerbaren Wertpapieren getätigt werden..."

Forderungen oder Verfügungsbefugnissen, welche erfunden sind, vorzuspiegeln oder um die Hoffnung auf einen Zufall zu wecken.

§ 1[754]) Wenn auf die Fälschung eine schwerere Strafe Anwendung findet, so ist diese zu verhängen.

§ 2[755]) Auf die in diesem Artikel vorgesehenen Gesetzesverletzungen sind die auf den Diebstahl bezüglichen Vorschriften der Art. 430 und 431 und ihrer Paragraphen anzuwenden.

Art. 452 Wer mittels der mündlichen oder schriftlichen Drohung, schimpfliche oder schmähliche Enthüllungen oder Unterstellungen zu machen, oder mit dem Vorgeben, sie nicht zu machen, einem anderen Wertgegenstände abnötigt oder ihn zwingt, ein Schriftstück oder eine Urkunde, die eine Verpflichtung oder Zahlungsbestätigung enthalten, bewirken oder beweisen, zu schreiben, zu unterschreiben, herauszugeben, zu vernichten oder zu fälschen, wird zu der verschärften Strafe für Diebstahl verurteilt, jedoch findet ein Strafverfahren nur auf vorherigen Antrag[756]) des Verletzten statt.

§ 1 Werden die Wertgegenstände nicht abgenötigt und das Schriftstück oder die Urkunde nicht geschrieben, unterschrieben, herausgegeben, vernichtet, gefälscht oder auf sonst irgendeine Weise unbrauchbar gemacht, so ist die Strafe die des einzigen § des Art. 379.

§ 2 Wer unter dem Vorwande seines Ansehens oder seines oder eines anderen Einflusses bei den Behörden sich von einem anderen eine Sache geben läßt oder ein Versprechen für die Besorgung eines Geschäftes oder eines Anspruchs annimmt und ebenso wer von einem anderen eine Sache erhält oder ein Versprechen bekommt unter dem Vorwande, es sei eine Entlohnung oder ein Geschenk für einen öffentlichen Bediensteten, wird mit dem Höchstmaß der Gefängnisstrafe und mit Geldstrafe bis zu einem Jahr bestraft, unbeschadet der Klage, die dem öffentlichen Bediensteten wegen des Verbrechens der Beleidigung zusteht.

3. Abschnitt

Unterschlagung[757]), *Scheingeschäfte*[758]) *und andere Arten von Täuschungen*[759])

Art. 453 Wer zum Schaden des Eigentümers[760]) oder Besitzers[761])

---

754) Der § 1 des Art. 451 wurde eingefügt durch das D.-L. 20.146 vom 1. 8. 1931.

755) Der § 2 des Art. 452 wurde eingefügt durch das D.-L. 41.074 vom 17. 4. 1957.

756) „havendo queixa do ofendido"; (vgl. Anm. 205).

757) „abuso de confiança": Art. 453; wörtlich Vertrauensmißbrauch.

758) „simulações": Art. 455.

759) „outras espécies de fraude": Art. 454 und Art. 456 ff.

oder Inhabers[762]) Geld oder eine bewegliche Sache oder Wertpapiere oder irgendwelche Schriftstücke verschwinden läßt, die ihm auf Grund von Verwahrung, Miete, Auftrag, Vertretung, Verwaltung oder Leihe übergeben[763]) worden sind oder die er für eine bestimmte Arbeit oder eine bestimmte Verwendung oder aus sonst einem Rechtsgrunde erhalten hat, der die Verpflichtung zur Rückgabe oder Vorlage derselben Sache oder des Gegenwertes erzeugt, wird zu den Strafen für Diebstahl verurteilt.

§ 1[764]) Mit der gleichen Strafe belegt wird derjenige, der nach den Bestimmungen dieses Artikels einen der in ihm erwähnten Wertgegenstände belastet oder verpfändet, wenn dies den Eigentümer, Besitzer oder Inhaber schädigt oder schädigen kann.

§ 2[764]) Auf die in diesem Artikel und seinem § 1 vorgesehenen Gesetzesverletzungen sind die auf den Diebstahl bezüglichen Bestimmungen der Art. 430 und 431 und seiner Paragraphen anzuwenden.

Art. 454 Wer die Unerfahrenheit, Notlage oder die Laster eines nicht für volljährig erklärten Minderjährigen oder eines wegen Geistesstörungen oder Verschwendungssucht Entmündigten mißbraucht, indem er ihn dazu bringt, zu seinem Nachteile eine mündliche oder schriftliche Verpflichtung einzugehen oder für ein Darlehen in Geld oder beweglichen Sachen eine Befreiung von einer Verpflichtung oder eine Übertragung von Rechten zu unterzeichnen, wird, auch wenn das Darlehen sich unter einer anderen Rechtsform verbirgt, zu Gefängnis von drei Tagen bis zu zwei Jahren und entsprechender Geldstrafe verurteilt[765]).

---

760) „proprietário".

761) „possuidor".

762) „detentor".

763) „Bei der Unterschlagung erhält der Täter die Sache rechtmäßig, ohne eine Täuschung seinerseits. Ein Verbrechen ist zu diesem Zeitpunkt, da die Sache in die Gewalt des Täters übergeht, noch nicht vorhanden. Es entsteht erst später, ‚in dem Augenblick, da der Täter, der die Sache aus einem Rechtsgrunde, der ihm nicht erlaubt, sie sich anzueignen, erhalten hat, eine rechtswidrige Aneignungshandlung vornimmt.' " (Faveiro, Anm. vor 1 zu Art. 421 mit Zitat von Beleza dos Santos aus Rev. de Leg. e Jur., 68. Jg., S. 253.)

764) Der § 1 des Art. 453 wurde eingefügt durch D.-L. 20.146 vom 1. 8. 1931. Der § 2 des Art. 453 wurde eingefügt durch das D.-L. 41.074 vom 17. 4. 1957.

765) Dazu Decreto 21.730 vom 14. 10. 1932 über den Wucher. Der Zins für Realkredite wird darin mit 8%, der für Personalkredite mit 10% festgelegt; überhöhte Zinssätze werden von Gesetzes wegen auf den normalen Zinssatz zurückgeführt, Verträge mit Umgehungsklauseln sind nichtig, das Darlehen verfällt den Wohltätigkeitsorganisationen.

„Art. 6 Der Darlehensgeber, der die Bestimmungen der vorhergehenden Artikel verletzt, unterliegt einer Gefängnisstrafe bis zu einem Jahr und einer Geldstrafe bis zu drei Monaten.

Art. 455[766]) Wer zum Schaden[767]) eines Dritten oder des Staates einen Scheinvertrag abschließt, wird mit Gefängnis von einem bis zu zwei Jahren und mit einer unter die Mitschuldigen aufzuteilenden Geldstrafe von 50$000 bis zu 300$000 réis bestraft.

Einziger § Auf das Verbrechen des Scheinvertrages sind, soweit es nicht zum Nachteil des Staates begangen worden ist, die auf den Diebstahl bezüglichen Bestimmungen der Art. 430 und 431 und seiner Paragraphen anzuwenden.

Art. 456[766]) Mit Gefängnis von einem Monat bis zu einem Jahr und mit entsprechender Geldstrafe bestraft wird:

1. wer den Käufer über die Beschaffenheit[768]) der verkauften Sache täuscht;
2. wer den Käufer täuscht, indem er ihm eine gefälschte Ware oder Güter, welche durch irgendein Mittel, das nicht gesundheitsschädlich ist, zur Vergrößerung des Gewichtes oder des Inhaltes verändert sind, verkauft;
3. wer den Käufer täuscht, indem er falsche Maße oder Gewichte benutzt.

§ 1 Wird die Täuschung von einem Gold- oder Silberschmied in der Weise begangen, daß er die Stücke, die er zum Verkauf anfertigt,

---

§ 1 Der Versuch ist strafbar.

§ 2 Diejenigen, die sich zur Ausführung der durch diesen Artikel bestraften Taten einer Mittelsperson bedienen, gelten immer als Täter.

§ 3 Kommt erschwerend hinzu, daß der Darlehensgeber die Unerfahrenheit und die Laster eines Minderjährigen oder die Geistesschwäche oder Geisteskrankheit einer Person, auch wenn diese noch nicht entmündigt war, ausgenutzt oder einen Erregungszustand, indem sich der Darlehensnehmer befand, mißbraucht oder bei einer der Bestimmungen des Vertrages zur Vertuschung der wirklichen Höhe des Zinses etwas vorgetäuscht hat, so kann die Gefängnisstrafe auf zwei Jahre und die Geldstrafe auf sechs Monate erhöht werden.

§ 4 Bei Rückfall kann die Gefängnisstrafe auf drei Jahre und die Geldstrafe auf sechs Monate erhöht werden."

[766]) Der einzige § des Art. 455 und der § 5 des Art. 456 wurden eingefügt durch das D.-L. 41.074 vom 7. 4. 1957.

Der Betrag der Geldstrafe in den Art. 455 und 456 wurde durch Art. 56 D.-L. 11.991 vom 29. 7. 1926 auf das Zehnfache erhöht. Dabei ist zu berücksichtigen, daß 1$000 réis (1000 réis) = 1$00 (1 Escudo) sind.

[767]) „Zur Erfüllung des Verbrechens des Art. 455 CP genügt es, daß der Scheinvertrag einen Schaden verursachen kann."

Assento des Supremo Tribunal de Justiça vom 22. 3. 1946; Diário do Governo I vom 12. 4. 1946.

[768]) Art. 456 stellt eine Ergänzung zu Art. 451 dar. Dort liegt der Betrug in der Anwendung einer Täuschung zur Erlangung einer Sache, hier liegt der Betrug in der Anwendung einer Täuschung über die Eigenschaft der hingegebenen Sache (Faveiro, Anm. zu Art. 457; vgl. auch Anm. 752).

mit einer Legierung mischt, durch die der Metallgehalt, die Güte oder der Wert des Goldes oder des Silbers geändert wird, oder daß er einen falschen oder nachgemachten Edelstein einfaßt oder einsetzt, oder täuscht ein Gold- oder Silberschmied den Käufer über Gewicht und Prüfklang von Gold oder Silber oder über die Beschaffenheit eines Edelsteines, so ist die Strafe Gefängnis von drei Monaten bis zu zwei Jahren und entsprechende Geldstrafe.

§ 2 Der schlichte Besitz falscher Gewichte oder Maße in Warenhäusern, Fabriken, Handelshäusern oder an sonst einem Platze, an dem Waren ausgestellt werden, wird mit einer Geldstrafe von 1$000 bis 5$000 réis bestraft.

§ 3 Als falsche Maße und Gewichte gelten diejenigen, die das Gesetz nicht erlaubt.

§ 4 Die Verbrechensgegenstände verfallen, soweit sie dem Verbrecher noch gehören, dem Staate. Die falschen Maße und Gewichte werden eingezogen und unbrauchbar gemacht.

§ 5 Auf die in der Ziffer 1 dieses Artikels vorgesehene Gesetzesverletzung sind die auf den Diebstahl bezüglichen Bestimmungen des Art. 430 und 431 und seiner Paragraphen anzuwenden.

Art. 457[769]) *Wer das Verbrechen der Nachahmung*[770]) *begeht, indem er ganz oder teilweise in Täuschungsabsicht und unter Verletzung der Gesetze und Ausführungsbestimmungen über die Rechte der Urheber ein geschriebenes Werk oder ein Werk der Tonkunst, der Zeichenkunst, Malerei, bildenden Kunst oder sonst ein Erzeugnis noch einmal herstellt, wird mit einer Geldstrafe von 30$000 bis 300$000 réis und dem Verluste des nachgemachten Werkes und aller Gegenstände, die zur Ausführung der Nachahmung dienten, bestraft.*

§ 1 Die gleiche Geldstrafe mit dem Verluste der einzelnen Stücke des Werkes wird gegen denjenigen verhängt, der in portugiesisches Hoheitsgebiet ein in Portugal hergestelltes Werk, welches im Auslande nachgemacht worden ist, einführt.

§ 2 Wer ein auf diese Weise nachgemachtes Werk verkauft oder zum Verkaufe feilbietet, wird zu einer Geldstrafe von 10$000 bis zu

---

[769]) Diese Materie ist grundlegend geändert worden durch D. 13.725 vom 27. 5. 1927, dessen Strafbestimmungen lauten:

„Art. 134 Wer ein schriftstellerisches, wissenschaftliches oder künstlerisches Werk nachmacht oder sich dessen Urheberrechte anmaßt, unterliegt ebenfalls einer strafrechtlichen Verantwortlichkeit, welche von der zivilrechtlichen Haftung unabhängig ist. Gegen ihn wird eine Gefängnisstrafe nicht unter sechs Monaten und eine Geldstrafe nicht unter 500$00 verhängt, unbeschadet einer schwereren Strafe im Falle einer Fälschung oder eines Betruges."

[770]) „contrafeição".

100$000 réis[771]) und zum Verluste der Stücke des nachgemachten Werkes verurteilt.

Art. 458 Jeder Aufführungsvermittler oder Leiter eines Theaters oder einer Künstlertruppe, der in seinem Theater unter Verletzung der Gesetze und Ausführungsbestimmungen über die Rechte der Urheber ein Schauspiel oder ein Werk der Tonkunst aufführen läßt, wird mit einer Geldstrafe von 10$000 bis zu 100$000 réis[771]) und dem Verluste des Ertrages der Darbietung bestraft.

Art. 459[772]) *Jede Hintergehung*[773]) *der Rechte der Eigentümer*

---

[771]) Die Höhe der Geldstrafe der Art. 457, 458 und 459 wurde auf das Zehnfache erhöht durch Art. 56 des D. 11.991 vom 29. 7. 1926. (1$000 réis = 1000 réis; sie entsprechen 1$00 = 1 Escudo.)

[772]) Diese Materie ist jetzt durch den Código da Propriedade Industrial (= D. 30.679 vom 24. 8. 1940) geregelt. Dessen Strafbestimmungen lauten:

„Art. 214 Mit einer Geldstrafe von 500$00 bis zu 10.000$00, welche durch eine Gefängnisstrafe von sechs Monaten verschärft werden kann, belegt wird, wer während der Ausschlußzeit einer Erfindung den Inhaber eines Patentes in der Ausübung seiner Rechte auf eine der nachfolgenden Arten verletzt:

1. indem er ohne dessen Erlaubnis die Vorrichtungen oder Erzeugnisse, die Gegenstand des Patentes waren, herstellt;
2. indem er ohne dieselbe Erlaubnis die Mittel oder Verfahren anwendet oder neue Anwendungen der Mittel oder Verfahren vornimmt, die Gegenstand des Patentes sind;
3. indem er bösgläubig auf eine der erwähnten Arten gewonnene Erzeugnisse einführt, verkauft, zum Verkaufe feilbietet oder in Umlauf bringt oder verbirgt.

§ 1 Als erschwerender Umstand der Gesetzesverletzung ist die Tatsache anzusehen, daß der Täter Angestellter oder Arbeiter des Inhabers des Patentes ist oder gewesen ist oder daß der Gesetzesbruch unter der Duldung von einem von diesen begangen wurde.

§ 2 Von der Bestimmung dieses Artikels ausgenommen ist der Gebrauch, der möglicherweise von der Erfindung auf Schiffen und Fortbewegungsmitteln in der Luft und zu Lande gemacht wird, welche zeitweilig oder zufällig portugiesisches Hoheitsgebiet berühren ausschließlich zum Zwecke der Reparatur oder der Erfüllung der gewöhnlichen Verkehrsaufgaben.

Art. 215 Wer bösgläubig erreicht, daß ihm das Patent auf eine Erfindung erteilt wird, die ihm rechtmäßig nicht zusteht oder die nicht entscheidend von einer früheren abweicht, unterliegt einer Geldstrafe von 1.000$00 bis zu 10.000$00, welche durch Gefängnis bis zu sechs Monaten verschärft werden kann. Das Patent ist nach den Bestimmungen des Art. 32 Ziffer 3 nichtig.

§ 1 Kommt er dazu, die durch die Täuschung erlangte Erfindung auszubeuten, so können die hergestellten Erzeugnisse beschlagnahmt werden. Der Gesetzesbrecher haftet in diesem Falle auch für den Ersatz des Schadens, den er verursacht.

neuer Erfindungen, welche unter Verletzung der betreffenden Gesetze und Ausführungsbestimmungen begangen wird, wird mit einer Geldstrafe von 30$000 bis zu 300$000 réis[771]) *und dem Verluste der Gegenstände, die zur Ausführung des Verbrechens dienten, bestraft.*

Art. 460[774]) *In den in den vorhergehenden Artikeln bestimmten Fällen werden dem durch das Verbrechen geschädigten Inhaber der Urheberrechte die verfallenen Gegenstände und Einnahmen auf seinen Entschädigungsanspruch zugesprochen. Fehlt dann noch etwas zu seiner vollständigen Entschädigung, so kann er dies mit den gewöhnlichen Mitteln erreichen.*

3. Kapitel

ÖFFNUNG FREMDER BRIEFE UND SCHRIFTSTÜCKE UND GEHEIMNISVERRAT

Art. 461 Wer böswillig[775]) einen verschlossenen Brief oder ein verschlossenes Schriftstück einer anderen Person öffnet, wird zu Gefängnis bis zu einem Jahr und zu Geldstrafe bis zu drei Monaten verurteilt, wenn er von seinem Inhalte Kenntnis nimmt und ihn preisgibt; zu Gefängnis bis zu sechs Monaten, wenn er ihn nicht preisgibt, und zu Gefängnis bis zu drei Monaten, wenn er ihn weder preisgibt noch davon Kenntnis nimmt; all dies unbeschadet einer Bestrafung für einen Diebstahl, wenn ein solcher vorliegt.

§ 1 Die Bestimmung dieses Artikels ist nicht anwendbar auf Ehemänner, Eltern und Vormünder in Hinsicht auf die Briefe ihrer Frauen, Kinder oder der Minderjährigen, die sich unter ihrer Gewalt befinden.

§ 2 Ist der Verbrecher Dienstbote, Verwalter oder sonst eine Person, die sich gewöhnlich im Dienste der verletzten Person befindet, so ist die Strafe das Höchstmaß der in diesem Artikel erwähnten Dauer der Gefängnisstrafe.

§ 3 Handelt es sich bei den geöffneten Briefen oder Schriftstücken um solche, die den öffentlichen Dienst betreffen und von einer Behörde abgesandt oder an sie gerichtet sind, oder um gerichtliche Urkunden oder Niederschriften[776]), so ist die Strafe Gefängnis und Geldstrafe, beide nicht unter einem Jahr.

---

§ 2 Der gleichen Strafe unterliegt, wer bösgläubig die Gegenstände, auf die sich der vorhergehende Paragraph bezieht, verkauft, zum Verkaufe feilbietet oder verbirgt."

[773]) „defraudação".

[774]) Diese Materie ist heute ebenfalls geregelt im D. 13.725 vom 27. 5. 1927 (betr. geistiges Eigentum) und im D. 30.679 vom 24. 8. 1940 (Código da Propriedade Industrial).

[775]) „maliciòsamente".

[776]) „instrumentos e autos judiciais".

§ 4[777]) Das gerichtliche Verfahren gegen die in diesem Artikel und seinem § 2 vorgesehenen Verbrechen hängt von der Mitteilung[778]) des Verletzten ab.

§ 5[777]) In den im § 3 vorgesehenen Fällen hängt das gerichtliche Verfahren von der Mitteilung[778]) des Beamten ab, der den öffentlichen Dienst leitet, den die geöffneten Briefe oder Schriftstücke betreffen, oder seines Vorgesetzten oder der Behörde, von der sie abgesandt oder an die sie gerichtet waren.

§ 6[777]) Handelt es sich um gerichtliche Urkunden oder Niederschriften, so hängt das gerichtliche Verfahren nicht von einer Mitteilung[778]) oder Privatklage[779]) ab.

Art 462 Jeder Angestellte oder Arbeiter in einer gewerblichen Fabrik oder einem gewerblichen Unternehmen oder jede mit der Leitung oder Verwaltung beauftragte Person, die zum Schaden des Eigentümers die Geheimnisse seines Gewerbes aufdeckt, wird mit Gefängnis von drei Monaten bis zu zwei Jahren und entsprechender Geldstrafe bestraft.

4. Kapitel

BRANDSTIFTUNGEN[780]) UND SACHBESCHÄDIGUNGEN

1. Abschnitt

Brandstiftung[781])

Art. 463 Zu schwerem Gefängnis von 16 bis zu 20 Jahren verurteilt wird derjenige, der willentlich[782]) in Brand setzt[783]) und dadurch ganz oder teilweise zerstört:

1. eine Befestigungsanlage, ein Zeughaus, Vorratslager, Archiv, eine Fabrik oder ein Schiff, welche dem Staat gehören, oder ein Gebäude oder irgendeinen Raum, welche dem Staat gehörende Sachen enthalten oder zu enthalten bestimmt sind;
2. ein Gebäude oder einen bewohnten Raum;
3. ein Gebäude, welches gesetzlich zu Versammlungen der Bürger bestimmt ist;
4. ein Gebäude, welches innerhalb einer Ortschaft liegt und zum Wohnen bestimmt ist, auch wenn es gewöhnlich nicht bewohnt ist.

---

777) Die Paragraphen 4 bis 6 des Art. 461 sind eingefügt worden durch das D.-L. 41.074 vom 17. 4. 1957.

778) „participação“ (vgl. Anm. 205).

779) „acusação particular“ (vgl. Anm. 205).

780) „incêndio“, wörtlich: „Brand“; s. aber Anm. 781.

781) „fogo posto“ = gelegtes Feuer.

782) „voluntàriamente“ (vgl. Anm. 4 bei Art. 1).

783) „por (puser) fogo“ = Feuer legen.

Einziger § Im Sinne der Bestimmung der Ziffer 2 dieses Artikels gilt bei Eisenbahnzügen, die sich zur Beförderung von Fahrgästen in Bewegung befinden oder in Bewegung setzen, als bewohnter Raum jeder Wagen des Zuges, auch wenn Fahrgäste nicht in diesem Wagen reisen.

Art. 464 Die Strafe ist schweres Gefängnis von acht bis zu zwölf Jahren, wenn Gegenstand des Verbrechens ist:

1. ein Schiff, Warenhaus oder sonst irgendein Gebäude innerhalb oder außerhalb einer Ortschaft, das weder bewohnt noch zum Wohnen bestimmt ist;
2. Getreide[784]), Wald oder Baumbestand.

Art. 465 Die in den beiden vorhergehenden Artikeln bestimmten Strafen werden verhängt gegen denjenigen, der den Brand einem der in ihnen aufgezählten Gegenständen mitgeteilt hat, indem er willentlich das Feuer an irgendwelche dort vorhandene Sachen gelegt hat, so daß die Mitteilung natürliche, nicht von einem unvorhergesehenen Zwischenfall beeinflußte Wirkung des Brandes an diesen Sachen sein mußte.

Art. 466 Mit schwerem Gefängnis von 20 bis zu 24 Jahren bestraft wird, wer das Verbrechen der Brandstiftung in einem der in den vorhergehenden Artikeln aufgezählten Fälle begeht und dabei den Tod einer Person verursacht, welche sich in dem Augenblicke, da das Feuer gelegt wurde, in dem angezündeten Raume befand.

Art. 467 Die Strafen für ein fehlgeschlagenes Verbrechen werden verhängt, wenn das gelegte Feuer nicht dazu gelangte, sich zu entzünden und Schaden zu bewirken, abgesehen von dem Fall, daß der Verbrecher die Brandstiftung mehr als einmal versucht hat oder daß diese Gegenstand eines Zusammenwirkens zwischen vielen Verbrechern war, weil es in diesen Fällen mit den Strafen der Art. 463 und 464 bestraft wird.

Art. 468 Der Eigentümer, der seine eigene Sache in Brand setzt, wird in den folgenden Fällen und mit den folgenden Maßgaben bestraft:

1. Ist der angezündete Gegenstand ein bewohntes Gebäude oder ein bewohnter Raum, so ist die Strafe die des Art. 463.
2. In allen anderen in den Art. 463 und 464 bestimmten Fällen wird der Eigentümer, wenn er durch das Anzünden seiner eigenen

---

[784]) „Der Begriff ‚Getreide' in der Ziffer 2 des Art. 464 umfaßt sowohl das Getreide auf dem Halm als auch das bereits geschnittene."
Assento des Supremo Tribunal de Justiça vom 10. 4. 1954; Diário do Governo I, Nr. 99 vom 30. 4. 1957.

Sache willentlich an dem Eigentum einer anderen Person einen Schaden verursacht, mit den Strafen des Art. 464 bestraft[785]).

§ 1 Besteht der Schaden oder der Vorsatz[786]), einen Schaden zu verursachen, darin, daß für einen Dritten ein Haftungsfall[787]) entsteht, oder darin, daß ein anderer über seine Rechte getäuscht[788]) wird, so ist die Strafe Gefängnis von einem bis zu zwei Jahren und entsprechende Geldstrafe.

§ 2 In allen nicht in diesem Abschnitt aufgezählten Fällen bleibt die Verantwortlichkeit des Eigentümers, der an seiner eigenen Sache Feuer legt, wegen der Sachbeschädigungen und wegen der Verletzung der polizeilichen Vorschriften unberührt.

Art. 469 Übersteigt der Wert einer der im Art. 464 aufgezählten außerhalb einer Ortschaft liegenden Gegenstände 20$000 réis[789]) nicht und war das Feuer zwar willentlich gelegt worden, jedoch ohne daß die Gefahr einer Ausdehnung bestand noch eine Ausdehnung gewollt war, so ist die Strafe Gefängnis von einem Monat bis zu einem Jahr und entsprechende Geldstrafe.

Art. 470 Die Brandstiftung an einem von diesem Abschnitt nicht erfaßten Gegenstand wird nach den Bestimmungen über Zerstörungen und Sachbeschädigungen unter erschwerenden Umständen bestraft. Die Strafe wird nach den allgemeinen Vorschriften verschärft.

Art. 471 Die in den vorhergehenden Artikeln aufgestellten Regeln sind anzuwenden auf die Fälle des Sinkens oder Strandens eines Schiffes, einer Explosion in einer Bergwerksgrube oder an einer Dampfmaschine oder an einem gleichwertigen Kraftvermittler[790]).

2. Abschnitt

Sachbeschädigungen[791])

Art. 472 Wer durch irgendein Mittel willentlich ein Bauwerk[792])

---

[785]) „Legt ein Eigentümer Feuer an ein ihm gehörendes Gebäude, welches außerhalb einer bewohnten Ortschaft gelegen ist und auch weder bewohnt noch zum Wohnen bestimmt ist, um von der Versicherungsgesellschaft die jeweilige Entschädigungssumme zu erhalten, so ist diese Tat nicht strafbar nach den Bestimmungen des Art. 468."

Assento des Supremo Tribunal de Justiça vom 9. 7. 1937; Diário do Governo I vom 21. 7. 1937.

[786]) „propósito" (vgl. Anm. 10 bei Art. 2).

[787]) „caso de responsabilidade".

[788]) „defraudar".

[789]) Die Höhe der Geldbeträge in Art. 469 und 472 wurde auf das Zehnfache erhöht durch Art. 56 D. 11.991 vom 29. 7. 1926 (1$000 réis = 1000 réis entsprechen 1$00 = 1 Escudo).

[790]) „agente de igual poder".

[791]) „danos".

[792]) „edificação".

oder ein abgeschlossenes oder nur begonnenes Bauvorhaben[793]), welches einem anderen oder dem Staat gehört, ganz oder teilweise einreißt oder zerstört, wird verurteilt:

1. zu Gefängnis bis zu zwei Jahren und Geldstrafe bis zu sechs Monaten, wenn die Höhe des Schadens 100$000 réis[789]) überschreitet;
2. zu Gefängnis bis zu einem Jahr und Geldstrafe bis zu drei Monaten, wenn sie diese Summe nicht übersteigt, aber über 40$000 réis[789]) liegt;
3. zu Gefängnis bis zu sechs Monaten und Geldstrafe bis zu einem Monat, wenn sie 10$000 réis[789]) übersteigt, aber nicht über 40$000 réis [789]) liegt;
4. zu Gefängnis bis zu drei Monaten und Geldstrafe bis zu 15 Tagen, wenn er 10$000 réis[789]) nicht übersteigt.

§ 1[794]) Überschreitet in den im Rumpf des Artikels vorgesehenen Fällen die Höhe des Schadens 100$00 nicht, so findet ein Strafverfahren nur auf eine Privatklage[795]) statt, und in den gleichen Fällen hängt das Strafverfahren von der Mitteilung[796]) des Verletzten ab, wenn sie diese Summe übersteigt.

§ 2 Der zweite Rückfall wird im Falle der Ziffer 4 mit der Strafe der Ziffer 3, in dem der Ziffer 3 mit der Strafe der Ziffer 2, in dem der Ziffer 2 mit der Strafe der Ziffer 1, in dem der Ziffer 1 mit schwerem Gefängnis von zwei bis zu acht Jahren bestraft.

§ 3 Wer willentlich eine Eisenbahnlinie ganz oder teilweise zerstört oder betriebsunfähig macht oder auf sie einen Gegenstand legt, der den Verkehr beeinträchtigen soll oder der den Zweck hat, den Zug zum Entgleisen zu bringen, wird zu schwerem Gefängnis von zwei bis zu acht Jahren verurteilt.

§ 4 Hat eine der in den vorhergehenden Paragraphen angegebenen Taten den Tod einer Person zur Folge, so ist das Strafmaß schweres Gefängnis von 20 bis zu 24 Jahren, jedoch verschärft; hat sie eine der im Art. 361 näher bezeichneten Körperverletzungen zur Folge, so ist das Strafmaß schweres Gefängnis von 12 bis zu 16 Jahren; ist es eine der im Art. 360 bezeichneten Körperverletzungen, so ist das Strafmaß schweres Gefängnis nicht unter drei Jahren, sieben Monaten und sechs Tagen.

§ 5 Die Zerstörung eines Fernmeldegerätes, eines Fernmelde- oder Fernsprechmastes oder einer Fernmelde- oder Fernsprechleitung, die Zerstörung oder das Abschneiden von Drähten, Masten oder Geräten des Fernmelde- oder Fernsprechwesens oder die mit Gewalt

---

[793]) „construção concluida ou sòmente começada".

[794]) § 1 neu gefaßt durch D.-L. 41.074 v. 17. 4. 1957.

[795]) „acusação particular" (vgl. Anm. 205).

[796]) „participação do ofendido" (vgl. Anm. 205).

oder mit Drohungen ausgeführte Gegenwehr gegen ihre Errichtung wird mit Gefängnis und Geldstrafe bestraft.

Art. 473 Von den Bestimmungen des vorhergehenden Artikels und seiner Paragraphen 1 und 2 wird erfaßt:

1. wer die Tür, das Fenster, Dach oder die Wand irgendeines Hauses oder Gebäudes erbricht;
2. wer eine Wand, einen Graben, einen Wall oder irgendeine Einfriedigung ganz oder teilweise zerstört.

Einziger §[797]) Auf die Bestimmungen dieses Artikels ist der § 1 des Art. 472 anzuwenden.

Art. 474 Wer ein Standbild oder sonst einen Gegenstand, der zum allgemeinen Nutzen oder zur öffentlichen Zierde bestimmt und von der Obrigkeit oder mit ihrer Erlaubnis aufgestellt worden ist, zerstört oder auf irgendeine Weise beschädigt, wird mit Gefängnis von zwei Monaten bis zu zwei Jahren und entsprechender Geldstrafe bestraft.

Art. 475 Mit denselben Strafen wie im vorhergehenden Artikel und unbeschadet einer Bestrafung wegen Widerstandes, wenn diese Anwendung findet, bestraft wird:

1. wer sich mittels Gewalt der Ausführung von Arbeiten, die von der Regierung angeordnet worden sind, widersetzt;
2. wer eine Beschädigung mit dem Zwecke verursacht, die freie Ausübung der öffentlichen Gewalt zu behindern, oder aus Rache gegen diejenigen, die zur Ausführung der Gesetze beigetragen haben.

Art. 476 Wer einen einem anderen gehörenden[798]) fruchtbringenden oder nicht fruchtbringenden Baum oder Veredelungstrieb abschneidet oder vernichtet oder in der Weise verstümmelt oder beschädigt, daß er eingeht, wird zu Gefängnis von drei bis zu dreißig Tagen und zu Geldstrafe bis zu einem Monat verurteilt.

§ 1 Handelt es sich um mehr als einen Baum oder Veredelungstrieb, so wird die Strafe mit der Zahl der vernichteten Bäume oder Veredelungstriebe vervielfacht; jedoch darf sie das Höchstmaß des Gefängnisses und die entsprechende Geldstrafe nicht übersteigen.

§ 2 Waren der Baum oder die Bäume auf einem öffentlichen Platz, einer Straße oder einem öffentlichen oder gemeindlichen Weg angepflanzt, so sind die Strafen doppelt so hoch, ohne jedoch das Höchstmaß des Gefängnisses und der Geldstrafe zu übersteigen.

---

[797]) Der einzige § des Art. 473 wurde eingefügt durch D.-L. 41.074 vom 17. 4. 1957.

[798]) Hiervon zu trennen ist eine umfangreiche Nebengesetzgebung zum Schutze des Baumbestandes aus volkswirtschaftlichen Gründen, welche im allgemeinen das Fällen von Bäumen, auch eigener, ohne besondere Erlaubnis bei Strafe des Art. 476 verbietet.

Art. 477 Wer eine einem anderen gehörende Getreideanpflanzung, Reben- oder Gemüseanlage, Pflanzung, Pflanzschule oder Saat ganz oder teilweise zerstört, wird zu den Strafen des Art. 472 verurteilt.

Art. 478 Die Zerstörung oder Beschädigung von Sachen oder beweglicher Habe oder von irgendwelchen Tieren, welche einer anderen Person oder dem Staate gehören, die willentlich begangen wird:

1. während eines Landfriedensbruches;
2. unter Verwendung von giftigen oder ätzenden Stoffen;
3. mit Gewalt gegen eine Person,

wird mit schwerem Gefängnis von zwei bis zu acht Jahren bestraft.

Art. 479 Wer ein als Zugtier oder als Lasttier dienendes Pferd oder ein Stück Rind- oder Herdenvieh, das einer anderen Person gehört, oder ein Haustier der angeführten Arten, das einer anderen Person gehört, willentlich tötet oder verletzt[799]), wird zu Gefängnis von einem Monat bis zu einem Jahr und entsprechender Geldstrafe verurteilt.

§ 1 Wird dies Verbrechen auf einem Gelände begangen, dessen Eigentümer, Pächter oder Bebauer der Eigentümer des Tieres ist, so wird die Strafe verschärft. Zusätzlich wird sie durch Belegung mit dem Höchstmaß der Gefängnisstrafe verschärft in dem Falle, da ein Einsteigen oder sonst ein erschwerender Umstand vorliegt.

§ 2[800]) Das Gerichtsverfahren wegen des in diesem Artikel vorgesehenen Verbrechens hängt von der Mitteilung[801]) des Verletzten ab.

Art. 480 Wer ohne Notlage ein fremdes Haustier auf einem Gelände, dessen Eigentümer, Pächter oder Bebauer der Eigentümer des Tieres ist, tötet oder verletzt, wird zu Gefängnis von sechs Tagen bis zu zwei Monaten und zu Geldstrafe bis zu einem Monat oder zu Verbannung bis zu sechs Monaten und derselben Geldstrafe verurteilt.

Einziger §[802]) Auf die in diesem Artikel vorgesehenen Gesetzesverletzungen ist die Bestimmung des § 2 des Art. 479 anzuwenden.

---

[799]) Dazu D. 5.650 vom 10. 5. 1919 über Tierquälerei:

Art. 1 Jede Gewalttätigkeit gegen Tiere ist eine strafbare Handlung;

Art. 2 Geldstrafe bei Prügelung von Haustieren in der Öffentlichkeit;

Art. 3 Geldstrafe bei Verwendung von kranken Tieren zu Arbeitszwecken.

Durch D. 11.069 vom 11. 9. 1925 wurde die Verwendung von Tieren bei Verkehrsbetrieben der Personenbeförderung unter Strafe gestellt.

[800]) Der § 2 des Art. 479 wurde eingefügt durch D.-L. 41.074 vom 17. 4. 1957.

[801]) „participação“ (vgl. Anm. 205).

[802]) Der einzige § des Art. 480 wurde eingefügt durch D.-L. 41.074 vom 17. 4. 1957.

Art. 481 Außer den in diesem Kapitel besonders bezeichneten Fällen werden alle willentlich verursachten Beschädigungen an fremdem beweglichem, unbeweglichem oder selbstbeweglichem[803]) Eigentum mit Gefängnis bis zu sechs Monaten und mit Geldstrafe bis zu einem Monat bestraft.

Einziger § Wenn dabei keine erschwerenden Umstände hinzutreten, so ist die Strafe eine Geldstrafe bis zu einem Monat, welche auf eine Klage des Verletzten verhängt wird, unbeschadet einer Bestrafung wegen einer Übertretung, wenn diese Anwendung findet.

3. Abschnitt

Brände und Sachbeschädigungen, welche unter Verletzung von Vorschriften verursacht werden

Art. 482 Verursacht jemand infolge einer Verletzung oder einer Nichtbeachtung der in Gesetzen und Ausführungsverordnungen enthaltenen Vorkehrungen polizeilicher oder verwaltender Art ohne böse Absicht einen Brand oder irgendeine Beschädigung an fremdem beweglichem oder unbeweglichem oder selbstbeweglichem Eigentum, so wird er nach seinem Einkommen mit einer Geldstrafe von einem Monat bestraft, unbeschadet der in denselben Gesetzen oder Ausführungsbestimmungen wegen der Übertretung verordneten Bestrafungen.

§ 1[804]) Das Gerichtsverfahren wegen des in diesem Artikel vorgesehenen Verbrechens hängt von der Mitteilung[805]) des Verletzten und darüberhinaus von seiner Strafklage ab in den Fällen, in denen, wenn das Verbrechen vorsätzlich begangen worden wäre, die Strafverfolgung von einer Privatklage[806]) abgehangen hätte.

§ 2[804]) Bei Fehlen einer Mitteilung[805]) oder Privatklage[806]) findet ein Gerichtsverfahren nur wegen der begangenen Übertretung statt.

6. Titel

Öffentliche Aufforderung zum Verbrechen

Art. 483 Wer mit öffentlich und mit lauter Stimme vorgetragenen Worten oder Reden oder durch eine irgendwie veröffentlichte Schrift oder durch sonst ein Veröffentlichungsmittel zu einem bestimmten Verbrechen auffordert, ohne daß diese Aufforderung Erfolg hat, wird mit Gefängnis und Geldstrafe von drei Monaten bis zu drei Jahren

---

[803]) „semovente" = nach Orlando: „alles, was zu eigener Bewegung fähig ist". Gemeint sind wohl Tiere.

[804]) Die Paragraphen des Artikel 482 wurden eingefügt durch das D.-L. 41.074 vom 17. 4. 1957.

[805]) „participação" (vgl. Anm. 205).

[806]) „acusação particular" (vgl. Anm. 205).

bestraft, wenn nicht das Gesetz das Verbrechen, zu dem aufgefordert wurde, mit einer milderen Strafe bedroht, mit welcher in diesem Falle der Verbrecher zu belegen ist.

Einziger § Hat die Aufforderung Erfolg, so wird der Herausforderer als Gehilfe angesehen und mit der Strafe für Beihilfe belegt.

7. Titel

Übertretungen der Polizeivorschriften

Art. 484 Die Gesetze und die Verwaltungs- und Polizeivorschriften, welche gegenwärtig in Kraft sind und Strafen für die Übertretungen ihrer Bestimmungen vorschreiben, behalten in allen Punkten, die nicht durch dieses Gesetzbuch besonders geändert worden sind, volle Gültigkeit.

Art. 485 Die Bußen werden weiterhin ausgesprochen in allen Fällen, in denen sie sich durch gemeindliche Verordnungen[807]) und Ausführungsvorschriften[808]), welche gegenwärtig in Kraft und in Übereinstimmung mit den Gesetzen erlassen worden sind, vorgeschrieben finden.

Art. 486 Nach der Veröffentlichung dieses Gesetzbuches kann in den Verordnungen der Verwaltungsbehörden und in denen der allgemeinen Polizeibehörden und der Gemeinde- und der Landpolizeibehörden oder in den Verordnungen der Gemeinden[809]) ohne eine besondere gesetzliche Ermächtigung keine schwerere Strafe als die folgenden angedroht werden:

1. Gefängnis bis zu einem Monat;
2. Geldstrafe bis zu 20$000 réis.

Einziger § Der Verfall von Gegenständen und Werkzeugen, die bei einer Übertretung beschlagnahmt wurden, kann nur ausgesprochen werden, wenn das Gesetz es besonders anordnet.

Königlicher Palast, am 16. September 1886

Francisco António da Veiga Beirão

---

807) „posturas municipais".

808) „regulamentos municipais".

809) S. dazu D.-L. 41.074 vom 17. 4. 1957, Art. 3.

„In Hinsicht auf die von der Regierung erlassenen Vorschriften wird der Höchstbetrag der Geldstrafe, auf die sich der Art. 486 des Código Penal bezieht, auf 10.000$00 festgesetzt."

Kolibri 360 GmbH
Ferdinand-Jühlke-Straße 7
99095 Erfurt, Deutschland
produktsicherheit@kolibri360.de